Rolf Wunderer/Petra Dick

Personalmanagement – Quo vadis?

Rolf Wunderer
Petra Dick

Personalmanagement –
Quo vadis?

Analysen und Prognosen zu Entwicklungstrends

unter Mitarbeit von
Urs Jäger und Rafael Ramon

5., aktualisierte Auflage

Luchterhand

Bibliografische Information der Deutschen Nationalbibliothek:
Die Deutsche Bibliothek verzeichnet diese Publikation in der Deutschen
Nationalbibliografie; detaillierte bibliografische Daten sind im Internet
über http://dnb.ddb.de abrufbar.

ISBN 978-3-472-06944-7

www.luchterhand-fachverlag.de
www.wolterskluwer.de

Lektorat: Richard Kastl
Umschlaggestaltung: Konzeption & Design, Köln
Cover-Illustration: Ute Helmbold
Satz: PL Software, Frankfurt am Main
Druck: Drukkerij Wilco, NL-Amersfoort

♾ Gedruckt auf säurefreiem, alterungsbeständigem und chlorfreiem Papier

Vorwort zur 5. Auflage

»Wir müssen uns mit der Zukunft befassen, denn wir werden mit ihr leben.«

Dieses Zitat von Talleyrand haben wir an den Anfang unserer Prognosestudie gestellt, und viele Personalverantwortliche haben sie bestätigt. Wir hoffen weiterhin, dass sich die Erwartungen der Leser bei der Verwendung der Studie und der daraus abgeleiteten 93 Thesen erfüllen.

In dieser 5. Auflage bleiben das umfassende Fragenkonzept und die Prognosen der beteiligten Personalexperten unverändert. Doch wurden zentrale aktuelle Ergebnisse demoskopischer Umfragen aus der Werteforschung einbezogen. Nicht nur dadurch bestätigen sich jetzt schon viele der eingeschätzten Trends. Auch im Bereich demographischer Entwicklungen, der Personalauswahl und Potentialanalysen sowie der Beurteilung von Vorgesetzten durch Mitarbeitende erwiesen sich die Voraussagen als richtungsweisend. Gleiches gilt für die Entwicklung des Outsourcing und der Virtualisierung von Personalfunktionen, die Personalentwicklung und die unternehmerische Organisation des Personalmanagements als Service-, Management- und Business-Einheit, also als Wertschöpfungs-Center. Auch die Bedeutung der Arbeitsmarktfähigkeit, der Zielgruppe »ältere Mitarbeiter« und der Flexibilisierung der Personalarbeit, die Wirkung der Globalisierung sowie die Möglichkeiten und Herausforderungen der Kommunikations- und Informationstechnologie wurden recht zutreffend eingeschätzt. Einige Prognosen bestätigten sich nicht so schnell oder so stark wie erwartet. Dazu zählen wir die Ratings der Experten zur Beitrittswahrscheinlichkeit der Schweiz als EU-Vollmitglied, die Fortschritte bei der Förderung weiblicher Führungskräfte und Spezialisten, die Realisierung von Work-Life-Balance im Management oder die Ablösung der kostenfixierten Ökonomisierung durch ein wertschöpfungsorientiertes und unternehmerisches Personalmanagement.

Weiterhin ist das Literaturverzeichnis aktualisiert und erweitert. Und schließlich wurde erstmals ein Stichwortverzeichnis eingefügt.

Viele Unternehmen und Berater haben dieses Buch – auch ausschnittsweise – als Grundlage für externes und internes Benchmarking eingesetzt. Das begründet wohl auch das große, seit Jahren anhaltende Interesse.

St.Gallen/Köln, im März 2007   Rolf Wunderer Petra Dick

V

Geleitwort

Gesellschaftliche Veränderungen verunsichern im Ausmaß ihrer Tiefe. Wir erleben zur Zeit grundlegende Neuorientierungen in Politik, Wirtschaft und Gesellschaft. Ein Hinterfragen des eigenen Handelns ist angezeigt. Das Personalmanagement bleibt davon nicht ausgenommen. Im Gegenteil, als Hüter des Humankapitals hat es eine Vorreiterrolle zu übernehmen – muss im Denken und Handeln einen strategischen Schritt voraus sein.

Die Zukunft angesichts sich häufender Ereignisse und sich leise ändernder Verhaltensmuster möglichst genau und frühzeitig zu erkennen, bleibt eine mit Unsicherheiten behaftete Kunst eines jeden Unternehmers. Mit der vorliegenden Studie hat das Institut für Führung und Personalmanagement (I.FPM) der Universität St. Gallen in enger Zusammenarbeit mit der Zürcher Gesellschaft für Personal-Management (ZGP) Prognosen ermittelt, um Wissenschaft und Praxis Hilfen für die eigene Auseinandersetzung mit Gegenwart und Zukunft zu bieten. Die gemeinsam mit leitenden Personalexperten aus größeren Wirtschaftsorganisationen entstandene Studie will Hilfe für eine eigene Standortbestimmung geben und damit für personalpolitische Grundsatzentscheide und Gestaltungsmaßnahmen für die Zukunft. Welche Schlussfolgerungen durch die einzelnen Unternehmungen auch immer gezogen werden, der Personalbereich bleibt im Wesen sensibel kritisch und wird zur Kernkompetenz der Unternehmer.

Den Autoren, Herrn Prof. Dr. Rolf Wunderer und Frau Dr. Petra Dick, ist es mit dem vorliegenden Buch hervorragend gelungen, sowohl den wissenschaftlich Interessierten als auch den in der praktischen Personalarbeit engagierten Leser anzusprechen. Die eruierten Thesen zum Wandlungsprozess im Personalmanagement zeigen uns auf, wohin die »Reise« gehen wird.

Die Zusammenarbeit mit dem Institut für Führung und Personalmanagement (I.FPM) der Universität St. Gallen war in jeglicher Beziehung anregend. Ich bedanke mich namens aller an dieser Arbeit Beteiligten ganz herzlich für die fachlich hervorragende Ausarbeitung des Textes, den eingehaltenen Terminrahmen bei der Herausgabe dieser Publikation und nicht zu vergessen, den Spaß bei der Entstehung dieses Werkes. Und einmal mehr habe ich hautnah miterlebt, wie aufregend unser Fachgebiet sein kann.

Zürich, im Juni 2000   Zürcher Gesellschaft für Personal-Management

Hanspeter Adolph

Vorwort

»Wir sind die Treibenden.
Aber den Schritt der Zeit,
nehmt ihn als Kleinigkeit
im immer Bleibenden.

Alles das Eilende
wird schon vorüber sein;
denn das Verweilende
erst weiht uns ein.«

R.M. Rilke – Die Sonette an Orpheus

Vom Personalwesen zum Human Resource Management! Lädt uns das Wesenhafte heute noch ein? Was bewirken wir Treibenden im Schritt der Zeit? Wie weit eilen wir dem Heute nach, das morgen schon Vergangenheit ist? Wie weit konzentrieren wir uns auf die Konstanten, auf das Verweilende?

Jeder Versuch einer Standortbestimmung und erst recht der einer Zukunftprognose und -bewältigung sollte zunächst vom »Bleibenden«, also von den Konstanten, ausgehen. Neben den menschlichen Potentialen liegen diese besonders in den zentralen Funktionen und Prozessen der Personalarbeit. Denn sie sind zumindest seit Beginn unserer ersten Prognosen sehr ähnlich geblieben; selbst ihre Gewichtung hat sich im Lauf dieser Zeit kaum verändert: Gewinnen und auswählen von Mitarbeitern, führen und fördern, platzieren und interagieren mit den zentralen Bezugsgruppen stehen im Mittelpunkt. Kaum verändert haben sich auch die meisten personalpolitischen Instrumente selbst; sie wurden nur verfeinert und auf breiterer Ebene implementiert.

Gewandelt haben sich dagegen Art und Intensität der »Treiber«: Internationalisierung oder Globalisierung, verstärkter (interner) Wettbewerb, Kunden- und Shareholderorientierung, (internes) Unternehmertum, demografischer Wandel, Zielgruppenorientierung, Outsourcing, Wissensmanagement, Virtualisierung und Flexibilisierung. Gleiches gilt für die Rollen des Personalmanagements: Personalverantwortliche sollen zukünftig nicht mehr primär als »administrative Experten« und »Mitarbeiterhelfer« agieren, sondern vor allem als »strategische Partner der Geschäftsleitung« und »Change Agents«. An die dominanten Treiber angepasst wurden und werden weiterhin die Steuerungs- und Organisationsformen, die strategischen Ausrichtungen sowie die Leistungs- und Kooperationskultur.

Seit 25 Jahren führen wir immer wieder Analysen zum Stand und zu Entwicklungstendenzen im Personalmanagement durch – auch wenn wir uns der Grenzen von Prognosestudien bewusst sind. Sie haben in jedem Fall geholfen, die Einflussfaktoren differenzierter, objektiver und systematischer einzuschätzen sowie daraus Folgerungen für die Entwicklung und die Gestaltung von Veränderungen zu ziehen. Damit sollten auch Frühwarnindikatoren für wichtige Veränderungen erkannt werden, um rechtzeitig Weichenstellungen anzuregen, sei es im Personalmanagement von Unternehmen oder auch für die zukunftsorientierte Gestaltung von Aus- und Fortbildungskonzepten von Bildungsinstitutionen. Und nicht zuletzt konnten wir feststellen, dass unsere Analysekonzepte von Unternehmen und Beratern für eigene Erhebungen und Benchmarkingstudien verwendet wurden.

Fast zwei Jahre haben wir mit sehr hilfreicher Unterstützung der Zürcher Gesellschaft für Personal-Management (ZGP), ihrem engagierten Präsidenten, Mitgliedern der Direktorenkonferenz sowie weiteren Personalchefs größerer, meist international tätiger Unternehmungen eine Standort- und Prognosestudie durchgeführt. Sie geht deutlich über den Umfang einer schon vor 10 Jahren realisierten Studie unseres Instituts zum schweizerischen Personalmanagement hinaus, konnte aber an Ergebnissen anknüpfen. In fünf Befragungsrunden haben sich rund 40 Unternehmen beteiligt und dabei mehr als 2500 Einzelfragen beantwortet – auch zusammen mit Mitarbeitern, Kollegen und Vorgesetzten Urteile ermittelt. Um unseren Lesern die Lektüre zu erleichtern, wurden die wichtigsten Ergebnisse dieser Studie in über 90 Entwicklungsthesen und 126 Schaubildern zusammengefasst.

Wir danken allen Beteiligten sehr herzlich für ihre Mitwirkung. Insbesondere bei der Auswertung und Dokumentation der Untersuchungsergebnisse haben uns Herr lic. oec. Urs Jäger sowie Herr cand. oec. Rafael Ramon wesentlich unterstützt. Ebenso sind wir Herrn Reiner Straub wieder für die stets hilfreiche verlegerische Betreuung verbunden.

Wir hoffen mit unseren Experten aus der Praxis, dass Konzepte und Ergebnisse der Studie als anregende Lektüre sowie erneut als Anstoß und Grundlage für unternehmensspezifische und weiterführende Analyse- und Gestaltungsmaßnahmen dienen. Denn erst durch gemeinsames Handeln kann die »Wesensschau« über Personalmanagement auch umgesetzt werden. Es wurden große Herausforderungen für die nächste Dekade prognostiziert. Wir alle müssen nun selbstständig Lösungen dafür finden und die Realisierung unternehmerisch vorantreiben.

Im Frühjahr 2000   Rolf Wunderer Petra Dick

Inhaltsübersicht

Thesenverzeichnis

Folgende Übersicht fasst die zentralen Befunde in Form von 93 Ergebnisthesen zusammen.

Umfeld 2010

Strategie 2010

Programme 2010

Personalfunktionen 2010

Steuerungsfunktionen 2010

Organisation 2010

Personalmanager/innen 2010

1 Konzeption der Studie

»Wir müssen uns mit der Zukunft befassen, denn wir werden mit ihr leben.« Talleyrands Forderung ist für die Personalarbeit bei den raschen und umfassenden politischen, wirtschaftlichen, technologischen und gesellschaftlichen Veränderungen von großer Bedeutung. Das I.FPM hat deshalb schon Anfang der 90er Jahre in der Schweiz und in Deutschland **Prognosestudien** zum »Personalmanagement 2000« durchgeführt und daraus Folgerungen für Aus- und Weiterbildungskonzepte sowie für Beratungen gezogen.[1] Eine weitere Studie wurde nun mit Blick auf das Jahr 2010 konzipiert und umgesetzt. Dieses Forschungsprojekt wurde von November 1998 bis April 2000 in enger Kooperation mit der **Zürcher Gesellschaft für Personal-Management (ZGP)** und oberen Personalverantwortlichen schweizerischer Mittel- und Großunternehmen realisiert.

Forschungsstrategie

Ziel dieser Prognosestudie ist die Untersuchung **fachspezifischer Fragen** zum Personalmanagement. Weil die Beantwortung dieser Fragen umfassendes **Fach- und Erfahrungswissen** voraussetzt, konzentriert sich diese Untersuchung auf **Personalexpertinnen** und -experten. Sie will ihr Know-how bündeln, systematisieren und zukunftsweisende Konzepte entwickeln und realisieren helfen.

Die Ergebnisse sollen Praxis und Wissenschaft dienen. Dafür wirft die Studie einen **umfassenden** Blick auf das Personalmanagement und deckt viele aktuelle Themenfelder ab. Sie will auch eine **Basis** für **weitergehende** und **vertiefte Untersuchungen**, wie Fallstudien oder betriebsinterne Projekte, bieten.

Neben der von uns durchgeführten Expertenbefragung kann man auch eine Befragung zentraler **Bezugsgruppen** des Personalmanagements, wie Geschäftsleitung, Führungskräfte, Mitarbeiter und externe Kunden, einbeziehen. Weil dieser Forschungsansatz weniger fachspezifische Fragen zulässt und deshalb nur begrenzt Themenfelder zum Personalmanagement untersuchen kann und weil v. a. der damit verbundene Bedarf an finanziellen, zeitlichen und personellen Ressourcen die vorhandenen

---

1 Vgl. Wunderer/Kuhn 1992, 1993

Kapazitäten weit überstiegen hätte, wurde diese Erweiterung nur teil- bzw. ansatzweise eingesetzt.

Forschungsdesign

Die Studie basiert auf der Einschätzung der beteiligten Personalexperten zur gegenwärtigen und zukünftigen Situation im Personalmanagement. Um diese systematisch zu erfassen und zu interpretieren, wurden wissenschaftliche Erkenntnisse hinzugezogen. Weil die Untersuchung sowohl auf eine quantitative Ermittlung des gegenwärtigen Meinungsbildes von Personalverantwortlichen als auch auf dessen Problematisierung zielt, wurden qualitative und quantitative Methoden empirischer Sozialforschung im Forschungsdesign integriert (vgl. Abbildung 1).[2]

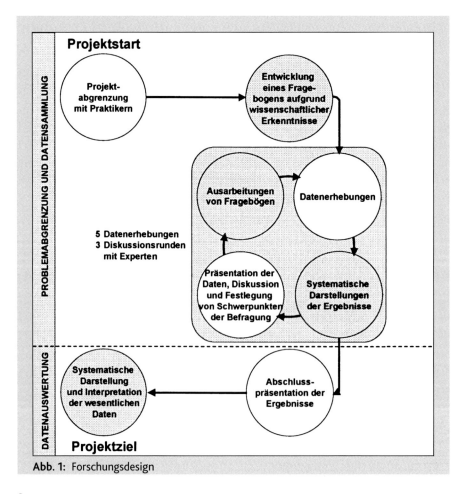

Abb. 1: Forschungsdesign

Bei der schriftlichen Befragung wurde jeweils ein Kreis von 41 ausgewählten **Personalexperten** aus schweizerischen – meist international tätigen – Unternehmen angeschrieben (s. S. 4). Im Durchschnitt umfasste der Rücklauf 27 Fragebögen, also 66 %.

1. Phase: Problemabgrenzung und Datensammlung

- Einleitend haben wir mit den Personalexperten aus der Praxis in einer konstituierenden Sitzung die grundlegenden Ziele und Schwerpunkte der Befragung besprochen.

- Aufgrund einer umfassenden Analyse der aktuellen internationalen Forschungsliteratur wurde den vorgegebenen Schwerpunkten entsprechend der erste Fragebogen entwickelt.

- Die Personalexperten beantworteten die umfassenden Fragebögen (Ø 15 Seiten) persönlich und häufiger in Zusammenarbeit mit ihren Mitarbeiterinnen und Mitarbeitern. Dies erforderte einen Zeitaufwand von ca. drei Stunden. Die Fragebogenerhebung wurde in fünf Etappen (Februar, April, Juni, August und Oktober 1999) durchgeführt.

- Alle Fragebogendaten wurden über EDV erfasst und mit Hilfe des Statistikprogramms SPSS ausgewertet. Von den Einschätzungen zu insgesamt über 2600 Items wurden größtenteils Mittelwerte und Häufigkeitsverteilungen berechnet. Die Befragungsteilnehmer erhielten nach jeder Erhebungsrunde einen Ergebnisbericht.

- In drei Gesprächsrunden (März, Juli und November 1999) mit jeweils ca. 14 Experten wurden die Projektschwerpunkte präzisiert. Diese Informationen haben die Entwicklung der Fragebögen maßgeblich unterstützt. Gleichzeitig wurden hier die Ergebnisse der Fragebogenerhebung vorgestellt, diskutiert und mit **Hintergrundinformationen** angereichert.

Nach dieser ersten Phase der **Problemabgrenzung und Datensammlung** folgte die zweite Projektphase der **Datenaufbereitung** und **-interpretation**:

2. Phase: Datenaufbereitung und -interpretation

Die zentralen Ergebnisse der Untersuchung wurden dem Teilnehmerkreis in einer abschließenden Präsentation vorgestellt und mit ihm dis-

---

2 Es wurden vier Methoden der quantitativen und qualitativen Sozialforschung verwendet: Expertenbefragung (vgl. Roth 1995, S. 305f. und Kromrey 1998, S. 363f.), problemzentriertes Interview (vgl. Mayring 1990, S. 46ff.), standardisierte Fragebogen (vgl. Kromrey 1990, S. 363f.) und die qualitative Inhaltsanalyse nach Mayring (vgl. Lamnek 1993, S. 207f.; vgl. Mayring 1990, S. 85ff.)

- Hanspeter Adolph (UBS AG, Präsident der ZGP)
- Dr. Werner Anderegg (Rieter Management AG)
- Dr. Max Becker (Holderbank Management and Consulting Ltd.)
- Dr. Christoph Bircher (Ringier AG/Sulzer Management AG)
- Dr. Rudolf W. Fischer (Schindler Management AG)
- Dr. André Flammer (Basler Versicherungs-Gesellschaft)
- Balz Geiser (Rentenanstalt/Swiss Life)
- Peter Hauenstein (Hilti AG)
- Peter Höhener (TA-Media AG)
- Dr. Georg Jakob (Siemens Building Technologies AG)
- Thomas Jakopp (Ciba Spezialitätenchemie AG)
- Peter Keller (Coop Schweiz)
- Hanspeter Konrad (Sulzer Management AG)
- John F. Leuenberger (Migros-Genossenschafts-Bund)
- André Leuzinger (Winterthur Versicherungen)
- René Lichtsteiner (Asea Boveri Brown AG)
- Fritz Meyer (PricewaterhouseCoopers)
- Rita Misteli (Janssen-Cilag AG)
- Matthias Mölleney (Swissair)
- Dr. Marcel Oertig (Swisscom AG)
- Wolfgang Pfund (Schweizer Fernsehen DRS)
- Urs Ramsperger (SIG Schweizerische Industriegesellschaft)
- Markus Rappo (F. Hoffmann-La Roche AG)
- Karl Reinmann (Rhône-Poulenc Filtec AG)
- Heinz Schärer (Philips AG)
- Max Scheidegger (Geschäftsführer der ZGP)
- Dr. Eugen W. Schmid (CS/Dr. oec. Eugen W. Schmid & Partner)
- Lotti Schneider (Electrowatt Engineering Ltd.)
- Prof. Dr. Bruno Staffelbach (Universität Zürich)
- Marlyse Stoll (KPMG Fides Management AG)
- Fredi Stübi (Shell Switzerland)
- Christian Tichelli (DemoSCOPE)
- René Tschupp (Siemens Building Technologies AG)
- Garry Wagner (Siemens Schweiz AG)
- Dr. Herbert Wanner (Schweizer Rück)
- Hermann Wehrli (Systor AG)
- Jürg Wieser (Rieter Management AG)
- Markus Zbinden (General Motors Europe/Winterthur Versicherungen)
- Werner Zgraggen (3M Schweiz AG)
- Barbara Zuber (Zürich Versicherung)
- Toni Zuber (IBM Schweiz)

Abb. 2: Unsere Kooperationspartner

kutiert. Anschließend wurde die hier vorgelegte Publikation ausgearbeitet. Sie will eine **systematische Präsentation** und **Interpretation** der Daten vorlegen und gliedert sich in sieben Themenblöcke:

- Jeder Block wird mit einem **Bezugsrahmen** eingeführt.
- Für jedes Themenfeld werden aus den gewonnenen Daten ausgewählte Thesen präsentiert. Insgesamt ergaben sich **93 Ergebnisthesen**.
- Aus den Ergebnissen jedes Themenblocks werden zentrale **Folgerungen** abgeleitet.
- Aus den gesammelten Befunden werden abschließend Folgerungen für die gesamte Studie gezogen.

Aufbau der Studie

Die Studie stellte Fragen zum **Umfeld**, zur **Strategie**, zu **Programmen**, zu **Personal-** und **Steuerungsfunktionen**, zur **Organisation** und zu den **Personalmanagerinnen** und **-managern**. Damit analysiert sie das Personalmanagement von der Makro-Ebene ausgehend bis zur Mikro-Ebene des einzelnen Personalverantwortlichen (vgl. Abbildung 3).

Die systematische und differenzierte Auseinandersetzung mit Stand und Entwicklungstendenzen im Personalmanagement setzt sich folgende Ziele, die auch den Aufbau der Publikation bestimmen:

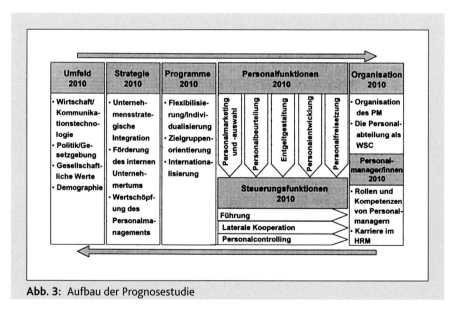

Abb. 3: Aufbau der Prognosestudie

- **Umfeld 2010**: schwache Signale erkennbar machen und so eine strategische Vorbereitung auf die Zukunft ermöglichen (Kapitel 2)

- **Strategie 2010**: Orientierungshilfen für die unternehmensstrategische Ausrichtung der Personalstrategie bieten (Kapitel 3)

- **Programme 2010**: Wege der strategischen Orientierung der Personalarbeit aufzeigen (Kapitel 4)

- **Personalfunktionen 2010**: Hinweise für die Ausgestaltung des Personalmarketings, der Beurteilung, Entwicklung, Honorierung und Freisetzung formulieren (Kapitel 5)

- **Steuerungsfunktionen 2010**: Anregungen für die strategische Integration der einzelnen Personalfunktionen geben (Kapitel 6)

- **Organisation 2010**: Impulse für die organisatorische Gestaltung des Personalmanagements liefern (Kapitel 7)

- **Personalmanager/innen 2010**: zukünftige Anforderungsprofile und Karrierewege im Personalmanagement aufzeigen (Kapitel 8).

2   Umfeld 2010

Wirtschaftlicher Erfolg und langfristige Erfolgssicherung basieren auf der Fähigkeit zur rechtzeitigen **Wahrnehmung** von relevanten Umweltveränderungen und darauf, dass ein Unternehmen seine Strategie entsprechend **anpassen** kann. Dies erfordert von den Entscheidungsträgern ein **kritisches Vorausdenken**, wobei vielfältige Einflüsse zu berücksichtigen sind. Dazu zählen, neben aktuellen wirtschaftlichen Tendenzen, tiefgreifende soziokulturelle Entwicklungen, demographische Veränderungen, zukunftsweisende technologische Trends sowie neue und intensivierte Regulierungen der Wirtschaft durch die Politik und Gesetzgebung.

Durch Entwicklungen, wie das Ende des kalten Krieges, weltweite Demokratisierung, Tendenzen zur Liberalisierung und Globalisierung von Märkten und Innovationen in der Informationstechnologie, müssen Unternehmen eine »stark gestiegene **Komplexität** vor dem Hintergrund einer sich weiter beschleunigenden **Dynamik** der Veränderung«[3] bewältigen. Insb. die Beschleunigung, mit der sich Grunddaten im Unternehmensumfeld ändern, wird zur kritischen Variable. So bereitet die zeitliche Abfolge und ihr Erkennen und Beherrschen bei der Verarbeitung wachsender Komplexität zunehmend Schwierigkeiten.[4]

Auch die betriebliche Personalarbeit ist von dieser Entwicklungsdynamik betroffen. Nach Meinung der befragten Personalfachleute werden alle fünf von uns zur Diskussion gestellten Einflussfelder an Bedeutung gewinnen: gesellschaftliche Werte, Demographie, Wirtschaft, Technologie sowie Politik/Gesetzgebung.[5] Entwicklungen in den Bereichen »**Wirtschaft**«, »**Technologie**« und »**Demographie**« werden nach ihrer Ansicht den **stärksten Einfluss** auf das Personalmanagement im Jahr 2010 nehmen. Den **größten Bedeutungszuwachs** (≥ 0.7) haben die Einflussfelder »**Demographie**« und »**Politik/Gesetzgebung**« (vgl. Abbildung 4).

---

3 Bleicher 1999, S. 28
4 Vgl. Bleicher 1999, S. 29
5 Frage: »Bitte beurteilen Sie die Bedeutung der folgenden Einflussfaktoren für das schweizerische Personalmanagement heute und im Jahr 2010.«

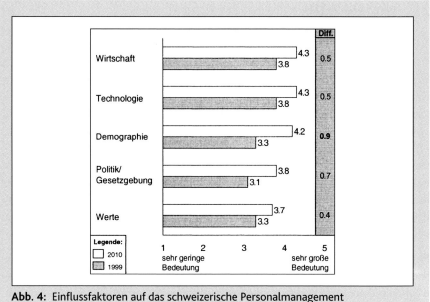

Abb. 4: Einflussfaktoren auf das schweizerische Personalmanagement

Welchen Einfluss diese Aspekte im Einzelnen auf das Personalmanagement nehmen, wird anschließend diskutiert. Den Auftakt bilden die zentralen Bereiche »**Wirtschaft**« und »**Technologie**«. Da die Antworten der Befragten auf eine herausragende Bedeutung der **Informations- und Kommunikationstechnologie** verweisen, konzentrieren wir uns dabei ausschließlich auf diesen Technologiebereich. Danach werden unter dem Schlagwort »**Politik und Gesetzgebung**« welt-, europa- und innenpolitische Einflüsse auf das Personalmanagement schweizerischer Unternehmen analysiert. Abschließend stehen Entwicklungen in den gesellschaftlichen **Werten** und **demographische Einflüsse** im Blickpunkt.

2.1 Wirtschaft und Kommunikationstechnologie

2.1.1 Ergebnisthesen

1. **Globalisierung wirkt als Schlüsselfaktor**: Die zunehmende Globalisierung der Märkte beeinflusst das Personalmanagement 2010 in bedeutendem Maße. Zudem unterstützt sie andere zentrale Einflüsse wie die Verschärfung des Wettbewerbs oder den internationalen Know-how-Transfer.

2. **Arbeitsmarktfähigkeit statt Beschäftigungssicherheit**: Vor dem Hintergrund zunehmender Globalisierung, beschleunigter Marktveränderungen und weiterer Wettbewerbsintensivierung nimmt die Beschäftigungssicherheit ab. Infolgedessen müssen Mitarbeiterinnen und Mitarbeiter nicht nur mobil und flexibel einsetzbar sein, sondern sich auch in vermehrtem Maße um ihre Arbeitsmarktfähigkeit sorgen.

3. **Technologische Entwicklung bringt neue Herausforderungen**: Der rasche technologische Fortschritt verkürzt die Halbwertszeit des Wissens und zwingt die Beschäftigten zur permanenten Weiterbildung. Vor diesem Hintergrund wird insb. die Förderung von Lernbereitschaft und Flexibilität zur zentralen Personalentwicklungsaufgabe. Da die technologische Entwicklung eine zunehmende Flexibilisierung von Arbeitszeit und -ort erlaubt, liegt in der Ausgestaltung flexibler Arbeitsformen eine zweite zentrale HRM-Aufgabe.

4. **Moderne Kommunikationstechnologie begünstigt Virtualisierung und verändert Arbeitsanforderungen**: Die mit der Ausbreitung moderner Kommunikationstechnologien verbundene Virtualisierung der Arbeitsplätze eröffnet Chancen (z. B. eine bessere Integration verschiedener Lebensbereiche), birgt aber gleichzeitig Gefahren (z. B. Anonymisierung der Arbeitsbeziehungen) in sich. Zugleich verändern Kommunikationstechnologien die Anforderungen an das Wissensmanagement. Einerseits wird der Wissenszugang erleichtert, andererseits steigen die Anforderungen an den Umgang mit Informationen und Informationstechnologien.

2.1.2 Einführung

Kommunikationstechnologie ermöglicht und beschleunigt die **globale Orientierung** der Wirtschaft. Sie verändert durch ihre Innovationen grundlegende Strukturen und ermöglicht »Handeln und (Zusammen-)

Leben über Entfernungen«[6] hinweg. Dabei meint **Globalisierung** einen **Prozess** von einer regionalen, nationalen und internationalen hin zur weltumspannenden Wirtschaft. Empirisch lassen sich folgende Trends feststellen:[7]

- Der internationale **Handel** ist gezeichnet von einer zunehmenden **geographischen Ausdehnung** und einer steigenden **Interaktionsdichte**. Das Verhältnis zwischen dem weltweiten Export und dem Welt-Bruttoinlandsprodukt stieg von 10 % in den 50er auf 15 bis 20 % in den 90er Jahren. Das größte Gewicht liegt dabei auf den Mitgliedern der Organisation für wirtschaftliche Zusammenarbeit und Entwicklung (OECD).[8]

- Die globale **Vernetzung der Finanzmärkte** fördert **kurzfristige Investitionen** und **beschleunigt die Kapitalströme**.»Der Wert der weltweiten Finanztransaktionen beträgt, je nach Schätzung, zwischen dem 20- bis 40-fachen des Wertes des internationalen Warenhandels.«[9]

Dies bedeutet nicht, dass sich Unternehmungen von regionalen Wurzeln lösen müssen. Global im eigentlichen Sinn kann nicht produziert werden. **Produktionen** erfolgen i. d. R. lokal und **Wissen** ist immer an kulturell bedingte Wertvorstellungen gebunden. Deshalb zehren global vermarktete Produkte und Dienstleistungen von den Ressourcen lokaler Kulturen. Nach Hilb erfordert ein erfolgreicher Umgang mit diesem konfliktreichen Spannungsfeld sog. »**Glocalpreneurs**« – Akteure, »die **glo**bale Effektivität mit lo**kal**er Flexibilität auf entre**preneur**hafte (unternehmerisch) und integre Weise verbinden«[10].

Die schweizerische Volkswirtschaft ist seit jeher außenwirtschaftlich stark verflochten: Die Ein- und Ausfuhrwerte pro Kopf sowie die Import- und Exportquote gehören weltweit zu den höchsten, wobei die EU mit 80 % der Importe und 63 % der Exporte (1998) eine besondere Stellung einnimmt.[11] Die folgenden zwei Beispiele zeigen wichtige Auswirkungen der Globalisierung auf die Schweiz auf:

- Obwohl die **Arbeitslosigkeit** in der Schweiz mit 2.3 % der Erwerbsbevölkerung (1999) im Vergleich zu anderen europäischen Ländern

---

6 Giddens 1997; zit. nach Beck 1998a, S. 45
7 Vgl. Beck 1998a, 26ff. und Habermas 1998, S. 70ff.
8 Vgl. Perraton/Goldblatt/Held/McGrew 1998, S. 142 und Hirst/Thompson 1998, S. 97
9 Cerny 1998, S. 287
10 Hilb 2000, Vorwort, VII
11 Vgl. Bundesamt für Statistik 1999, S. 176

relativ niedrig ist, weist die historische Betrachtung der Daten auf Einflüsse von globalisierenden Trends hin. Das Risiko, dass jemand auf dem schweizerischen Arbeitsmarkt nach einem Jahr noch arbeitslos ist, hat sich von 30 (1991) auf 40.4 % (1997) erhöht.[12] Dabei ist die Zahl der arbeitslosen Frauen doppelt so hoch (30.2 %) wie jene der Männer (14.1 %).[13] Im Erwerbsleben sind trotz zunehmendem Frauenanteil auf dem Arbeitsmarkt weiterhin Differenzen zwischen den Geschlechtern festzustellen, welche v. a. im Bildungsstand und der Entlohnung zum Ausdruck kommen.[14]

- Die Schweiz hat nur wenig Rohstoffvorkommen. Deshalb sind Wissenschaft und Technologie ihre wirtschaftlichen Schlüsselfaktoren. Im internationalen Vergleich verfügt sie über eine der besten Ausstattungen an Forschungs- und Entwicklungspersonal und verzeichnet die höchsten Pro-Kopf-Ausgaben für Informations- und Kommunikationstechnologien.[15] Trotz vorteilhafter Daten steigern diese strukturellen Voraussetzungen die wirtschaftliche Attraktivität des Standorts Schweiz als solche noch nicht. Ein zentraler Faktor hierfür ist vielmehr das Qualifikations-, Motivations- und Leistungsniveau auf dem schweizerischen Arbeitsmarkt. Dies entscheidet in erheblichem Maße darüber, ob ein internationaler Konzern in der Schweiz – einem Land mit hohen Lohn- und Lebenskosten – investieren wird.

Diese Daten verweisen insgesamt darauf, dass eine **internationale Orientierung** für das Personalmanagement von Unternehmen mit schweizerischem Stammhaus große Bedeutung hat. Dies stellt besondere Anforderungen an das Personalmanagement, die anschließend diskutiert werden.

2.1.3 Einzelergebnisse

Beim Kontextfaktor »Wirtschaft« standen Einflüsse der Welt- und Binnenwirtschaft auf das schweizerische Personalmanagement im Mittelpunkt des Interesses. Globalisierung, Internationalisierung, Konzentrations- und Restrukturierungsprozesse sind einige zentrale Stichworte.

---

12 Vgl. Bundesamt für Statistik 1999, S. 125 und 102
13 Vgl. Bundesamt für Statistik 1999, S. 102
14 Vgl. Bundesamt für Statistik 1999, S. 101, 100, 390 und 120
15 Vgl. Bundesamt für Statistik 1999, S. 409 und 414

Ergebnisthese 1: Globalisierung wirkt als Schlüsselfaktor

Zunächst wurden verschiedene wirtschaftliche Einflussfaktoren auf die Bedeutung für das Personalmanagement überprüft (vgl. Abbildung 5).[16]

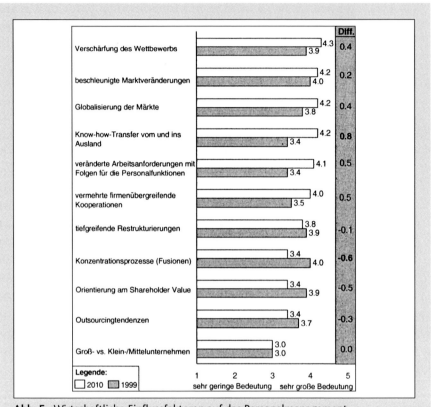

Abb. 5: Wirtschaftliche Einflussfaktoren auf das Personalmanagement

Einer **Zunahme** von **Wettbewerb, Marktveränderungen, Globalisierung** und **internationalem Know-how-Transfer** steht zukünftig ein **Rückgang** der **Konzentrationsprozesse** sowie der **einseitigen Orientierung am Shareholder Value** gegenüber – auf diese Kurzformel lassen sich die zentralen Aussagen verdichten. Eine herausragende Rolle scheint die **Globalisierung der Märkte** und die damit verbundene Internationalisierung der Unternehmen zu spielen. So fungiert nach Ansicht der Befragten die Globalisierung als vorrangige Triebfeder der

---

16 Frage: »Bitte bewerten Sie die Bedeutung folgender Aspekte für das Personalmanagement.«

Wettbewerbsverschärfung. Auch der deutliche Anstieg des internationalen Know-how-Transfers ist augenscheinlich mit den aktuellen Globalisierungstendenzen verbunden. Eine zentrale Konsequenz dieser Entwicklung ist das Aufeinandertreffen verschiedener Kulturen. Die **Integration kultureller Unterschiede** wird damit zu einer zentralen Aufgabe des Human Resource Managements.

Ergebnisthese 2: **Arbeitsmarktfähigkeit statt Beschäftigungssicherheit**

Die zentrale Aussage lautet:[17] Im Zuge der dargestellten Entwicklung kann **Beschäftigungssicherheit** und erst recht **Arbeitsplatzsicherheit** immer weniger gewährleistet werden.[18] Mitarbeiter müssen mobil und flexibel einsetzbar sein und vermehrt Eigenverantwortung für den Erhalt ihrer **Arbeitsmarktfähigkeit** übernehmen.

71 % der Befragten vertreten die Ansicht, dass bestimmte Mitarbeitergruppen verstärkt von diesen Anforderungen betroffen sein werden. Als zentrale Gruppen werden **ungelernte Arbeitskräfte** sowie **Führungskräfte und Spezialisten** genannt. Da infolge von Rationalisierungsbestrebungen gerade Tätigkeitsfelder mit geringen Qualifikationsanforderungen zunehmend outgesourct bzw. hierfür allenfalls zeitlich befristete Festanstellungsverträge abgeschlossen werden, avancieren u.E. niedrigqualifizierte Personen zunehmend zu sogenannten »Arbeitskraft-Kleingewerbetreibenden«,[19] die ihr Arbeitsvermögen zwangsläufig an wechselnde Auftraggeber mit unterschiedlichen Ansprüchen verkaufen müssen. Auch für qualifizierte Mitarbeiter, wie Führungskräfte und Spezialisten, sind im Kontext von Globalisierung und Wettbewerbsintensivierung **Mobilität und Flexibilität** unverzichtbar. Ein Befragungsteilnehmer bringt es auf den Punkt:»Die Arbeitsstelle in Dietikon ist morgen in London.« Dies stellt nicht nur besondere Anforderungen an die Sprachkenntnisse, sondern auch an die deutlich schwerer veränderbare Sozialkompetenz. Hinzu tritt – als Flexibilitätsanforderung – die Fähigkeit und Bereitschaft, sehr verschiedenartige Stellen zu übernehmen.

---

17 Fragen:»Inwieweit beeinflussen aktuelle wirtschaftliche Tendenzen die Anforderungen an die Mitarbeiter? Werden bestimmte Mitarbeitergruppen von diesen veränderten Anforderungen in besonderem Maße betroffen sein?«

18 Dabei wird unter »Arbeitsplatzsicherheit« die Sicherung eines bestimmten Arbeitsplatzes, unter »Beschäftigungssicherheit« ein dauerhaft sicheres Arbeitsverhältnis in einem Unternehmen – ohne Sicherung eines konkreten Arbeitsplatzes –verstanden.

19 Vgl. Voss/Pongratz 1998, S. 154

Ergebnisthese 3: Technologische Entwicklung bringt neue Herausforderungen

Unter dem Schlagwort »Technologie« wurden zunächst allgemeine Folgerungen des technologischen Fortschritts untersucht.[20] Abbildung 6 zeigt die zentralen Ergebnisse.

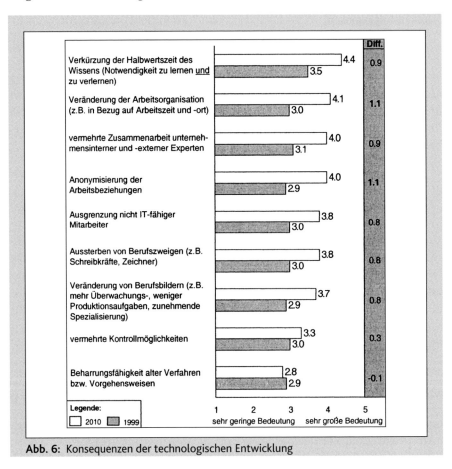

Abb. 6: Konsequenzen der technologischen Entwicklung

Dass acht von zehn Faktoren große Bedeutungszuwächse (≥0.8) verzeichnen, unterstreicht den zentralen Einfluss der **Technologie** auf die (Personal-)Arbeit. Das Personalmanagement dürfte insb. im Bereich **Personalentwicklung** stark gefordert sein. Es gilt nicht nur, neues Wissen zu ver-

---

20 Frage: »Bitte beurteilen Sie die Bedeutung der folgenden Konsequenzen der Technologieentwicklung für das Personalmanagement.«

mitteln, sondern auch die **Lernbereitschaft** und **Flexibilität** der Beschäftigten zu fördern und damit Selbstentwicklungsprozesse zu initiieren. Ein weiteres Aufgabenfeld zeigt sich in der Ausgestaltung der zunehmend **flexibleren Arbeitsorganisation**. Dies erfordert auch eine vermehrt leistungs- statt zeitbezogene Gestaltung der Entlohnungssysteme.

Ergebnisthese 4:	**Moderne Kommunikationstechnologie begünstigt Virtualisierung und verändert Arbeitsanforderungen**

Weiterhin wurden die in der Informations- und Dienstleistungsgesellschaft zentralen Kommunikationstechnologien wie Inter- und Intranet, E-mail, etc. diskutiert. Gefragt wurde nach ihren Auswirkungen auf das Personalmanagement.[21] Es wurden folgende Erwartungen geäußert:

- Die moderne Kommunikationstechnologie begünstigt die **Virtualisierung** der Arbeitsplätze. Dies führt einerseits zu höherer Autonomie und erlaubt eine bessere Balance zwischen Arbeit und anderen Lebensbereichen – ein Ziel, das angesichts der prognostizierten Werteentwicklung[22] stark an Bedeutung gewinnt. Andererseits werden die Arbeitsbeziehungen oberflächlicher und anonymer. Dadurch steigt die Gefahr von Isolation und »Entfremdung« und die Mitarbeiterführung wird schwieriger.[23]

- Die Anforderungen an den Umgang mit **Informationen** steigen. Aufgrund der immer größeren Informationsflut (Kommentar eines Befragten:»overkill mit E-mail«) müssen zukünftig Informationen noch gezielter selektiert werden.

- Auch die Anforderungen an **IT-Kenntnisse** nehmen zu. Das kann letztlich zu einer »Zwei-Klassen-Gesellschaft« und – da der Umgang mit neuen Technologien gerade älteren Mitarbeitern oft Probleme bereitet – zu einem »Generationen-Gap« führen. Das Personalmanagement muss deshalb Mitarbeiter zielgruppengerecht auf neue Technologien vorbereiten, dadurch Ängste abbauen und die Lernbereitschaft erhöhen.

- Der **Wissenszugang** wird einfacher und preiswerter, z. B. über Internet. Es eröffnen sich Möglichkeiten zur kostengünstigen Weiterbildung.

---

21 Frage:»Bitte skizzieren Sie die drei wichtigsten Auswirkungen moderner Kommunikationstechnologien.«
22 Vgl. Kapitel 2.3 Gesellschaftliche Werte
23 Vgl. Kapitel 6.1 Führung

2.2 Politik/Gesetzgebung

2.2.1 Ergebnisthesen

5. **Starke Einflüsse vom Ausland**: Das Personalmanagement in schweizerischen Unternehmen wird nach Meinung von 81 % der Befragten maßgeblich von welt- und europaweiten politischen Entwicklungen beeinflusst.

6. **Die Schweiz wird EU-Mitglied**: Ein EU-Beitritt der Schweiz wird von 65 % der Befragten für sehr wahrscheinlich, von 12 % sogar für sicher gehalten. Zentrale Auswirkungen für das Personalmanagement sind: Ausweitung der Arbeitsmärkte, erhöhte Regelungsdichte in der Gesetzgebung sowie veränderte Konditionen (z. B. mehr Mitwirkungsrechte) für schweizerische Arbeitnehmer.

7. **Arbeitsmarkt-, Bildungs- und Sozialpolitik bleiben zentrale Einflussfelder**: Bei der Sozialpolitik stehen Finanzierungsfragen im Vordergrund. Im Rahmen der Bildungspolitik geht es vorrangig um eine Anpassung der Bildungsinhalte an die Erfordernisse der Wirtschaft.

8. **Uneinheitliche Prognosen zum Einfluss der Arbeitnehmervertretungen**: 56 % der Befragten gehen von einer Zunahme, 22 % von einer Abnahme des Einflusses aus, der Rest erwartet keine Veränderungen.

9. **Klassische Aufgabenfelder der Arbeitnehmervertretungen werden ergänzt**: Die traditionellen Betätigungsgebiete wie Arbeitszeitgestaltung, Sozial- und Mitbestimmungspolitik bleiben auch zukünftig zentral. Gleichzeitig gewinnen – verstärkt durch veränderte Ansprüche der Arbeitnehmer, neue Arbeitsformen sowie sinkende Beschäftigungssicherheit – die Themen »Arbeitsinhalte« und »Personalentwicklung« an Bedeutung.

10. **Mehr Mitwirkung/Mitbestimmung für Arbeitnehmer**: Auf allen Ebenen (Betrieb, Arbeitsplatz, Team, Unternehmen) werden wachsende Einflussmöglichkeiten der Arbeitnehmer bzw. ihrer Vertretungen prognostiziert. Gleichwohl werden die Mitwirkungs- bzw. Mitbestimmungsmöglichkeiten auch im Jahr 2010 allenfalls mittlere Ausprägungsgrade erreichen.

2.2.2 Einführung

Politische Rahmenbedingungen nehmen entscheidenden Einfluss auf die Gestaltungsmöglichkeiten des Personalmanagements. Dabei sind **Prozesse der Globalisierung** sowie die **Bildung von politischen und ökonomischen Gemeinschaften (EU)** richtungsweisend.

Flüchtlingsströme aus Krisenregionen oder ökologische Belastungen mit globaler Auswirkung sind Beispiele dafür, dass **gesellschaftlich relevante Problemfelder die Grenzen des Nationalstaates sprengen**.[24] Deshalb sind sozialstaatliche Funktionen in einer transnationalen Wirtschaft nur zu erfüllen, wenn sie vom Nationalstaat auf Institutionen übergehen, die nicht an staatliche Grenzen gebunden sind. Gemeint sind supranationale Institutionen, wie kontinentale Wirtschaftsallianzen. Damit entstehen neuartige Formen des »Regierens ohne Regierung«.[25] Überstaatliche Organisationen kümmern sich z. B. im Namen der Menschenrechte um Fragen, die bisher innerhalb staatlicher Grenzen diskutiert wurden. Weil sie über die Staatsgrenzen hinaus agieren, sind sie dabei keinen demokratischen Kontrollmechanismen unterstellt.

Auch **internationale Unternehmen** haben die Möglichkeit, sich staatlichen Bestimmungen zu entziehen. Ein oft diskutiertes Beispiel ist die Mitwirkung der Gewerkschaften und Betriebskommissionen in der Schweiz (vgl. Abbildung 7).

Orte der Interessenvertretung von Arbeitnehmern	Juristische Rahmenbedingung	Interessenvertreter	Geltungsbereich
politische Rahmenbedingungen	v.a. Sozialpolitik	Einbindung der **Gewerkschaften** in politisches System	Innerhalb staatlicher Grenzen
Branchen	Gesamtarbeitsvertrag	**Gewerkschaften** vs. Arbeitgebervertretung	Branche innerhalb staatlicher Grenzen
internationale Unternehmen	Mitwirkungsgesetz	Unternehmensleitung vs. **Betriebskommission** (Betriebsrat)	*Frage der unternehmungspolitischen Selbstverpflichtung*

Abb. 7: Mitwirkung im Rahmen der Globalisierung

---

24 Vgl. Beck 1998b, S. 47
25 Beck 1998b, S. 18

- **Gewerkschaften** und **Arbeitnehmerverbände** gehören in der Schweiz zu wichtigen Interessenorganisationen. Sie sind sowohl auf **politischer Ebene** als auch auf **Branchenebene** in die Prozesse der Politikformulierung und der Regulierung eingebunden. Dabei vertreten sie die Interessen ihrer Mitglieder besonders im Bereich der **Sozialpolitik**.[26] Von anderen europäischen Ländern unterscheidet sich die Schweiz auch durch eine geringe Anzahl von Streiks: Zwischen 1975 und 1997 waren es lediglich im Durchschnitt 3.7 Fälle.[27] Der zentrale Grund hierfür ist die hoch **institutionalisierte Konfliktregelung** auf privater Basis. Gemeint ist die zuerst in der Maschinenindustrie und später auch in anderen Branchen übernommene **Friedenspflicht**, der bisweilen verfassungsähnlicher Status zugesprochen wird.[28] Sie verankert »den absoluten Arbeitsfrieden und bedeutet zugleich eine Anerkennung der Gewerkschaften und ihrer ›Ordnungsfunktion‹ durch die Arbeitgeber«[29].

- Der wohl bedeutendste Verhandlungsrahmen der Gewerkschaften mit den Arbeitgebern ist der **Gesamtarbeitsvertrag**, der erstmals 1974 in der Metall- und Maschinenindustrie verabschiedet wurde. Diesem werden vier Funktionen zugesprochen: Schutz der Arbeitnehmer als schwächere Vertragspartner, Vereinheitlichung der Arbeitsverhältnisse innerhalb einer Branche, verbindliche Verbesserung staatlicher Gesetzgebung und Wahrung der Friedenspflicht.[30]

- 1994 wurde in der Schweiz ein **Mitwirkungsgesetz** in Kraft gesetzt. »Es ging darum, im Hinblick auf die mögliche Annahme des **EWR**-Vertrages die Schweizerische Gesetzgebung der Europäischen anzugleichen.«[31] Während im Gesamtarbeitsvertrag der Geltungsbereich unterschiedlich definiert sein kann, gilt dieses Gesetz auf Unternehmensebene für alle Beschäftigten.[32] Durch »Mitwirkungs-« und »Informationsrechte« institutionalisiert es einen strukturellen Rahmen, der auch **unternehmerisches Denken und Handeln** fördert.[33]

---

26 Vgl. Fluder/Ruf/Schöni/Wicki 1991, S. 4
27 Vgl. Bundesamt für Statistik 1999, S. 125
28 Vgl. Fluder/Ruf/Schöni/Wicki 1991, S. 5; Wunderer 1962
29 Fluder/Ruf/Schöni/Wicki 1991, S. 87
30 Vgl. Christliche Gewerkschaft für Industrie, Handel und Gewerbe 1996, S. 11
31 Ilg 1999, S. 102 (Hervorhebung d.V.)
32 Vgl. Ilg 1999, S. 39
33 Zum Mitwirkungs- und Informationsrecht vgl. Ilg 1999, S. 49f. Zum »unternehmerischen Denken und Handeln« über Mitbestimmung vgl. Ilg 1999, S. 103

Zwischen dem Mitwirkungsgesetz und dem Gesamtarbeitsvertrag auf Branchenebene sowie der Mitwirkung auf politischer Ebene besteht ein entscheidender Unterschied: Internationale Firmen können sich der national begrenzten Macht schweizerischer Gewerkschaften entziehen. Anders verhält es sich beim Mitwirkungsgesetz. Seine konkreten Inhalte werden im Diskurs zwischen der Unternehmungsleitung und der Betriebskommission (vgl. Betriebsrat in Deutschland) festgelegt. Damit bezieht sich dieses Gesetz auf eine Interessenvertretung der Mitarbeiter, die im Unterschied zu den Gewerkschaften primär von nationalen Grenzen unabhängig ist. Deshalb ist es ein grundsätzlich **unternehmenspolitischer** Entscheid, ob sich eine Unternehmung über die nationalen Grenzen der Schweiz hinaus dem Mitwirkungsgesetz verpflichten will.

Das Mitwirkungsgesetz zielt auf eine Veränderung des Handelns von Unternehmungen selbst und nicht auf eine Veränderung der wirtschaftlichen Rahmenbedingungen, wie Gewerkschaftsaktivitäten und Gesamtarbeitsverträge.

2.2.3 Einzelergebnisse

Dem bislang nur in mittlerem Maße relevanten Einflussfeld »Politik und Gesetzgebung« wird ein markanter Bedeutungszuwachs zugeschrieben. Deshalb wurde gefragt, inwieweit Tendenzen auf globaler und nationaler Ebene Einfluss auf das schweizerische Personalmanagement nehmen.

Ergebnisthese 5: **Starke Einflüsse vom Ausland**

81 % der Befragten erwarten maßgebliche Einflüsse von welt- und europaweiten politischen Entwicklungen, die insb. eine Öffnung des Arbeitsmarktes, eine Angleichung gesetzlicher Regelungen an EU-Standards sowie eine Anpassung an fremde Kulturen, Ausbildungsniveaus und Sprachen zur Folge haben werden.[34]

---

34 Frage: »Glauben Sie, dass welt- oder europaweite politische Entwicklungen das Personalmanagement in der Schweiz bis zum Jahr 2010 maßgeblich beeinflussen werden? Falls ja, bitte skizzieren Sie diese kurz.«

Ergebnisthese 6:   **Die Schweiz wird EU-Mitglied**

Besondere Aufmerksamkeit wurde dem vieldiskutierten Thema »EU« geschenkt.[35] 65 % unserer Befragten halten einen EU-Beitritt der Schweiz bis 2010 für sehr wahrscheinlich, 12 % sogar für sicher:

- Sowohl die **Beschäftigung ausländischer Arbeitskräfte** in der Schweiz als auch die **Entsendung von Schweizerinnen und Schweizern ins Ausland** wird **vereinfacht**. Ersteres scheint infolge des prognostizierten Mangels an qualifizierten Nachwuchskräften[36] besonders wichtig.

- Es wird eine **Überarbeitung der Gesetzgebung** notwendig. Die gegenwärtigen Regelungen, z. B. Arbeits- und Sozialgesetze, müssen an das europäische Niveau angepasst werden. Infolgedessen wird die gegenwärtig eher niedrige Regelungsdichte deutlich zunehmen.

- Mit der Anpassung an EU-Normen sowie der Erweiterung der Arbeitsmärkte werden sich auch die Konditionen für die in der Schweiz Beschäftigten verändern. Es ist v. a. mit einem **Ausbau der Mitwirkungs-/Mitbestimmungsmöglichkeiten** zu rechnen. Gleichzeitig könnte der Konkurrenzdruck zu **Lohndumping** führen.

Ergebnisthese 7:   **Arbeitsmarkt-, Bildungs- und Sozialpolitik bleiben zentrale Einflussfelder**

Nicht alle politischen Betätigungsfelder haben in gleichem Maße Einfluss auf das Personalmanagement. Die befragten Expertinnen und Experten sollten deshalb die Bedeutung von sieben klassischen Politikbereichen beurteilen.[37] Zentral sind und bleiben nach ihrer Meinung jene Politikfelder, die sich im weiteren Sinne mit dem »Humanfaktor« befassen: **Arbeitsmarkt-, Bildungs-** und **Sozialpolitik** (vgl. Abbildung 8). Der beträchtliche Bedeutungsanstieg der Sozialpolitik (+ 0.7) dürfte in Verbindung zur Altersstruktur in der Schweiz[38] stehen, die langfristig Fi-

---

35 Fragen: »Bitte geben Sie an, für wie wahrscheinlich Sie den Beitritt der Schweiz zur EU bis zum Jahre 2010 halten. Bitte skizzieren Sie die zwei wichtigsten Auswirkungen eines EU-Beitritts auf das Personalmanagement schweizerischer Unternehmen.«

36 Vgl. Kapitel 2.4 Demographie

37 Fragen: »Bitte bewerten Sie die Auswirkungen der folgenden Politikfelder auf das Personalmanagement der Schweiz. Bitte skizzieren sie jene zwei Politikbereiche, die 2010 den größten Einfluss auf das Personalmanagement nehmen werden.«

nanzierungsprobleme bei der Sozialversicherung aufwirft. Die Bildungspolitik wurde als reformbedürftig bezeichnet. Die Bildungsinhalte sollten mehr an die Bedürfnisse der Wirtschaft angepasst werden. In diesem Zusammenhang wird für eine stärkere Integration von »On the job«- und »Off the job«-Lernen plädiert.

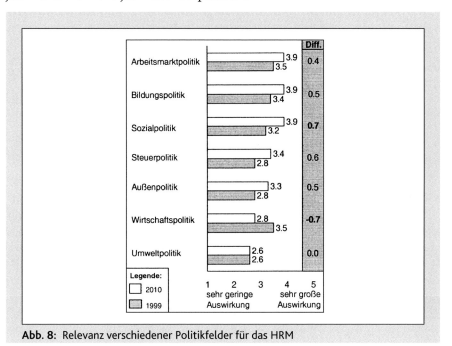

Abb. 8: Relevanz verschiedener Politikfelder für das HRM

Ergebnisthese 8:

Uneinheitliche Prognosen zum Einfluss der Arbeitnehmervertretungen

Bei den Beziehungen zwischen Arbeitgebern und Arbeitnehmern in schweizerischen Unternehmen standen die Themen »Arbeitnehmervertretungen« und »Mitbestimmung« im Mittelpunkt.[39] Gut die Hälfte **der Befragten** (56%) erwartet eine tendenzielle Einflusszunahme,[40] 22% gehen

---

38 Vgl. Kapitel 2.4 Demographie
39 Frage: »Wie wird sich Ihrer Meinung nach der Einfluss der Arbeitnehmervertretungen bis zum Jahr 2010 in der Schweiz entwickeln? Bitte begründen Sie Ihre Einschätzung kurz.«
40 Antwortkategorie »Einfluss wird eher zunehmen«

davon aus, dass der Einfluss der Arbeitnehmervertretungen eher bis stark abnehmen wird, und weitere 22% rechnen mit keiner Veränderung.

Als zentrale Gründe **für** eine Einflusszunahme werden genannt:

- Die gegenwärtig noch hohe Orientierung am »Shareholder Value«[41] und die angespannte Wirtschaftslage erhöhen den Druck auf die Arbeitnehmer. Arbeitnehmer werden sich deshalb stärker organisieren und mehr Mitbestimmungsrechte fordern.

- Infolge des wahrscheinlichen EU-Eintritts der Schweiz erhalten die Arbeitnehmer mehr individuelle und kollektive Mitwirkungsrechte.

Gegen eine Einflusszunahme sprechen folgende Aspekte:

- Die zunehmende Individualisierung der Arbeitsverhältnisse erschwert kollektive Regelungen. Standardisierte Arbeitsplätze, die sich gut für eine Kollektivierung eignen, nehmen ab.

- Qualifizierte Arbeitnehmer, deren Anteil zunehmen wird, sind weniger an Regelungen durch institutionelle Arbeitnehmervertretungen interessiert.

- Erfahrungsgemäß lassen sich in der Schweiz tradierte Verhältnisse nur langsam verändern.

Ergebnisthese 9:	Klassische Aufgabenfelder der Arbeitnehmervertretungen werden ergänzt

Wir fragten auch, wo die zentralen Aktivitätsfelder der Arbeitnehmervertretungen liegen (vgl. Abbildung 9).[42]

Demnach bleiben klassische Aufgabenfelder wie **Arbeitszeitgestaltung**, **Sozial- und Mitbestimmungspolitik** wichtig. Gleichzeitig verzeichnen bislang weniger bedeutsame Bereiche, wie »Arbeitsinhalte« und »Personalentwicklung«, beachtliche **Bedeutungszuwächse** (≥ 0.6). Diese Entwicklung hängt wohl auch mit den veränderten Ansprüchen der Arbeitnehmer[43], mit neuen Organisations- und Arbeitsformen sowie mit der sinkenden Beschäftigungssicherheit[44] zusammen.

---

41 Vgl. Kapitel 2.1 Wirtschaft und Kommunikationstechnologie
42 Frage: »Welche Bedeutung haben Ihrer Einschätzung nach die folgenden Politikbereiche für die Arbeitnehmervertretungen?«
43 Vgl. Kapitel 2.3 Gesellschaftliche Werte
44 Vgl. Kapitel 2.1 Wirtschaft und Kommunikationstechnologie

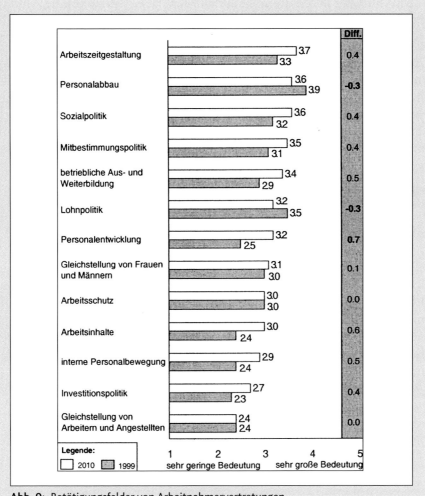

Abb. 9: Betätigungsfelder von Arbeitnehmervertretungen

Etwas erstaunlich erscheint, dass für die Bereiche »**Personalabbau**« und »**Lohnpolitik**« – also klassische Domänen von Arbeitnehmervertretungen – eine **leichte Bedeutungsabnahme** (–0.3) prognostiziert wird. Es sind folgende Interpretationen denkbar:

- Zum Thema »**Personalabbau**«: Es wird davon ausgegangen, dass zukünftig weniger Personalabbau stattfindet, was in Analogie zum prognostizierten Rückgang der Fusionierungswelle und der rückläufigen Orientierung am »Shareholder Value«[45] steht.

- Zum Thema »**Lohnpolitik**«: Im Zuge steigender Globalisierung sowie zunehmender Veränderung der Arbeitsorganisation (z. B. als Telear-

23

beit) und der Beschäftigungsverhältnisse (z. B. Patchworking) sind in vermehrtem Maße individuelle Lösungen der Entgeltgestaltung nötig.

Dass der Gleichstellung von Frauen und Männern nur minimale Bedeutungszunahme bescheinigt wird, verwundert, da – angesichts des prognostizierten Zuwachses an weiblichen Führungskräften und Spezialisten – durchaus Handlungsbedarf diagnostiziert wurde[46]. Zugleich steht dieser Befund im Einklang mit der im internationalen Vergleich relativ niedrig eingeschätzten Gleichbehandlung der Geschlechter in der Schweiz.[47]

Ergebnisthese 10: Mehr Mitwirkung/Mitbestimmung für Arbeitnehmer

Es wird ein Anstieg an Mitwirkungs-/Mitbestimmungsrechten auf allen Ebenen prognostiziert (vgl. Abbildung 10).[48] Allerdings werden die Einflussmöglichkeiten der Arbeitnehmer und ihrer Vertreter höchstens mittlere Ausprägungsgrade erreichen. Der starke Anstieg der Mitwirkung/Mitbestimmung auf Länderebene, z. B. in Form »Europäischer Betriebsräte«, zeigt, dass sich international tätige Unternehmen vermehrt den EU-Standards anpassen.

45 Vgl. Kapitel 2.1 Wirtschaft und Kommunikationstechnologie
46 Vgl. Kapitel 2.4 Demographie
47 Vgl. Weibler/Wunderer 2007
48 Frage:»Bitte beurteilen Sie die Ausprägung der Mitwirkungs-/Mitbestimmungsmöglichkeiten der Mitarbeiter in schweizerischen Groß- und Mittelunternehmen.«

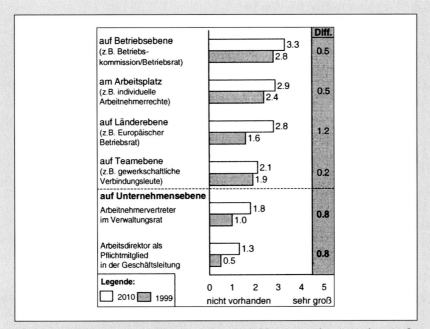

Abb. 10: Mitwirkungs- und Mitbestimmungsmöglichkeiten in schweizerischen Groß-
und Mittelunternehmen

2.3 Gesellschaftliche Werte

2.3.1 Ergebnisthesen

11. **Erwerbstätige suchen mehr Lebensgenuss**: Das »calvinistische Arbeitsethos« bekommt Konkurrenz: 73 % der Befragten prognostizieren einen wachsenden Trend in Richtung Hedonismus: Man arbeitet, um zu leben – nicht umgekehrt.

12. **Weniger Karrierestreben, mehr Sinnsuche**: Die klassische Karriereorientierung, also das Streben nach Aufstieg, Status und hohem Einkommen, verliert an Attraktivität. Das durch Sinnsuche gekennzeichnete »alternative Engagement« gewinnt an Bedeutung.

13. **Work-Life-Balance wird ein zentrales Laufbahnziel**: Immer mehr Menschen – auch Führungskräfte – streben eine Entfaltung in verschiedenen Lebensbereichen an.

14. **Widersprüchliche Grundhaltungen der Unternehmensleitungen gegenüber Mitarbeitern und Personalmanagement**: Auf der einen Seite wird eine Aufwertung der Human Ressourcen und der Personalarbeit (»Der Mensch wird Mittelpunkt«) prognostiziert, auf der anderen wird eine verstärkte Instrumentalisierung der Human Ressourcen (»Der Mensch wird Mittel. Punkt«) erwartet.

15. **Mit Problemfeldern und Paradoxien umgehen**: Der Umgang mit den Spannungsfeldern »Beruf – Familie/Freizeit« und »Erwerbstätige – Erwerbslose« sowie die Integration pluralistischer, konfligierender Werte sind die wesentlichen Aufgaben des Personalmanagements 2010.

2.3.2 Einführung

Werte lassen sich als »Leitbilder für ein gutes Leben oder eine erstrebenswerte Gesellschaft«[49] definieren. Befunde aus der demoskopischen Werteforschung[50] belegen, dass diese »Leitbilder« im Laufe der letzten Jahrzehnte in nahezu allen westlichen Industrieländern neu gewichtet wurden:

---

49 Strümpel/Scholz-Ligma 1992, Sp. 2338
50 Vgl. zusammenfassend v. Rosenstiel 1995; Opaschowski 1997; Inglehart 1998

- Die Werteveränderungen setzten in den 60er Jahren ein und wurden insb. von jungen, gut ausgebildeten Personen aus städtischen Wohngebieten getragen. *Klages*[51] spricht von einer Zunahme der Selbstentfaltungswerte, wie Emanzipation von Autoritäten oder Gleichbehandlung, und einer Abnahme der Pflicht- und Akzeptanzwerte, wie Disziplin oder Gehorsam. Er betont, dass diese Entwicklung nicht mit einer Auslöschung bzw. Zerstörung der Pflicht- und Akzeptanzwerte gleichzusetzen ist. Vielmehr werden diese »alten« Werte auf mittlere Ausprägungsgrade reduziert, während die »neuen« Selbstentfaltungswerte bedeutsamer werden.

- Abbildung 11 zeigt, wie sich die **Lebensorientierung** der **westdeutschen Bevölkerung seit 1956** entwickelt hat: Der Wert »Leistung« (Leben als Aufgabe) hat im Laufe der letzten vier Jahrzehnte gegenüber dem Wert »Lebensgenuss« (Leben genießen) an Bedeutung verloren. Seit den 90er Jahren deutet sich allerdings eine Wende an.

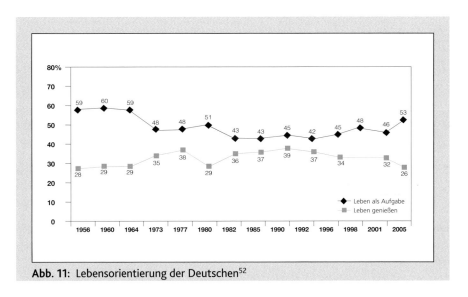

Abb. 11: Lebensorientierung der Deutschen[52]

- Ähnliche Entwicklungen wurden in der Schweiz festgestellt (vgl. Abbildung 12).

---

51 Vgl. Klages 1985
52 Quellen: Noelle-Neumann/Köcher 1997 sowie Allensbacher Archiv, IfD-Umfragen 7014, 7075 für Westdeutschland. Für Ostdeutschland lautete der Wert 2001: 56 zu 28; 2005: 50 : 30, und für Gesamtdeutschland waren die Werte 2001: 48 : 31, 2005: 52 : 27. Die Differenz zu 100% repräsentiert die Anzahl der Unentschiedenen.

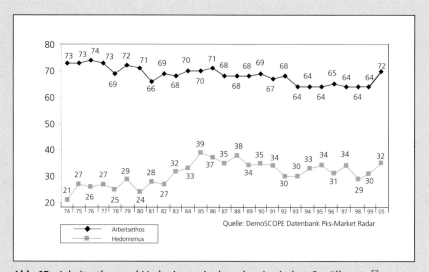

Abb. 12: Arbeitsethos und Hedonismus in der schweizerischen Bevölkerung[53]

Bis Ende der 80er Jahre zeichnete sich ein starker Trend in Richtung **Hedonismus** ab, der sich erst in den 90er Jahren zurückbildete. Korrespondierend dazu zeigt das traditionsgemäß hohe **Arbeitsethos** der Schweizerinnen und Schweizer[54] von 1974 bis 1993 leicht rückläufige Tendenz.

- In der gleichen Zeit ist die schweizerische Bevölkerung zunehmend »**progressiver**« und »**extravertierter**« geworden (vgl. Abbildung 13).

Dieser **gesellschaftliche Wertewandel** prägt die Einstellungen zum Beruf und die Erwartungen an die Arbeitswelt. Es zeigen sich u. a. folgende Tendenzen:

- Trotz des festgestellten Trends zu Lebensgenuss und Hedonismus ist die noch in den 70er und 80er Jahren prognostizierte **Leistungsverweigerung** auch innerhalb der jüngeren Generation **nicht eingetreten**. Leistung und Lebensgenuss werden nach den Erkenntnissen von *Opaschowski* gerade von jungen Menschen nicht als Gegensätze betrachtet, sondern miteinander zu verbinden versucht: »Offensichtlich gehören Leistung und Lebensgenuss heute zum Leben wie Ein- und

---

53 Vgl. Wyss 1999, S. 8 und 14; Demoscope Umfragen 2001, 2006
54 Vgl. Im Hof 1991

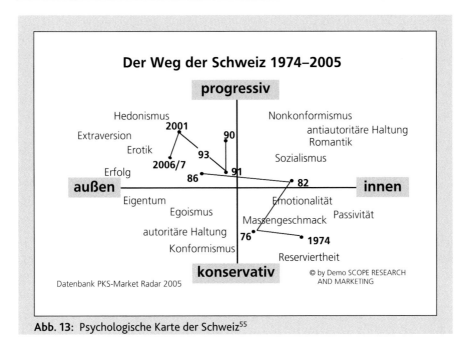

Abb. 13: Psychologische Karte der Schweiz[55]

Ausatmen. Kein Lebensgenuss ohne Leistung. Umgekehrt gilt auch: Lebensgenuss lenkt nicht automatisch von Leistung ab. Und wer sein Leben nicht genießen kann, wird auf Dauer auch nicht leistungsfähig sein.«[56] Nach den Befunden von *DemoSCOPE* ist in der Schweiz gerade die Gruppe der 15- bis 24jährigen besonders leistungsorientiert.[57]

• Korrespondierend zur allgemeinen Werteentwicklung suchen Beschäftigte vermehrt nach **neigungsgerechten, herausfordernden Aufgaben** und **Entwicklungschancen**. Auch persönliche Unabhängigkeit und Freiräume bei der Arbeit haben große Bedeutung. Dieser Trend wird sich nach den Befunden von *Opaschowski* fortsetzen.[58] Komplementär dazu wird die Bereitschaft zu hierarchischer Unterordnung, zu Gehorsam und Fremdsteuerung abnehmen und einem wachsenden Bedürfnis nach Mitwirkung und Selbststeuerung weichen.

• Die Arbeitsfreude, der **Spaß an der Arbeit**, stand 1996 an der Spitze der Werteskala der repräsentativ befragten Bundesbürgerinnen und -

---

55 DemoSCOPE Umfragen 1999, S. 5, 2001, 2006
56 Opaschowski 1997, S. 43
57 Wyss 1999, S. 12f.
58 Vgl. Opaschowski 1997, S. 49

bürger. Hierbei wurde nach dem »persönlich größten Anreiz« für zusätzliche Leistungen bei der Arbeit gefragt. Die entsprechenden Motive wurden wie folgt rangiert:

1. Arbeit, die Spaß macht (70 %)
2. sinnvolle Arbeitsinhalte (51 %)
3. Leistungsprämien/Karriere-/Aufstiegschancen (je 34 %) und
4. kürzere Arbeitszeit (26 %).

- Der **Wunsch nach einer klassischen Karriere** im Sinne von beruflichem Aufstieg, Einfluss, Status und hohem Einkommen ist nach einer Umfrage von *v. Rosenstiel* sowie nach unseren eigenen Expertenbefragungen aus den Jahren 1990/1991[59] und 1991/1992[60] **bei Nachwuchskräften deutlich geringer ausgeprägt** als bei älteren Führungskräften.

- Bei der **sozialen Orientierung** dominieren **zwei Strömungen:**[61] Einerseits werden gerade in der jüngeren Generation wieder verstärkt Wünsche nach **Kooperation und Teamarbeit** wach. Andererseits finden sich ausgeprägte **individualistische Orientierungen**.

Diese im Wertewandel begründeten Veränderungen im Stellenwert der Arbeit für die Mitarbeiter müssen modernes Personalmanagement auch **strategisch** leiten.

Ergebnisthese 11: **Erwerbstätige suchen mehr Lebensgenuss**

2.3.3 Einzelergebnisse

Zunächst standen allgemeine Lebenswerte im Mittelpunkt des Interesses. Den Auftakt bildete eine klassische Frage aus der zuvor gezeigten Langzeitstudie des *Instituts für Demoskopie* in Allensbach (vgl. Abbildung 11):

Zwei Männer/Frauen unterhalten sich über das Leben.

- **Aussage 1**: Der/die eine: »Ich möchte mein **Leben genießen** und mich nicht mehr abmühen als nötig. Man lebt schließlich nur einmal, und die Hauptsache ist doch, dass man etwas von seinem Leben hat.«

- **Aussage 2**: Der/die andere: »Ich betrachte mein **Leben als eine Aufgabe**, für die ich alle Kräfte einsetze. Ich möchte in meinem Leben et-

---

59 Vgl. Wunderer/Kuhn 1992
60 Vgl. Wunderer/Kuhn 1993
61 Vgl. v. Rosenstiel 1998

was leisten, auch wenn das oft schwer und mühsam ist.«

Die Befragten sollten die gegenwärtige prozentuale Verteilung dieser Orientierung bei schweizerischen Beschäftigten einschätzen sowie eine Prognose über die Trendentwicklung bis zum Jahr 2010 abgeben.[62]

Nach ihrer Ansicht steht bereits heute für einen Großteil der Mitarbeitenden ohne Führungsfunktion – etwa 90 % aller Beschäftigten – der Lebensgenuss im Vordergrund (vgl. Abbildung 14). Dagegen werden Führungskräfte mehrheitlich nach wie vor als Vertreter des »calvi-

Mittelwerte – 1999		
	Führungskräfte	Nichtführungskräfte
Leben genießen	20 %	47 %
Leben als Aufgabe	63 %	30 %
unentschieden	17 %	23 %

Abb. 14: Lebensorientierungen schweizerischer Arbeitnehmerinnen und Arbeitnehmer

nistischen Arbeitsethos« gesehen.

Für die Zukunft prognostiziert eine große Mehrheit (73 %) einen **Trend in Richtung** »Lebensgenuss«, 12 % erwarten keine Veränderung und 15 % gehen davon aus, dass schweizerische Beschäftigte ihr Leben zukünftig vermehrt als Aufgabe sehen werden. Mehrheitlich wird somit ein Anstieg hedonistischer Bestrebungen in der arbeitenden Bevölkerung der Schweiz vorhergesagt. Man lebt nicht mehr, um zu arbeiten, sondern arbeitet um zu leben. Als Gründe werden u. a. genannt:

- steigende Bedeutung immaterieller Werte

- propagierter und vorgelebter Hedonismus in der Gesellschaft

- abnehmende Identifikation mit Firma, Aufgaben und Gesellschaft

- abnehmende(s) Vertrauen in und Loyalität gegenüber Organisationen

---

62 Fragen: »Bitte schätzen Sie ein, wie die Verteilung der Antworten bei schweizerischen Führungskräften sowie schweizerischen Arbeitnehmern ohne Führungsfunktion ausfallen würde. Bitte schätzen Sie ein, wie sich der Trend bis zum Jahr 2010 entwickeln wird.«

Ergebnisthese 12: **Weniger Karrierestreben, mehr Sinnsuche**

- extreme und überfordernde Veränderungen.

Als nächstes rückten – wie schon in früheren Prognosestudien[63] – drei Orientierungsmuster nach *v. Rosenstiel* in den Blickpunkt:

- traditionelle **Karriereorientierung**: Sie ist charakterisiert durch das Streben nach Einfluss, Status, Aufstieg und hohem Einkommen. Überdurchschnittlich hartes Arbeiten und Verzicht auf Freizeit werden als »Preis« für den Aufstieg in Kauf genommen.

- **freizeitorientierte Schonhaltung**: Hier liegt der Schwerpunkt der Lebensinteressen im privaten Bereich. Im Rahmen der beruflichen Tätigkeit sind eine sichere Anstellung, geregelte Arbeitszeiten und gute soziale Kontakte zu den Kollegen wichtig. Ambitionierte Karriereziele oder hohes Einkommen sind nachrangig.

- **alternatives Engagement**: Dieser Typus ist charakterisiert durch die Ablehnung großer und »unmenschlicher« Organisation, Verzicht auf hohe Entlohnung und sozialen Status zugunsten einer sinnvollen Aufgabe. Ethische Ideale, wie z. B. Umweltbewusstsein, demokratisches Führungsverhalten, Eigenverantwortlichkeit und Kommunikation, spielen eine zentrale Rolle. Werden Aufgaben und Tätigkeiten als sinnvoll erlebt, besteht Bereitschaft zu überdurchschnittlichem Engagement.

Auch hier sollten die Befragten ein Urteil über die prozentuale Verteilung bei schweizerischen Arbeitskräften abgeben (vgl. Abbildung 15).[64]

Diese Befunde harmonieren mit der Verteilung der Orientierungen »Leben als Aufgabe« vs. »Lebensgenuss«. So werden gegenwärtig zwei Drittel der Führungskräfte zu den Karriereorientierten gezählt – ein Ergebnis, das den Prognosewerten der früheren Studien (CH 1990/91: 60 %; D 1991/92: 65 %)[65] nahe kommt.[66] Bei gut zwei Fünftel der Nichtführungskräfte wird eine freizeitorientierte Schonhaltung diagnosti-

---

63 Vgl. Wunderer/Kuhn 1992, 1993
64 Frage: »Als grundlegende Lebensorientierungen unterscheidet v. Rosenstiel zwischen Karriereorientierung (…), freizeitorientierter Schonhaltung (…) und alternativem Engagement (…). Bitte schätzen Sie die gegenwärtige und zukünftige Verteilung dieser ›Typen‹ in der Schweiz ein.«
65 Vgl. Wunderer/Kuhn 1992, S. 30; dieselben 1993, S. 28
66 Demgegenüber kann der seinerzeit prognostizierte Anstieg des »alternativen Engagements« nicht bestätigt werden.

Führungskräfte			
Orientierungsmuster	Mittelwerte		Differenz
	1999	2010	
• Karriereorientierung	67 %	56 %	– 11 %
• freizeitorientierte Schonhaltung	18 %	23 %	5 %
• alternatives Engagement	15 %	21 %	7 %
Nichtführungskräfte			
Orientierungsmuster	Mittelwerte		Differenz
	1999	2010	
• Karriereorientierung	35 %	29 %	– 6 %
• freizeitorientierte Schonhaltung	43 %	41 %	– 2 %
• alternatives Engagement	22 %	30 %	8 %

Abb. 15: Berufsbezogene Orientierungsmuster

ziert.

Die **Karriereorientierung** wird nach Meinung der Befragten zukünftig weiter **an Bedeutung verlieren**. Dies gilt selbst für Führungskräfte, wenngleich im Jahr 2010 immer noch über die Hälfte von ihnen im klas-

Ergebnisthese 13: **Work-Life-Balance wird ein zentrales Laufbahnziel**

sischen Sinne karriereorientiert sein wird. Zugleich wird ein genereller **Anstieg des alternativen Engagements** erwartet.

Der Karrierebegriff kann verschieden konkretisiert und von daher durchaus anders als im eben diskutierten Sinne verstanden werden. Deshalb wurden acht verschiedene Karriereziele nach *Schein*[67] zur Diskussion gestellt.[68]

Nach Ansicht der Befragten präferieren die schweizerischen Erwerbstä-

---

67 Vgl. Schein 1990
68 Frage: »Der Begriff ›Karriere‹ lässt sich unterschiedlich definieren. Schein unterscheidet zwischen acht verschiedenen Laufbahnzielen. Bitte kreuzen Sie die drei Ziele an, die Ihrer Meinung nach gegenwärtig und zukünftig in der Schweiz am verbreitetsten sind.«

Führungskräfte – Häufigste Nennungen –
1999
• Geschäftsführer mit Gewinn- und Verlustverantwortung werden (82 %) • unternehmerische Kreativität im Beruf verwirklichen können (59 %) • eine totale Herausforderung annehmen (48 %)
2010
• unternehmerische Kreativität im Beruf verwirklichen können (67 %) • Geschäftsführer mit Gewinn- und Verlustverantwortung werden (56 %) • Balance von Arbeits-, Frei-, Familien- und Lernzeit (52 %)
Nichtführungskräfte – Häufigste Nennungen –
1999
• sich fachlich spezialisieren (93 %) • Balance von Arbeits-, Frei-, Familien- und Lernzeit (70 %) • Beständigkeit in der Laufbahn (59 %)
2010
• Balance von Arbeits-, Frei-, Familien- und Lernzeit (96 %) • sich fachlich spezialisieren (58 %) • sich voll für eine gute Idee/Sache einsetzen (54 %)

Abb. 16: Zentrale Karriereziele

tigen v. a. folgende Ziele (vgl. Abbildung 16).
Besonders bemerkenswert erscheinen dabei zwei Aspekte:

• Die **Balance zwischen Arbeit und anderen Lebensbereichen** avanciert in allen Arbeitnehmergruppen zu einem **bevorzugten Laufbahnziel**. Demnach werden auch Führungskräfte zukünftig weniger bereit sein, private Interessen beruflichen Belangen unterzuordnen.

• **Unternehmerische Kreativität im Beruf verwirklichen zu können**, wird für Führungskräfte zukünftig noch **wichtiger**. Damit werden motivationale Voraussetzungen für aktives unternehmerisches Engagement dieser Gruppe gefördert und die Realisierungschancen »internen Unternehmertums«[69] deutlich verbessert.

• **»Beständigkeit in der Laufbahn«** wird auch für Mitarbeitende ohne Führungsfunktion **an Bedeutung verlieren**. Nur noch 15 % der Befragten zählen diesen Aspekt zu den drei wichtigsten Karrierezielen von Nichtführungskräften. Es wird also davon ausgegangen, dass sich die Werthaltungen der Beschäftigten den faktischen Gegeben-

---

69 Vgl. Kapitel 3.2 Förderung des internen Unternehmertums

heiten – in Form von sinkender Beschäftigungssicherheit und dis-
kontinuierlichen, von Brüchen gekennzeichneten Laufbahnmustern[70]
– angleichen. Demnach wird sich die schweiztypische Neigung zur

Ergebnisthese 14:	Widersprüchliche Grundhaltungen der Unter- nehmensleitungen gegenüber Mitarbeitern und Personalmanagement

»Unsicherheitsvermeidung«[71] abschwächen.
Neben Entwicklungen in den allgemeinen und beruflichen Wertemus-
tern der Mitarbeitenden interessierte uns, wie die Unternehmensleitungen dem menschlichen Faktor und dem Personalmanagement zukünftig gegenüberstehen werden und welche Auswirkungen daraus
erwachsen.[72]

Es wurden **zwei gegenläufige Tendenzen** diagnostiziert, die sich in An-
lehnung an *Neuberger*[73] zu zwei Schlagwörtern verdichten lassen:

• **»Der Mensch wird Mittelpunkt«**: Menschliche Arbeit und Human
Resource Management gewinnen an Bedeutung. Die zunehmende
Anerkennung des Wertes menschlicher Arbeit bei gleichzeitiger Ver-
knappung des Arbeitskräfteangebotes werden von den Experten als
wichtige Ursachen hierfür genannt.

Diese Entwicklung eröffnet neue Perspektiven für das Personalressort. Sie verspricht v. a. folgende **Vorteile**:

– Die HR-Arbeit wird mehr Anerkennung erfahren; sie wird zunehmend Element der strategischen Führung.
– Mit vermehrter strategischer Ausrichtung des Personalbereichs
kann ethischen Fragen und menschlichen Werten mehr Gewicht
verliehen werden.
– Aufgrund dieser Entwicklungen können attraktivere Führungspositionen im HR-Sektor angeboten und Talente gewonnen werden.

---

70 Vgl. Oertig/Stoll 1997
71 Vgl. Weibler 1999; Weibler/Wunderer 1997, 2007
72 Fragen: »Bitte skizzieren Sie in Stichworten, welche zwei zentralen Entwicklungstendenzen sich in Werten und Einstellungen der Unternehmensleitungen gegenüber
dem ›Produktionsfaktor Arbeit‹ und dem Human Resource Management abzeichnen.
Bitte zeigen Sie ebenfalls stichwortartig auf, welche Herausforderungen/Probleme
und welche Chancen sich daraus für das HRM ergeben.«
73 Vgl. Neuberger 1990

Als **Herausforderungen** oder **Probleme** sind zu nennen:

– Fraglich ist, ob die zur strategischen Ausrichtung der Personalarbeit erforderlichen Qualifikationen – insb. die Fähigkeit zum Change und Knowledge Management – ausreichend vorhanden sind.
– Kulturaufbau und -pflege sind aufwendig und langwierig, Erfolge werden relativ spät sichtbar.

• **»Der Mensch wird Mittel. Punkt«:** Der Produktionsfaktor Arbeit und das Human Resource Management werden zunehmend instrumentalisiert. Es dominieren kurzfristige Betrachtungsweisen: Mitarbeitende und Personalmanagement werden verstärkt als Kostenfaktoren betrachtet. Menschen avancieren zur Manövriermasse. Im Zuge dieser Entwicklungen wird die Bindung der Beschäftigten an das Unternehmen abnehmen.

Ergebnisthese 15: **Mit Problemfeldern und Paradoxien umgehen**

Abschließend wurden die Befragten gebeten, vieldiskutierte Problemfelder bezüglich ihrer aktuellen und zukünftigen Relevanz für die Personalarbeit zu beurteilen.[74] Ihre Einschätzungen zeigt Abbildung 17.

• Es wird wieder deutlich, dass die Lebensbereiche »Freizeit« und »Familie« zunehmend in Konkurrenz zum Bereich »Arbeit« treten und die **Harmonisierung bzw. Milderung dieses Spannungsfeldes** zur zentralen Herausforderung für das Personalmanagement der Zukunft wird. Eng damit verbunden und teilweise ursächlich hierfür sind Veränderungen in der Arbeitsteilung innerhalb der Familie.

• Unter dem Einfluss aktueller Entwicklungen – wie etwa die zunehmende Globalisierung sowie die gegenwärtig noch anhaltende Fusionierungswelle – avanciert die **Integration pluralistischer, z. T. widersprüchlicher Werte** zu einer bedeutsamen und zugleich schwierigen Aufgabe des Personalmanagements.

• Bei sinkender Arbeitsplatzsicherheit rückt die Auseinandersetzung mit dem **Spannungsfeld »Erwerbstätige – Erwerbslose«** in den Aufgabenbereich betrieblicher Personalarbeit.

---

74 Frage: »Bewerten Sie bitte die Bedeutung der nachfolgend genannten Problemfelder für das Personalmanagement heute und im Jahr 2010.«

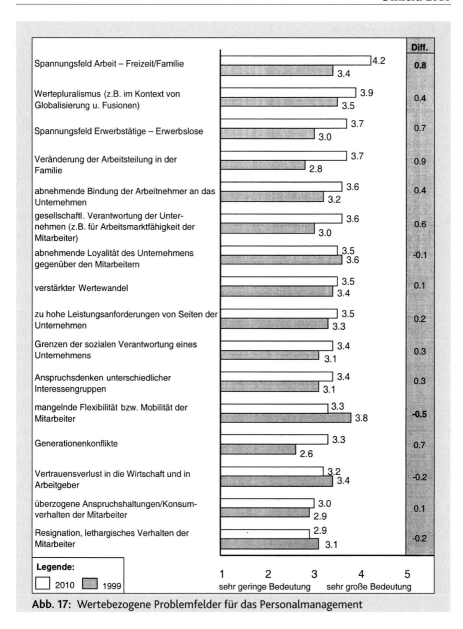

Abb. 17: Wertebezogene Problemfelder für das Personalmanagement

- Demgegenüber wird **mangelnde Flexibilität und Mobilität** auf Seiten der Mitarbeitenden – die heute noch ein erhebliches Problempotential darstellen – deutlich **abnehmen**.

2.4 Demographie

2.4.1 Ergebnisthesen

16. **Mehr ausländische, ältere und weibliche Arbeitnehmer**: Unter dem Einfluss von Globalisierung, Bevölkerungs- und Werteentwicklung wird ein deutlicher Anstieg dieser Beschäftigtengruppen erwartet. Dabei werden unter den ausländischen und weiblichen Arbeitskräften vermehrt Führungskräfte und Spezialisten vertreten sein.

17. **Demographische Entwicklung fordert das HRM**: Verstärktes Gewicht wird insb. dem Diversity Management, der Qualifikation und Motivation älterer Mitarbeitender, der Familienförderung sowie dem Personalmarketing beigemessen.

18. **Qualitative Ungleichgewichte am Arbeitsmarkt**: Die überwiegende Mehrheit der Befragten prognostiziert einen Mangel bei bestimmten Arbeitnehmergruppen, wie Informatiker oder IT-Spezialisten, sowie ein Überangebot bei anderen, beispielsweise unqualifizierten Arbeitskräften.

2.4.2 Einführung

Demographie zielt auf die Beschreibung von Größe, Verteilung, Struktur und Veränderung von Populationen, wobei Mortalität, Fertilität und Migration die zentralen Parameter demographischer Analysen sind.[75] Aus personalwirtschaftlicher Sicht bezieht sich der Begriff »demographischer Wandel« in erster Linie auf die konkreten Entwicklungen am Arbeitsmarkt, die die **Arbeitsmarktforschung**[76] unternehmensspezifisch analysiert und v. a. für die Personalplanung und -beschaffung systematisch aufbereitet. Ziel ist die Analyse von »Diskrepanzen zwischen vorhersehbarer Unternehmensentwicklung und globaler Entwicklung«[77] und die Formulierung angemessener Strategien.

---

75 Vgl. Dinkel 1989, S. 1ff.
76 Vgl. Berthel 1995, S. 175ff.
77 Fröhlich/Gieffers 1989, S. 21

Arbeitsmarktforschung lässt sich in vier Dimensionen differenzieren:[78]

- **globale Betrachtung** im Sinn eines mengenmäßigen Vergleiches von Gesamtangebot und Gesamtnachfrage am Arbeitsmarkt

- **vertikale Betrachtung**, die Arbeitskräfteangebot und -nachfrage nach Ausbildungskriterien differenziert

- **horizontale Betrachtung**, die den »Fit« zwischen Angebot und Nachfrage verschiedener Berufsgruppen analysiert

- **qualitative Betrachtung**, welche die konkreten Inhalte der beruflichen Bildung mit den spezifischen Anforderungen der Unternehmen vergleicht.

Ein personalpolitisch besonders bedeutsamer Aspekt der demographischen Entwicklung bezieht sich darüber hinaus auf die **Arbeitsmarktsegmentierung**. Für die Unternehmen ist selten der ganze externe Arbeitsmarkt von Bedeutung, sondern häufig nur spezifische »Teilarbeitsmärkte«, »Arbeitsmarktausschnitte« oder »Arbeitsmarktsegmente«.[79]

2.4.3 Einzelergebnisse

Beim Thema »Demographie« ging es insb. um die gegenwärtige und zukünftige Personalstruktur und die damit verbundenen Konsequenzen für die Personalarbeit.

Ergebnisthese 16: Mehr ausländische, ältere und weibliche Arbeitnehmer

Den Ausgangspunkt bildete eine Einschätzung der demographischen Entwicklung verschiedener Arbeitnehmergruppen.[80] Nach Ansicht der Befragten ist mit einem Anstieg folgender Gruppen zu rechnen:

- **ausländische Arbeitnehmer, insb. Führungskräfte und Spezialisten**: Im Vordergrund stehen also nicht mehr nur auf ausführender Ebene tätige Gastarbeiter, sondern auch qualifizierte Mitarbeiter, die in er-

---

78 Vgl. Dincher/Ehreiser/Nick 1989, S. 68ff.
79 Vgl. Scherm 1990, S. 14ff.
80 Frage: »Bitte prognostizieren Sie die demographische Entwicklung für die Schweiz bis zum Jahr 2010.«

heblichem Maße Einfluss auf Organisationskultur, -strategie und -struktur nehmen (können). Als Gründe werden v. a. die Globalisierung sowie der drohende Mangel an qualifiziertem Nachwuchs in der schweizerischen Bevölkerung genannt. Besonders viele ausländische Arbeitnehmer werden aus den EU-Staaten und Osteuropa kommen.

- **ältere Arbeitnehmer**: Grund hierfür ist die zunehmende Überalterung der schweizerischen Bevölkerung.

- **weibliche Führungskräfte und Spezialisten**: Dieser Befund ist Folge der veränderten Frauenrolle, die sich auch in einem deutlichen Anstieg im Qualifikationsniveau und in der Erwerbsquote widerspiegelt. So betrug der Frauenanteil bei den Abiturienten 1998 51.9 % (1980: 42.5 %), bei den Universitätsabschlüssen 41.4 % (1980: 26.3 %) und bei den Doktoraten 30.4 % (1980: 16.1 %)[81] Die Erwerbsquote der Frauen ist zwischen 1980 und 1998 auf 44.6 % (1980: 34.1 %) gestiegen.[82]

Dagegen wird eine deutliche Abnahme von Arbeitnehmern ohne abge-

Ergebnisthese 17:	Demographische Entwicklung fordert das HRM

schlossene Berufsausbildung prognostiziert.

Weiterhin sollten die Befragungsteilnehmer die Bedeutung verschiedener Arbeitnehmergruppen für das Personalmanagement beurteilen.[83]

Abbildung 18 zeigt, dass alle Gruppen mit hohen quantitativen Zuwachsraten – nämlich qualifizierte ausländische Arbeitskräfte, ältere Arbeitnehmer sowie weibliche Führungskräfte/Spezialisten – als zunehmend herausfordernd für das Personalmanagement erlebt werden. Hinzu tritt die Gruppe junger – insb. qualifizierter – Arbeitnehmer, die angesichts der Altersstruktur in der Schweiz unterrepräsentiert sein wird.

Die zentralen Anforderungen zeigen sich in folgenden Punkten:

- **ausländische Arbeitskräfte**: Das Personalressort muss eine Harmonisierung unterschiedlicher Kulturen fördern. »Diversity Management« wird eine Aufgabe des Personalmanagers von morgen.

---

81 Vgl. Bundesamt für Statistik 1999, S. 405f.
82 Vgl. Bundesamt für Statistik 1999, S. 108
83 Frage: »Bitte schätzen Sie ein, inwieweit die genannten Arbeitnehmergruppen das Personalmanagement vor besondere Herausforderungen stellen.«

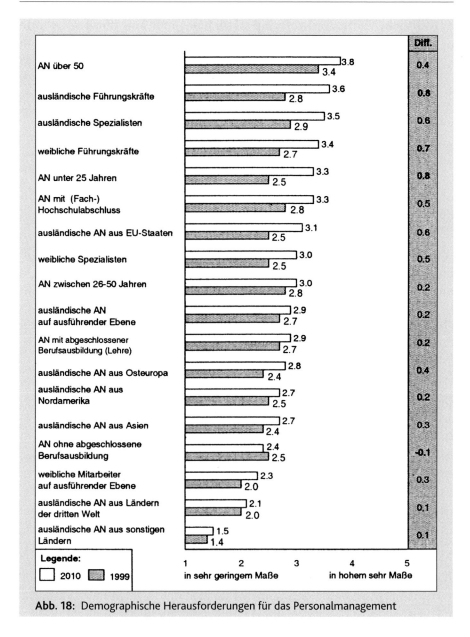

Abb. 18: Demographische Herausforderungen für das Personalmanagement

- **ältere Arbeitnehmer**: Motivation und Qualifikation dieser älteren, erfahrenen Mitarbeiter müssen erhalten bzw. verbessert werden. Zudem gilt es, den Know-how-Transfer zwischen den Generationen zu fördern und somit intergenerative Lernprozesse zu initiieren.

- **weibliche Führungskräfte/Spezialisten**: Trotz langjähriger Debatte und diverser Gleichstellungsbemühungen ist die Vereinbarkeit von Karriere und Familie für viele Frauen nach wie vor schwierig.[84] Das Personalmanagement muss deshalb an praktikablen Lösungen arbeiten. Weiteres Gewicht erhält diese Anforderung, weil Arbeitnehmer aller Hierarchieebenen einer Balance zwischen Arbeit und anderen Lebensbereichen zukünftig großen Wert beimessen.[85]

- **junge, qualifizierte Arbeitskräfte**: Wegen der Bevölkerungsentwicklung der Schweiz droht die Suche und Rekrutierung von Nachwuchskräften zum »War for Talents« zu werden.

| Ergebnisthese 18: | Qualitative Ungleichgewichte am Arbeitsmarkt |

Schließlich wurde die qualitative Entwicklung des Arbeitskräfteangebotes in den Mittelpunkt gestellt.[86] Die Experten sind relativ einhellig – nämlich zu 85 % – der Ansicht, dass der Arbeitsmarkt 2010 von qualitativen Ungleichgewichten geprägt sein wird. Viel weniger Einigkeit besteht jedoch darin, bei welchen Berufen ein Überangebot bzw. Mangel herrschen wird. Hier wurden sehr unterschiedliche Meinungen geäußert.

Ein **Überangebot** wird u. a. bei **unqualifizierten Arbeitnehmern**, bei **Beschäftigten der Industrie** sowie bei **Akademikern** im allgemeinen gesehen. Demgegenüber steht ein **Mangel** an **Informatikern, IT-Spezialisten** sowie **international orientierten Arbeitnehmern**, also gerade an jenen Qualifikationen, die infolge der wirtschaftlichen und technologischen Entwicklung besonders bedeutsam werden.[87]

---

84 Vgl. Wunderer/Dick 1997
85 Vgl. Kapitel 2.3 Gesellschaftliche Werte
86 Frage: »Wird Ihrer Meinung nach im Jahr 2010 bei bestimmten Berufen ein Überangebot bzw. ein Mangel herrschen?«
87 Vgl. Kapitel 2.1 Wirtschaft und Kommunikationstechnologie

2.5   Folgerungen

Entscheidend für die **Wahrnehmung und Interpretation** der Umwelt sind die zugrundeliegenden Denkmuster. So wurden unter der Annahme stabiler Umweltverhältnisse personelle Ressourcen lange Zeit verwaltet.[88] Je komplexer und dynamischer das Umfeld wird, desto dringender wird **kritisches und strategisches Vorausdenken** im Personalmanagement.

Wie die Befragten ihr Umfeld wahrnehmen und deuten, lässt sich an Antworten auf drei Fragen erkennen. Diese wurden nicht explizit gestellt, können aber anhand der vorliegenden Ergebnisse beantwortet werden. Dadurch offenbaren sich grundlegende Konfliktfelder in der Selbsteinschätzung des Personalmanagements:

Frage 1: Was soll das Personalmanagement verändern, um mehr zur Wertschöpfung des Unternehmens beizutragen?

In einem komplexen und dynamischen Unternehmensumfeld muss das Personalmanagement **proaktiv** handeln. Es sucht nach Antworten, wie internationale Mobilität, Flexibilität, Leistungsstärke und Kooperation gesteigert werden können.

Es muss Führungskräfte gewinnen und entwickeln, die ihr »Leben als Aufgabe«[89] verstehen, »in ihrem Beruf unternehmerische Kreativität verwirklichen wollen«[90] und bereit, aber auch fähig sind, »mit pluralistischen Werten umzugehen«[91]. Als große Problempotentiale nehmen die Personalverantwortlichen die abnehmende Zahl jüngerer Mitarbeiter und Führungskräfte und die zunehmende Überalterung im Rahmen der demographischen Entwicklung wahr.[92] Deshalb sehen sie eine Herausforderung in der Gewinnung und Entwicklung junger, aber auch bisher noch wenig integrierter weiblicher Führungskräfte und Spezialisten.[93]

---

88 Vgl. Kapitel 3.1 Unternehmensstrategische Integration
89 Vgl. Kapitel 2.3 Gesellschaftliche Werte, Abbildung 14
90 Vgl. Kapitel 2.3 Gesellschaftliche Werte, Abbildung 16
91 Vgl. Kapitel 2.3 Gesellschaftliche Werte, Abbildung 17
92 Vgl. Einführung
93 Vgl. Kapitel 2.4 Demographie

Frage 2: Wo sind Grenzen der Veränderungen zur Steigerung der ökonomischen Effizienz?

Führungskräfte und Mitarbeiter können nicht grenzenlos flexibel, mobil, lern- und leistungsfähig und gleichzeitig kooperativ und loyal sein oder werden.[94] Jede Ressource muss gepflegt werden. Personelle unterscheiden sich darin von materiellen Ressourcen, wie Finanzen oder Rohstoffe, dass sie einen eigenen **Willen**, eigene **Werte** und **Interessen** und deshalb einen besonderen **Stellenwert** haben. Ihre Besonderheit liegt in ihren **legitimen** Interessen, denen das Personalmanagement auch zu Lasten von kurzfristigen, ökonomischen Zielen entsprechen sollte. So schätzen die Befragten die Bedeutung der »Balance zwischen Arbeits-, Frei-, Familien- und Lernzeit« als entscheidendes Bedürfnis leistungsstarker Führungskräfte und Mitarbeiter ein.

Das Personalmanagement kann solchen **Grenzen** nicht allein über die eindimensionale Verfechtung von Mitarbeiterrechten begegnen. Es soll vielmehr den unternehmerischen Nutzen aufzeigen, den die **Integration mitarbeiterbezogener Unternehmensziele** und **wertebewusstes Management** verspricht. Dies schließt eine Auseinandersetzung mit Wertvorstellungen ein – eine Aufgabe, die von den Befragten hoch gewichtet wurde.

Frage 3: In welchen Spannungsfeldern leben und arbeiten Führungskräfte und Mitarbeiter?

In einer summarischen Betrachtung der Befunde lassen sich vier, durch Widersprüche bedingte **Problemfelder des Personalmanagements 2010** identifizieren (vgl. Abbildung 19).

- **Beruf vs. Familie/Freizeit**: Globalisierung und Wettbewerbsintensivierung verlangen von Mitarbeitenden immer mehr: Sie müssen mehr und schneller arbeiten, flexibel einsetzbar und räumlich mobil sein. Dem steht der steigende Anspruch auf eine ausgewogene Lebensführung mit hinreichend Frei- und Familienzeit entgegen, der zum Teil durch Änderungen in der familiären Arbeitsteilung – als Ausdruck und Folge veränderter Frauenrollen – bedingt ist.

---

94 Vgl. Sennett 1998

Abb. 19: Spannungsfelder – Herausforderungen für das Personalmanagement 2010

- **unternehmerisches Engagement vs. drohender Verlust des Arbeitsplatzes**: Unter den heutigen Rahmenbedingungen scheint es wichtiger denn je, dass Beschäftigte bereit sind, mehr als das in Vorschriften Fixierte zu leisten, als »Mitunternehmer«[95] oder »organizational citizen«[96] aktiv an der Realisierung der Unternehmensziele und -strategien mitzuwirken. Gleichzeitig wird es bei sinkender Beschäftigungssicherheit schwieriger, entsprechendes Engagement zu sichern.

- **Identifikation mit Unternehmensziel vs. Individualisierung**: Effiziente und effektive arbeitsteilige Aufgabenerfüllung erfordert die Orientierung an gemeinsamen Zielen. Dies wird jedoch bei zunehmend pluralistischen und partiell antagonistischen Wertvorstellungen – z.B. infolge verstärkter Internationalisierung[97] – schwieriger.

- **Sinn aus Arbeit vs. Hedonismus**: Einerseits wird, wie der prognostizierte Anstieg des »alternativen Engagements« belegt, vermehrt nach Sinn bei der Arbeit gesucht, andererseits machen sich verstärkt hedonistische Tendenzen bemerkbar. Zentrale Aufgabe des HRM wird es sein, »Lebensgenuss« durch Sinn und Spaß in der Arbeit zu fördern.

---

95 Vgl. Wunderer 2007 sowie Kapitel 3.2 Förderung des internen Unternehmertums
96 Vgl. Organ 1988; Nerdinger 1998a und b; Bretz/Hertel/Moser 1998
97 Vgl. auch Kapitel 2.1 Wirtschaft und Kommunikationstechnologie sowie 2.4 Demographie

Die Herausforderung für das HRM besteht in der Entwicklung und Gestaltung von **Strategien** (Kapitel 3), **Programmen** (Kapitel 4), **Personal-** (Kapitel 5) und **Steuerungsfunktionen** (Kapitel 6), **Organisationen** (Kapitel 7) und der **Qualifizierung der Personalmanager** selbst (Kapitel 8), die eine bewusste und ökonomisch konstruktive Begegnung mit solchen widersprüchlichen Umfeldentwicklungen unterstützen. Die anschließenden Kapitel werden diese Fragen vertiefen. Es soll auf Problemfelder aufmerksam gemacht werden, mit denen sich ein **zukunftsgerichtetes Personalmanagement** auseinandersetzen muss.

3 Strategie 2010

»Strategie« ist ein in der Praxis häufig verwendeter Begriff zur Charakterisierung grundlegender Gestaltungskonzepte. Deshalb ist der strategische Ansatz weniger eine theoriegeleitete Betrachtungsperspektive von Wissenschaftlern als eine Leididee für **Gestaltungsansätze** der Praktiker.[98]

Zum Verständnis der IST- und SOLL-Situation sowie der zukünftigen Trends der Personalarbeit dürfen Personalstrategien nicht nur auf ihre **inhaltlichen Programme**, wie Zielgruppenorientierung oder Internationalisierung,[99] analysiert werden. Ebenso entscheidend ist das **konzeptionelle** Verständnis zu grundsätzlichen Fragestellungen, die den Rahmen der strategischen Programme abstecken. Sollen Personalstrategien aus Zielsetzungen anderer Unternehmensbereiche abgeleitet werden? Wie weit kann und soll sich das Personalmanagement selbst Ziele setzen? Welchen **Stellenwert** hat die Personalstrategie im Verhältnis zu anderen Funktionen – wie Marketing oder Beschaffung – oder zur gesamten Unternehmensstrategie? Die Ergebnisse der Umfrage zu diesen Fragen werden in Kapitel 3.1 besprochen.

Die größte Veränderung der inhaltlichen Programme erwarten die Befragten bei der **Förderung des Mitunternehmertums** und der **internen Kundenorientierung** (vgl. Abbildung 20).[100]

Die **Orientierung an internen Kunden** ist mit dem Konzept »**Mitunternehmertum**« verbunden. Für die Konzeption der Personalarbeit ist dieses Programm bedeutsam, weil es die unternehmensstrategischen Aufgaben des Personalmanagements herausstellt und die Personalstrategie in der Unternehmensleitung aufwertet. Die Befragten geben beiden Programmen hohe Bedeutung und erkennen großen Handlungsbedarf beim Mitunternehmertum (vgl. Kapitel 3.2).

---

98 Vgl. Klimecki/Gmür 2006, S. 349
99 Vgl. Kapitel 4 Programme 2010
100 Frage: »Bitte beurteilen Sie, welche Bedeutung die folgenden strategischen Ausrichtungen heute und im Jahr 2010 haben.« Zur Auswahl standen mehr Möglichkeiten als in Abbildung 20 aufgeführt sind. Diese werden später in Kapitel 4 Programme 2010 besprochen.

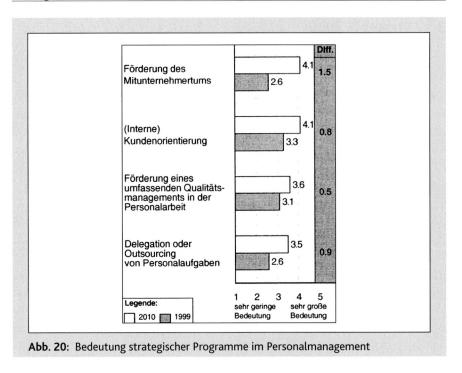

Abb. 20: Bedeutung strategischer Programme im Personalmanagement

Die ebenfalls hoch bewerteten Programme »**Qualitätsmanagement der Personalarbeit**« und »**Outsourcing von Personalaufgaben**« beantworten auch die Frage nach dem Beitrag des Personalmanagements für die **Wertschöpfung des Unternehmens** (vgl. Kapitel 3.3).

3.1 Unternehmensstrategische Integration

3.1.1 Ergebnisthesen

19. **Unternehmerische Orientierung überlagert Ökonomisierung**: Zurzeit dominiert die Anpassung von Organisation und Personal an veränderte Rahmenbedingungen. Kostensenkung, Rationalisierung und Flexibilisierung sind die zentralen Schlagworte. Allerdings werden die Grenzen einseitiger Ökonomisierung zunehmend erkannt. Wegen schwierigerer Wettbewerbsbedingungen müssen die unternehmerischen Potentiale breiter Belegschaftsschichten gezielt gefördert und genutzt werden.

20. **Neugewichtung strategischer Schwerpunkte**: Unter dem Einfluss steigender Umweltdynamik wird das Tätigkeitsfeld des Personalmanagements verstärkt durch neuartige, risikobehaftete Aktivitäten charakterisiert. Dies fordert, Umweltentwicklungen kontinuierlich zu analysieren.

21. **Die Personalstrategie wird Teil der Unternehmensstrategie**: Bei steigender Bedeutung von Human Ressourcen und HRM werden Unternehmens- und Personalstrategie zunehmend integriert.

3.1.2 Einführung

Das erste **Konzept zur Unternehmensstrategie** wurde in den frühen 60er Jahren von *K. R. Andrews* und *C. R. Christensen* an der Harvard Business School entwickelt. Ziel war, das auf Funktionen wie Marketing oder Produktion beschränkte Managementdenken umfassend zu erweitern, um diese Bereiche untereinander und zum externen Umfeld in Beziehung zu setzen.[101]

Schwerpunkte der weiteren Entwicklung bildeten »**Branchenattraktivität**«[102] und Konzepte der **industriellen Ökonomie**. »Mitte der 80er Jahre rückten **Wettbewerbsvorteile** und **strategische Erfolgspositionen** der Unternehmen ins Zentrum und Ende der 80er Jahre lenkten *C. K. Prahalad* und *G. Hamel* die Aufmerksamkeit auf die **Kernkompetenzen**.«[103]

---

101 Vgl. Montgomery/Porter 1996, S. XII
102 Vgl. Porter 1992
103 Lombriser/Abplanalp 1997, S. 5f. (Hervorhebungen d.V.)

Wir verstehen unter »(Personal-)Strategie« die systematische Verknüpfung wertfundierter Ziele mit geeigneten Maßnahmen. Von **mitarbeiterbezogenen Unternehmenszielen** wird die Personalpolitik beeinflusst, wobei die Personalstrategie Wege zur Erreichung der Unternehmensziele und geeignete Instrumente festlegt.[104] Damit bezieht sich der Strategiebegriff auf formale und inhaltliche sowie rationale und emotionale Aspekte.[105]

Dass der **Ressource »Personal«** unternehmensstrategische Bedeutung beigemessen wird, war in der historischen Entwicklung der Personalstrategie nicht selbstverständlich. Die Rolle des Personals veränderte sich aber. Idealtypisch können fünf **Entwicklungslinien** unterschieden werden, die seit 1950 für die Personalstrategie von unterschiedlicher Bedeutung waren (vgl. Abbildung 21):[106]

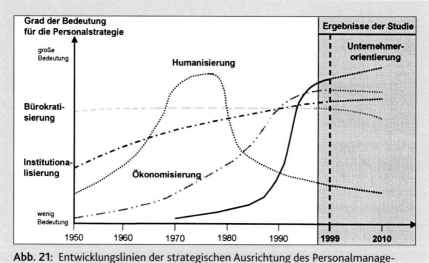

Abb. 21: Entwicklungslinien der strategischen Ausrichtung des Personalmanagements

• **Bürokratisierung**: Bis **Anfang der 60er Jahre** wurde Personal kaum in die Strategiefindung einbezogen. Mitarbeiter wurden »als Instrument zur Erreichung von Zwecken (Werten) in der Umwelt begriffen. (…) Damit reduzierte sich die Leistung des Personalwesens auf die Bereitstellung gesunder und möglichst billiger Arbeitskräfte, die, sofern Fachkenntnisse notwendig« waren, »ganz konkrete Berufsfertig-

---

104 Vgl. Wunderer 2007, S. 195
105 Vgl. Lombriser/Abplanalp 1997, S. 21
106 Vgl. für die folgenden Ausführungen Wunderer 1989, Wunderer/Kuhn 1995, S. 16

keiten aufweisen«[107] mussten. Die Aufgabe des Personalressorts beschränkte sich auf **Verwaltung**, die im Wesentlichen kaufmännische Bestandspflege der »Personalkonten« und damit administrative und operative Funktionen umfasste. Dieser einseitige Fokus reichte damals noch, weil Personal und Arbeitsmarkt die Verfolgung der Unternehmensziele selten behinderten. Personalverwaltung bleibt auch weiterhin eine Aufgabe der Personalabteilung, deren Bedeutung allerdings in jüngster Zeit rückläufig wird.

- **Institutionalisierung**: **Mitte der 60er Jahre** wurde der Begriff »Personalmanagement« begründet,[108] mit dem sich auch eine Emanzipation des Produktionsfaktors »Personal« gegenüber anderen Ressourcen verband. Mitarbeiter spielten aufgrund der zunehmenden Dynamisierung und Komplexität der Umwelt bei der Formulierung von Strategien eine wesentlichere Rolle. Diese Entwicklung und die zunehmende Komplexität anderer Umwelten begründeten ein verändertes Verständnis von der Personalarbeit. Ziel war es, das **Personal** an die komplexeren organisatorischen Anforderungen **anzupassen**. Dafür wurde Personalarbeit zentralisiert, die Personalverantwortlichen wurden professioneller ausgebildet und die Personalfunktionen spezialisiert. Neben den Kernfunktionen Verwaltung, Einstellung, Einsatz, Entgeltfindung, juristische Konfliktregelung, wurde die qualitative Sozialpolitik (Bildung, Freizeit, Arbeitsplätze) ausgebaut. Personalmanagement kann sich in Großunternehmen zunehmend auch strategisch behaupten. Die **Institutionalisierung** der Personalarbeit wurde durch die Gründung von Berufsvereinigungen, wie die Schweizerische Gesellschaft für Personal-Management und die Deutsche Gesellschaft für Personalführung, gefördert.

- **Humanisierung**: Starke Impulse, Organisationen menschenfreundlicher zu gestalten, gingen **ab ca. 1970** von der **amerikanischen Human-Relations-Bewegung** aus.[109] Zentraler Schlüsselfaktor war der Mensch mit seinen Gefühlen, Bedürfnissen und Werten. Es waren primär die »weichen« Schlüsselfaktoren der Mitarbeiterführung, menschenfreundliche Arbeitsbedingungen und ein gutes Betriebsklima, denen die Human Relations-Bewegung die allergrößte Bedeutung beimaß.[110] Das europäische Personalmanagement änderte die Perspektive von der Anpassung des Personals an organisatorische Anforderungen hin zu einer **Anpassung der Organisation an Mitarbei-**

---

107 Remer 1997, S. 402 (Hervorhebung d.V.)
108 Vgl. Calhoon 1964; Remer 1978; Berthel 1995
109 Vgl. Walter-Busch 1996, S. 11
110 Vgl. Walter-Busch 1996, S. 61

ter. Mitarbeiterorientierung, kooperative Führung und Humanisierung der Arbeit waren zentrale Schlagworte, Mitarbeiterzufriedenheit fungierte als ein Oberziel.[111] Um dieses Ziel umzusetzen, wurden Personalressorts in der Geschäftsleitung, Personalstäbe und Mitarbeitervertretungen ins Leben gerufen. Die veränderten Rahmenbedingungen erschwerten jedoch eine einseitige humane Orientierung. Die Bedeutung dieser Entwicklungslinie nahm stark ab, zumal viele Humanisierungsprogramme dann doch von technischen Bereichen initiiert und realisiert wurden.

- **Ökonomisierung**: Ab den 80er Jahren dominierte zunehmend die Ökonomisierung als strategische Ausrichtung der Personalarbeit. Vom Marktdruck getrieben wurden jetzt **beide Faktoren, »Organisation« und »Personal«, an veränderte Rahmenbedingungen nach Aspekten der Wirtschaftlichkeit angepasst**. Flexibilisierung der Arbeit und der Arbeitskräfte, Rationalisierung des Entwicklungspotentials, Aufbau quantitativer und freiwilliger Personalleistungen und Orientierung auf Freisetzungspolitik sind dabei zentrale Aspekte. Damit änderte sich auch das **Verhältnis der Personal- zur Unternehmensstrategie**. Wegen häufiger und internationaler Stellenwechsel sowie einem Mangel an qualifizierten Arbeitskräften,[112] konnten Unternehmen ihre strategischen Ziele nicht unabhängig vom Arbeitsmarkt realisieren. Dies förderte eine eigenständige Personalstrategie und ihre Integration in die Unternehmensstrategie.[113] »Strategisch« meint dabei den Bezug auf die Unternehmensstrategie, insb. auf die Produkt/Markt-Strategie,[114] was sich in einer zunehmenden **Integration** der Schwerpunkte »Ökonomisierung«, »Institutionalisierung« und »Verwaltung« widerspiegelt. Gemeinsam bieten sie Grundlagen einer ganzheitlichen und marktorientierten Strategie.

- **Unternehmerische Orientierung**: Kundenorientierung, Globalisierung Informationstechnologien stellen Unternehmungen vor neue Herausforderungen.[115] Wollen diese im Wettbewerb bestehen, müssen sie Freiräume für ihre organisatorischen Einheiten sichern und eine horizontale Integration der Einzelaktivitäten schaffen.[116] Zudem müssen die Ziele und Strategien des Personalmanagements vertikal in die

---

111 Vgl. Hinterhuber 1989, S. 63
112 Vgl. Remer 1997, S. 403f.
113 Vgl. Remer 1997, S. 406
114 Vgl. Remer 1997, S. 406
115 Vgl. Kapitel 2.1 Wirtschaft und Kommunikationsgesellschaft und 2.2 Politik/Gesetzgebung
116 Vgl. Müller-Stewens/Scholl 1997, S. 123

Unternehmenspolitik und in die einzelnen Aufgabenfelder der Führungskräfte und Mitarbeiter integriert werden. Damit wird auch Selbstorganisation bedeutsamer.[117] Das Personalmanagement muss sich in unternehmerischer Selbstverantwortung auf die Unternehmensstrategie und auf die relevanten Märkte ausrichten.[118] Dies förderte auch die Entwicklung eines eigenständigen Transformationsansatzes »vom Mitarbeiter zum Mitunternehmer«.[119]

3.1.3 Einzelergebnisse

Die empirische Untersuchung analysierte die strategische Ausrichtung des Personalmanagements sowie das Verhältnis von Unternehmens- und Personalstrategie.

Ergebnisthese 19: Unternehmerische Orientierung überlagert Ökonomisierung

Die Befragten wurden um eine Standortbestimmung des schweizerischen Personalmanagements gebeten (vgl. Abbildung 22).[120]

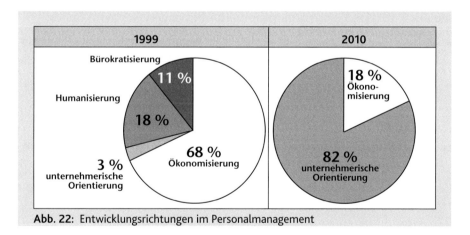

Abb. 22: Entwicklungsrichtungen im Personalmanagement

---

117 Vgl. Remer 1997, S. 412
118 Vgl. Gomez/Rüegg-Stürm 1997, S. 140
119 Vgl. Wunderer 1994, 1999a, 2007
120 Frage: »Bitte geben Sie an, wo sich das Personalmanagement schweizerischer Groß- und Mittelbetriebe Ihrer Meinung nach heute und im Jahr 2010 mehrheitlich befindet. Bitte begründen Sie kurz die prognostizierte Entwicklung bis zum Jahr 2010.«

Nach ihrer Meinung zeichnet sich eine deutliche Entwicklung von der gegenwärtig dominierenden Ökonomisierung zur unternehmerischen Orientierung ab:

- Die Grenzen einseitiger Ökonomisierung werden zunehmend erkannt. Bis zum Jahr 2010 wird sich die Erkenntnis durchsetzen, dass die Human Ressourcen gerade in der Dienstleistungs- und Informationsgesellschaft der zentrale Erfolgsfaktor in komplexen, dynamischen und hart umkämpften Märkten sind. Die Förderung von unternehmerischem Mitwissen, Mitdenken, Mithandeln und Mitverantworten wird daher im Zentrum der Personalmanagementaktivitäten stehen.

- Die Unternehmensspitze verstärkt den Druck auf das Human Resource Management, einen eigenständigen Beitrag zum Unternehmenserfolg zu leisten. Auch dies ist im Kontext verschärfter Leistungsanforderungen infolge zunehmender Wettbewerbsintensivierung zu sehen.

Ergebnisthese 20: **Neugewichtung strategischer Schwerpunkte**

Miles/Snow[121] unterscheiden drei Typen von Unternehmensstrategien, die auch auf das Personalmanagement übertragen werden können:

- **Verteidiger** sind Spezialisten in einem engen und stabilen Aufgaben-/ Funktionsbereich mit geringem Interesse an anderen Betätigungen.

- **Risikostreuer** operieren in unterschiedlichen Aufgaben-/Funktionsbereichen und kombinieren stabile mit dynamischen, risikoreichen Aktivitäten.

- **Prospektoren** suchen ständig nach neuen Betätigungsmöglichkeiten. Sie beobachten neue Umfeldentwicklungen kontinuierlich.

Die Personalexperten sollten abschätzen, wie sich diese drei Strategietypen in der Unternehmenspraxis verteilen (vgl. Abbildung 23).[122]

---

121 Vgl. Miles/Snow 1986
122 Frage: »Bitte schätzen Sie die Verteilung dieser Typen bei schweizerischen Unternehmen heute und im Jahr 2010 ein.«

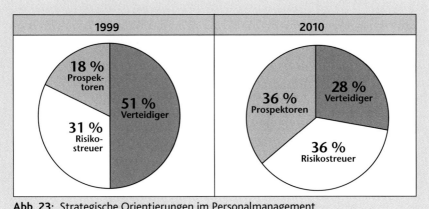

Abb. 23: Strategische Orientierungen im Personalmanagement

Hierbei zeigt sich eine deutliche Parallele zur Vorhersage der dominierenden Entwicklungsrichtung. Mit zunehmender unternehmerischer Orientierung wird erwartet, dass das heute noch stark auf »Verteidigung« ausgerichtete Personalmanagement zukünftig vermehrt neue und risikobehaftete Aufgaben übernimmt und aktiv nach neuen Betätigungsfeldern Ausschau hält. Um rasch und adäquat zu reagieren, wird eine kontinuierliche und systematische Beobachtung des Umfeldes nötig.

Wenngleich die bewährte »Verteidigungs-Strategie« an Bedeutung verliert, behauptet sie ihre Daseinsberechtigung. Insgesamt werden 2010 alle drei Strategietypen fast gleichgewichtig vertreten sein.

Ergebnisthese 21: **Die Personalstrategie wird Teil der Unternehmensstrategie**

Unternehmens- und Personalstrategie können in unterschiedlicher Beziehung zueinander stehen.[123] Nach Ansicht der Befragten verteilen sich die unterschiedlichen Konstellationen wie folgt (vgl. Abbildung 24).[124]

---

123 Vgl. Scholz 2000, S. 91ff.
124 Frage: »Bitte geben Sie an, welche der nachfolgenden vier Möglichkeiten in schweizerischen Unternehmen heute und im Jahr 2010 dominiert.«

Beziehung zwischen der Unternehmens- und Personalstrategie	Häufigkeits- verteilung		Differenz
	1999	2010	
• Personalstrategie und Unternehmensstrategie sind unabhängig voneinander	11 %	4 %	-7 %
• Die Personalstrategie folgt der Unternehmens- strategie	**70 %**	15 %	-55 %
• Die Unternehmensstrategie folgt der Personal- strategie	0 %	0 %	0 %
• Die Personalstrategie ist Teil der Unternehmens- strategie	19 %	**81 %**	**62 %**

Abb. 24: Beziehungsmuster zwischen Unternehmens- und Personalstrategie

Nach Meinung der meisten Experten werden Unternehmens- und Personalstrategie zunehmend integriert. Dazu trägt wachsendes Bewusstsein für die Bedeutung von Human Ressourcen und Personalmanagement[125] bei.

---

125 Vgl. Kapitel 2.3 Gesellschaftliche Werte

3.2 Förderung des internen Unternehmertums

3.2.1 Ergebnisthesen

22. **Interne Markt- und soziale Netzwerksteuerung als zukünftige Steuerungskonfiguration**: Die heute noch dominierenden Steuerungskonzepte »Hierarchie« und »Bürokratie« werden zukünftig zugunsten von »Markt« und »sozialem Netzwerk« auf ein mittleres Maß reduziert. Damit verbessern sich die strukturellen Bedingungen für internes Unternehmertum entscheidend.

23. **Zunehmender Anteil unternehmerisch qualifizierter und motivierter Personen**: Unter dem Einfluss veränderter Ausbildungskonzepte und Rollenanforderungen sowie infolge gezielter betrieblicher Förderung ist auch mit einer Verbesserung der personellen Realisierungsvoraussetzungen zu rechnen.

24. **Entfaltungsspielraum, Weiterbildung und Aufgabenvielfalt werden für die Gewinnung unternehmerisch kompetenter Personen zentral**: Dieser Trend ist mit aktuellen Tendenzen in den wirtschaftlichen und gesellschaftlichen Rahmenbedingungen verbunden.

25. **Unternehmerische Schlüsselkompetenzen werden Kriterien der Personalauswahl**: Bedeutung und Verwendung von Sozial-, Gestaltungs- und Umsetzungskompetenz im Rahmen der Personalauswahl nehmen stark zu.

26. **Keine spezifischen Instrumente zur Auswahl von Mitunternehmern**: Klassische Auswahlinstrumente – insb. Vorstellungsgespräch, Assessment Center und Referenzen – eignen sich auch für die Diagnose unternehmerischer Kompetenz.

27. **Starke Effekte durch transformationale Führung**: Von drei diskutierten Führungsstilen fördert die transformationale, werteverändernde Führung das unternehmerische Denken und Handeln am stärksten.

3.2.2 Einführung

Das Konzept »**Mitunternehmertum**«[126] zielt auf die Förderung des unternehmerischen Denkens und Handelns breiter Belegschaftsschichten. Charakteristisch ist sein ganzheitlicher Ansatz, der Umfeld, grundlegende Ziele, Potentiale, Führung, Förderung und Umsetzung systematisch einschließt (vgl. Abbildung 25).

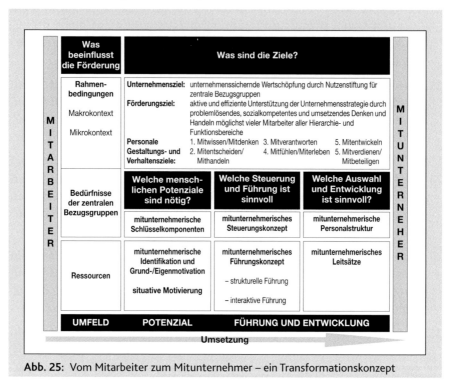

Abb. 25: Vom Mitarbeiter zum Mitunternehmer – ein Transformationskonzept

Umfeld: Umfeldbedingungen bestimmen in hohem Maße, inwieweit unternehmerisches Denken und Handeln notwendig und möglich ist. Wir unterscheiden drei relevante Einflussfelder:

- **Rahmenbedingungen**: Hierbei lässt sich zwischen Makrokontext, zu dem Politik-/Rechts-, Wirtschafts-, Gesellschafts- und Techniksysteme zählen, und Mikrokontext, der Kultur, Strategie und Organisation der Unternehmung umfasst, differenzieren.

- **Bedürfnisse der zentralen Bezugsgruppen**: Weil Unternehmen vom Austausch mit ihrer Umwelt leben, bestimmen die Interessen und Be-

---

126 Vgl. Wunderer 2007, S. 107ff.

dürfnisse ihrer Stakeholder – insb. Kunden, Mitarbeiter, Kapitaleigner, Lieferanten und Gesellschaft – in hohem Maße Möglichkeit und Notwendigkeit zu gelebtem Mitunternehmertum.

- **Ressourcen**: Inwieweit sich Mitunternehmertum realisieren lässt, hängt weiterhin von der Verfügbarkeit personeller, finanzieller, informationeller, natürlicher und technischer Ressourcen ab.

Ziele: Übergeordnetes Ziel ist die langfristige Steigerung/Sicherung des Unternehmenswertes durch Nutzenstiftung (»Wertschöpfung«) für die zentralen Bezugsgruppen. Deshalb findet keine einseitige Ausrichtung auf einen Stakeholder (z. B. Kapitalgeber) statt. Das Ziel des Transformationsprozesses vom Mitarbeiter zum Mitunternehmer liegt in der aktiven und effizienten Unterstützung der Unternehmensstrategie durch problemlösendes, sozialkompetentes und umsetzendes Denken und Handeln möglichst vieler Beschäftigter aus allen Hierarchie- und Funktionsebenen. Adressaten sind alle Belegschaftsmitglieder, weil sich nur durch das aktive Engagement möglichst vieler Mitarbeiter eine den Unternehmenswert steigernde Nutzenoptimierung für die Bezugsgruppen erzielen lässt.

Potentiale: Die Transformation zum Mitunternehmertum setzt bestimmte Potentiale auf Seiten der Mitarbeiter voraus. Eine zentrale Rolle spielen hierbei drei Schlüsselkompetenzen:[127]

- **Gestaltungskompetenz**: Gemeint ist eine Begabung und Motivation zu innovativ-gestalterischer Aktivität im Dienste der Organisationsziele bzw. -strategien.

- **Handlungskompetenz** (Umsetzungskompetenz): Sie bezieht sich auf die Fähigkeit und Bereitschaft zur effizienten Verwirklichung oder Implementierung innovativer Problemlösungen.

- **Sozialkompetenz**: Sie beschreibt die Kooperations- und Integrationsfähigkeit wie auch Integrationsmotivation, die zur selbstorganisierten und zugleich kooperativen Verwirklichung von innovativen Ideen im Team oder über Abteilungsgrenzen hinweg dient.[128]

Große Bedeutung haben ferner **mitunternehmerische Identifikation** und **Motivation**, denn inwieweit sich Mitarbeiter als Unternehmer im Unternehmen verhalten, hängt davon ab, ob sie sich mit Personen und

---

127 Im Folgenden werden die Begriffe »Schlüsselkompetenzen« und »Schlüsselqualifikationen« synonym verwendet.
128 Vgl. Preiser 1978

sachlichen Gegebenheiten ihrer Organisation identifizieren können.[129] Unternehmerische Motivation bezeichnet den inneren Antrieb, im Sinne der Unternehmensziele und -strategien intensiv und dauerhaft mitzudenken, mitzuentscheiden und mitzuhandeln, mitzuverantworten, mitzufühlen und mitzuerleben sowie an der Entwicklung neuer Ideen und Konzepte mitzuwirken. Sehr wichtig ist aber auch die Vermeidung von demotivierenden Barrieren für internes Unternehmertum.

Führung und Förderung: Die Steuerung der unternehmerischen Abläufe erfolgt vorrangig über die Konzepte »**interner Markt**« und »**soziales Netzwerk**«, also eine Kombination aus Wettbewerb und Kooperation (»coopetition«). Hierarchie und bürokratische Steuerung haben demgegenüber weniger Bedeutung. Bei der Führung stehen **indirekte (strukturelle)** Maßnahmen im Vordergrund. Durch eine gezielte Gestaltung von Kultur, Strategie, Organisation und qualitativer Personalstruktur werden optimale Bedingungen für unternehmerisches Verhalten geschaffen. Ergänzend dazu tritt die **direkte (interaktive)** Führung.

Es wird unterstellt, dass Mitarbeiter in unterschiedlichem Maße für unternehmerisches Verhalten qualifiziert und motiviert sind. Demnach wird zwischen **vier Zielgruppen** in einem Portfolio unternehmerischer Förderung unterschieden: Mitunternehmer, unternehmerisch motivierte Mitarbeiter, Mitarbeiter mit geringer Mitunternehmerkompetenz und innerlich Gekündigte/Überforderte sowie aktive Bremser. Förderungsansätze müssen auf diese unterschiedlichen Qualifikationen und Motivationen abgestimmt werden. Ebenso sind Fähigkeit und Bereitschaft zu unternehmerischem Engagement bereits bei Personalgewinnung und -auswahl systematisch zu berücksichtigen.

Insgesamt stellt die Förderung des Mitunternehmertums zunächst die größten Anforderungen zur Veränderung an die Führungskräfte, denn sie bleiben die Schlüsselpersonen in diesem strategischen Transformationsprozess. Dieser muss keineswegs total bzw. auf einmal realisiert werden. Inkrementales Mitunternehmertum im Sinne eines »**Continuous improvement**« heißt die Devise. In vielen **Unternehmens- und Führungsleitbildern** wurde schon ein erster Schritt getan.[130] Die Transformation von der formulierten Soll- zur gelebten Ist-Kultur ist damit eingeleitet. Zur umfassenden Umsetzung bedarf es in Theorie und Praxis

---

129 Vgl. Wunderer/Mittmann 1995
130 Vgl. Wunderer 2007, S. 365ff.

noch weiterer Anstrengungen. Der Wille zur **Umsetzung**, zur Tat also, ist und bleibt die größte Herausforderung.[131]

3.2.3 Einzelergebnisse

Der Förderung des internen Unternehmertums wurde von fünf strategischen Ausrichtungen die größte strategische Bedeutung sowie der größte Bedeutungszuwachs bis zum Jahr 2010 bescheinigt. Vor diesem Hintergrund wurden Realisierungsvoraussetzungen und Förderungsmöglichkeiten diskutiert.

Ergebnisthese 22:	Interne Markt- und soziale Netzwerksteuerung als zukünftige Steuerungskonfiguration

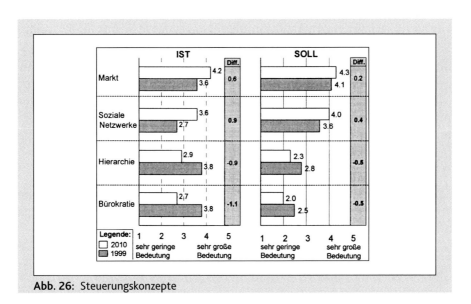

Abb. 26: Steuerungskonzepte

Wie aufgezeigt, basiert das Konzept »Mitunternehmertum« auf einer Steuerungskonfiguration aus internem Markt und sozialem Netzwerk – eine Konstellation, die gemäß einer eigenen Umfrage aus dem Jahre 1998 in der Unternehmenspraxis noch die Ausnahme ist.[132] Es wurde daher erneut nach der realen und idealen Relevanz der vier Steuerungskon-

---

131 Vgl. Wunderer/Bruch 2000 sowie Kapitel 10 Personalmanagement – Wohin gehst Du?
132 Vgl. Wunderer/v. Arx/Jaritz 1998b

zepte »Markt«, »soziale Netzwerke«, »Hierarchie« und »Bürokratie« in schweizerischen Unternehmen gefragt (vgl. Abbildung 26).[133]

Eine geringere Bedeutung der Steuerungskonzepte »Hierarchie« und »Bürokratie« sowie eine Bedeutungszunahme der »sozialen Netzwerke« und des »internen Marktes« wird für wahrscheinlich und wünschenswert gehalten. Diese schwierige Balance zwischen Wettbewerb (interner Markt) und Kooperation (soziales Netzwerk) fordert Mitarbeitende und HRM besonders heraus.

Ergebnisthese 23:	Zunehmender Anteil unternehmerisch qualifizierter und motivierter Personen

Das Konzept »Mitunternehmertum« geht realistischerweise davon aus, dass – auch bei optimalen Umfeldbedingungen – nicht alle Beschäftigten in gleichem Maße fähig und bereit sind, durch problemlösendes, sozialkompetentes und umsetzendes Denken und Handeln aktiv und effizient an der Unterstützung von Unternehmensziel und -strategie mitzuwirken und differenziert deshalb idealtypisch zwischen vier Mitarbeitergruppen mit unterschiedlicher mitunternehmerischer Kompetenz: Mitunternehmer, unternehmerisch motivierte Mitarbeiter, Mitarbeiter mit geringer Mitunternehmerkompetenz sowie innerlich Gekündigte/Überforderte und aktive Bremser. Die Befragten wurden gebeten, die prozentuale Verteilung dieser Idealtypen in der Schweiz einzuschätzen (vgl. Abbildung 27).[134]

Die Einschätzung der gegenwärtigen Verteilung durch unsere Experten stimmt mit den Werten aus zwei anderen Umfragen unseres Instituts aus dem Jahr 1999 in sehr hohem Maße überein.[135]

---

133 Fragen: »Bitte beurteilen Sie, welche Bedeutung die folgenden Steuerungskonzepte Ihrer Ansicht nach heute und im Jahr 2010 in schweizerischen Unternehmen haben (IST) und welche sie idealerweise haben sollten (SOLL). Bitte begründen Sie kurz die jeweils größte Veränderung in der Bedeutung dieser Steuerungskonzepte zwischen heute und dem Jahr 2010.«

134 Frage: »Bitte schätzen Sie die aktuelle und zukünftige Verteilung dieser vier Kompetenzausprägungen bei schweizerischen Führungskräften und Mitarbeitern ohne Führungsfunktion ein. Bitte begründen Sie kurz die jeweils größte prognostizierte Veränderung in der Verteilung dieser Kompetenzausprägungen zwischen heute und dem Jahr 2010.«

135 Vgl. Wunderer 2007, S. 64

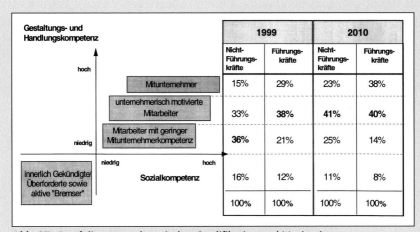

Abb. 27: Portfolio unternehmerischer Qualifikation und Motivation

Der prognostizierte Anstieg unternehmerisch kompetenter Mitarbeiterinnen und Mitarbeiter in allen Arbeitnehmergruppen wird insb. mit
Veränderungen in Ausbildung und Anforderungen sowie mit dem
verstärkten Einsatz eines speziell auf die Diagnose und Förderung unternehmerischen Potentials ausgerichteten personalstrategischen In-
strumentariums (z. B. gezielte Selektion, ganzheitliche, motivationsfördernde Aufgabengestaltung, adäquate Entlohnungsformen und
Beteiligungsmodelle) begründet. Begünstigt wird dieser Trend aber
auch durch die Werteentwicklung, v. a. durch die Suche nach Sinnerfüllung in der Tätigkeit selbst, die auch in dem prognostizierten Anstieg
des sog. »alternativen Engagements« zum Ausdruck kommt. Bei den
Führungskräften rückt die Verwirklichung unternehmerischer Kreativität an die Spitze der Karriereziele.[136] Damit wird eine zentrale motivationale Basis für unternehmerisches Engagement dieser Gruppe gelegt.
Da das Handeln von Führungskräften hohen symbolischen Wert hat,
beispielsweise für die Glaubwürdigkeit deklarierter Leitsätze, ist diese
Entwicklung besonders bedeutsam.

Ergebnisthese 24: Entfaltungsspielraum, Weiterbildung und
Aufgabenvielfalt werden für die Gewinnung
unternehmerisch kompetenter Personen
zentral

---

136 Vgl. Kapitel 2.3 Gesellschaftliche Werte

Weil davon auszugehen ist, dass auch unternehmerische Qualifikation und Motivation einer Normalverteilung unterliegen, ist der Akquisition entsprechender Potentiale im Rahmen des Personalmarketings besondere Beachtung zu schenken. Wir fragten deshalb nach Relevanz und Verwendung verschiedener Kriterien für die Gewinnung unternehmerisch kompetenter Mitarbeiterinnen und Mitarbeiter (vgl. Abbildung 28).[137]

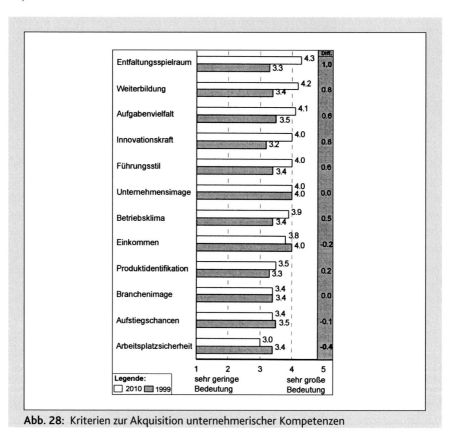

Abb. 28: Kriterien zur Akquisition unternehmerischer Kompetenzen

Die Befunde harmonieren sowohl mit den typischen Wesensmerkmalen mitunternehmerisch kompetenter Personen als auch mit den prognostizierten Entwicklungen in der Unternehmensumwelt. So steht die Be-

---

137 Fragen: »Bitte beurteilen Sie, welche Bedeutung nachfolgende Aspekte gegenwärtig und zukünftig für die Gewinnung unternehmerisch qualifizierter und motivierter Mitarbeiter haben. Bitte beurteilen sie auch, in welchem Maße schweizerische Unternehmen diesen Aspekten gezielte Aufmerksamkeit schenken.«

deutungszunahme der Kriterien »Entfaltungsspielraum« und »Aufgabenvielfalt« in direkter Verbindung mit der aktuellen Werteentwicklung.[138] »Weiterbildung« stellt das zentrale Instrument zum Erhalt und Ausbau der – im Zuge sinkender Beschäftigungssicherheit[139] – relevanten Employability dar. Und die als bedeutend eingeschätzte Innovationskraft eines Unternehmens fungiert als kritischer Erfolgsfaktor im Kampf um Wettbewerbsvorteile in dynamischen und globalisierten Märkten.[140]

Weiterhin wird erwartet, dass den bedeutsamen Aspekten, wie »Entfaltungsspielraum«, »Weiterbildung« und »Innovationskraft«, zukünftig hohe Beachtung geschenkt wird.

Ergebnisthese 25: **Unternehmerische Schlüsselkompetenzen werden Kriterien der Personalauswahl**

Vielfach liegen Personalauswahlentscheiden umfassende, fach- bzw. stellenspezifisch differenzierte Kriterienkataloge zugrunde, die selten unter 15 bis 20 Merkmalen auskommen.[141] Allerdings haben eigene jahrelange Forschung und Beratung gezeigt, dass diese Beurteilungsansätze wenig zur strategischen Verhaltenssteuerung beitragen. Deshalb konzentriert sich das Konzept »Mitunternehmertum« auf drei unternehmerische Schlüsselkompetenzen – nämlich Sozial-, Gestaltungs- und Umsetzungskompetenz. Die Befragten sollten Bedeutung und Verwendung dieser Kompetenzen beurteilen (vgl. Abbildung 29).[142]

Allen drei Schlüsselkompetenzen wird – analog zur hohen Bedeutung des Konzeptes »Mitunternehmertum« – große Relevanz und stark zunehmende Verwendung bescheinigt. Dass die Sozialkompetenz beide Male die Rangskala anführt, könnte auch mit der Ausweitung des Dienstleistungs- und Informationssektors, der zunehmenden Vernetzung der Organisationen, der vermehrten internen Netzwerksteuerung und neuen Arbeitsformen, wie Projekt- oder Gruppenarbeit, erklärt werden.

---

138 Vgl. Kapitel 2.3 Gesellschaftliche Werte
139 Vgl. Kapitel 2.1 Wirtschaft und Kommunikationstechnologie
140 Vgl. ebenda
141 Vgl. Wunderer 1999a
142 Frage: »Bitte beurteilen Sie die Bedeutung sowie die gezielte Beurteilung und Verwendung folgender Schlüsselqualifikationen bei der Personalauswahl in schweizerischen Unternehmen heute und im Jahr 2010.«

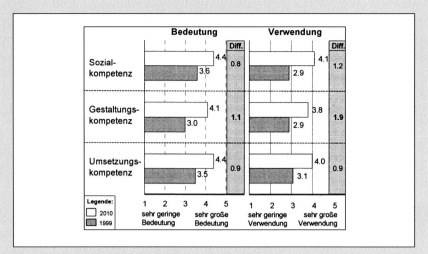

Abb. 29: Bedeutung und Verwendung unternehmerischer Schlüsselkompetenzen

Ergebnisthese 26: Keine spezifischen Instrumente zur Auswahl von Mitunternehmern

Da unternehmerische Schlüsselkompetenzen nicht offensichtlich erkennbar bzw. deutlich schlechter als Fachkenntnisse aus Zeugnissen ermittelbar sind, wurde in einem weiteren Schritt gefragt, welche Instrumente die besten Erfolge bei der Auswahl unternehmerisch qualifizierter und motivierter Personen versprechen.[143]

Nach Meinung der Experten eignen sich klassische Auswahlinstrumente auch zur Diagnose unternehmerischer Kompetenz:

- **Vorstellungsgespräch/Interview:** Dieses ermöglicht einen persönlichen Eindruck, erlaubt systematische Beobachtung und gezieltes Nachfragen. Durch Strukturierung des Vorstellungsgesprächs und Einbezug mehrerer Personen lässt sich die Qualität der Einschätzung erhöhen.

- **Assessment Center:** Dieses Verfahren erlaubt die Beobachtung von Verhalten in konkreten Situationen. Dadurch lässt sich insb. die Sozialkompetenz (einschließlich Führungskompetenz) besser beurteilen.

---

143 Frage: »Bitte nennen Sie jene drei Instrumente, die sich Ihrer Meinung nach am besten zur Auswahl unternehmerisch qualifizierter und motivierter Mitarbeiter eignen. Bitte begründen Sie Ihre Auswahl kurz.«

- **Referenzen:** Sie dienen v. a. zur Überprüfung und Ergänzung der anderweitig gewonnenen Eindrücke.

| **Ergebnisthese 27:** | **Starke Effekte durch transformationale Führung** |

Im Bereich Führung stehen indirekte (strukturelle) Förderungsmaßnahmen im Vordergrund. Durch eine gezielte Gestaltung von Kultur, Strategie und Organisation werden optimale Bedingungen für unternehmerisches Verhalten geschaffen. Gleichwohl hat die direkte (interaktive) Führung große Bedeutung. Die Führungskraft wirkt hierbei u. a. als Coach und Motivator, leistet zielgruppenspezifische und individuelle Förderung und kann sich dabei verschiedener Führungsstile bedienen. In jüngerer Zeit werden insb. drei Führungsstile verstärkt diskutiert:

- **transaktionale Führung:** Hier konzentriert sich die Führungskraft auf folgende Aufgaben:
  - Ziele klar und operational definieren bzw. vereinbaren
  - Verträglichkeit von Mitarbeiter- und Arbeitszielen analysieren
  - Aufgabeneignung und -motivation analysieren bzw. beachten
  - Erfolgserwartung der Mitarbeiter stärken
  - relevante Fähigkeiten fördern
  - für förderliche Arbeitssituation sorgen
  - Zielerreichung belohnen

- **transformationale Führung**[144]: Sie verändert Werte und Motive der Mitarbeitenden im gewünschten oder erwarteten Sinne. Hierzu greift sie auf vier Komponenten zurück:
  - Charisma (Enthusiasmus vermitteln, als Identifikationsperson wirken)
  - Inspiration (über eine fesselnde Vision motivieren)
  - geistige Anregung (etablierte Denkmuster aufbrechen, neue Einsichten vermitteln)
  - individuelle Beachtung (Mitarbeitende individuell fördern).

Nach empirischen Analysen von Bass/Steyrer[145] bildet transaktionale Führung die Grundlage für erfolgreiche transformationale Führung.

- **charismatische Führung:** Die dynamisch-aktive Führungskraft vermag hohe Identifikation mit ihrer Person zu bewirken und kann die Geführten dadurch begeistern und mitreißen.

---

144 Vgl. Bass 1985; Bass/Steyrer 1995; Buss/Riggio 2005
145 Vgl. Bass/Steyrer 1995

Diese drei Führungsstile wurden auf ihre Förderlichkeit für internes Unternehmertum überprüft.[146] Das Ergebnis ist eindeutig: Nach Ansicht der Befragten fördert **charismatische Führung** internes Unternehmertum **in geringem** (Mittelwert: 2.4), **transaktionale Führung** in **mittlerem** (Mittelwert: 3.3) und **transformationale Führung in hohem** (Mittelwert: 4.1) **Maße**. Dieses Votum wird wie folgt begründet:

- Transformationale Führung spricht Mitarbeiter nicht nur kognitiv, sondern auch emotional an und **wirkt vertrauensbildend**.

- Gleichzeitig **fördert** transformationale Führung **Eigenverantwortung** und **mitunternehmerische Motivation** bzw. **Identifikation** und schränkt damit die Gefahr des Missbrauchs von Freiräumen ein.

---

146 Frage: »Bitte beurteilen Sie, inwieweit sich diese Führungsstile zur Förderung des Mitunternehmertums eignen.«

3.3 Wertschöpfung des Personalmanagements

3.3.1 Ergebnisthesen

28. **Hohe Wertschöpfung, niedrige Kosten: Beratung der Führungs-kräfte/Unternehmensleitung, Kulturgestaltung und strategische Personalplanung**: Demgegenüber stehen bei Personalentwicklung, Wissensmanagement und Change Management einer hohen Wertschöpfung gleichfalls hohe Kosten gegenüber. In den Bereichen »Personalverwaltung«, »Entwicklung von Führungs-/Personalmanagementinstrumenten«, »Entgelt-/Sozialleistungsgestaltung« und »Personalabbau/-freistellung« übersteigen schließlich die verursachten Kosten die Wertschöpfung.

29. **Personalkostenmanagement: Klassische Strategien bleiben, neue kommen hinzu:** Mitunternehmerisch relevante Strategien wie »Erhöhung der Leistungsbereitschaft«, »Optimierung der Personalauswahl und Stellenbesetzung« oder »Abbau/Vermeidung von Demotivatoren« treten in Konkurrenz zur konventionellen Rationalisierung.

3.3.2 Einführung

Das institutionelle Personalmanagement erhält zunehmend unternehmensstrategische Bedeutung und wird damit dem Finanz- oder Supplymanagement gleichgestellt. Ein Personalvorstand muss jedoch gegenüber Kollegen den Beitrag des Personalmanagements zur **Wertschöpfung** der Unternehmung auf diskussionswürdigen weichen Faktoren wie »Werte« oder »Motivation« abstützen. Das Kernproblem liegt in der **mangelnden Transparenz des unternehmensstrategischen Nutzens der Ressource »Personal«**. Die wachsende Popularität der Balanced Scorecard[147] und des EFQM-Modells[148] sind Beispiele für den Bedarf der Praxis nach umfassenden Evaluationsmodellen und nach Messmethoden der Wertschöpfung im Personalmanagement.

Um den Beitrag der Personalabteilung für die Erreichung der Unternehmensziele festzustellen, muss ihre Arbeit an den Werten gemessen werden, welche die Unternehmung für ihre zentralen **Bezugsgruppen** schaffen will. Dafür ist entscheidend, ob Mitarbeiter als eine reale und

---

147 Vgl. Wunderer/Jaritz 2007, S. 355ff.
148 Vgl. Wunderer/Jaritz 2007, S. 397ff.

strategisch zentrale Bezugsgruppe gelten. Wenn ja, übernehmen sie eine doppelte Rolle: Sie beeinflussen durch ihre Wertvorstellungen die Formulierung unternehmensstrategischer Ziele und sind zugleich Ressourcen, über deren optimale **Nutzung** diese Ziele erreicht werden. Mitarbeiter sollen aus den genutzten Ressourcen »Mehrwert« (value added)[149] entwickeln. Damit beinhaltet der Begriff **»Wertschöpfung«** neben einer deskriptiven eine **normative** (Wert) und eine **dynamische** (Schöpfung) Komponente (vgl. Abbildung 30).

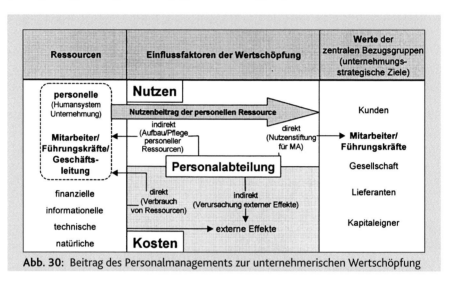

Abb. 30: Beitrag des Personalmanagements zur unternehmerischen Wertschöpfung

Um den Nutzenbeitrag der **Personalabteilung** für die unternehmerische Wertschöpfung zu ermitteln, sind dem **Nutzen** jene **Kosten** gegenüberzustellen, die von der Personalabteilung verursacht wurden. Die Kosten können dem Nutzen jedoch nicht direkt abgezogen werden, weil diese Größen unterschiedliche Bemessungsgrundlagen haben: Der Nutzen wird am Beitrag von Human Ressourcen für die Werte und Ziele der zentralen Bezugsgruppen gemessen. Die Kosten beziehen sich nicht direkt auf Werte, sondern auf den Verbrauch von Ressourcen.

Der gestiftete, **unternehmensstrategisch relevante Nutzen** und die **Kosten** sind in **quantitativen** und **qualitativen** Größen zu messen. Dies gilt aus zwei Gründen besonders für die Personalabteilung: Erstens lassen sich Unternehmungsziele bzw. die vom Unternehmen geschöpften Werte sowohl in Mengenangaben oder durch ihren finanziellen Wert als

---

149 Vgl. Wunderer/Jaritz 2007, S. 30ff.

auch in qualitativen Größen ausdrücken. Letzteres spiegelt sich besonders im TQM wider. Zweitens sind Ressourcen nicht nur quantitativ in
Form natürlicher oder finanzieller Ressourcen zu bestimmen. Vielmehr
leisten auch Kompetenzen von Mitarbeitern einen wesentlichen Beitrag
zur Wertschöpfung eines Unternehmens.

Der **von der Personalabteilung geleistete Nutzenbeitrag zur Wertschöpfung** ist unterschiedlich zu bestimmen: Im engeren Sinn zählen
dazu die Aktivitäten der Personalabteilung. Im weiteren Sinn sind es
sämtliche Aktivitäten, die das »**Humansystem Unternehmen**« gestalten
und beeinflussen. Dieses Verständnis umfasst insb. die strukturelle und
interaktive Führung der Unternehmensleitung und Führungskräfte,[150]
aber auch die Aktivitäten von Mitarbeitern sowie externen Dienstleistern.[151]

Die Wertschöpfung der Personalabteilung kann man in einen **direkten**
und einen **indirekten Nutzenbeitrag** gliedern. Direkt ist er, wenn den
Wertvorstellungen der Mitarbeiter entsprochen wird und damit für sie
Werte geschöpft werden, wie Sinn in der Arbeit oder Entlohnung. Damit werden Werte für eine **Bezugsgruppe** des Unternehmens geschaffen. Indirekt ist er, wenn Mitarbeiter durch Maßnahmen der Personalabteilung zu Leistungen motiviert werden, welche das Erreichen auch
nicht mitarbeiterbezogener Unternehmensziele, wie Kundennutzen,
unterstützen. Hier werden die Mitarbeiter als ökonomische Ressource
betrachtet, gefördert und genutzt, welche ihrerseits einen Beitrag zur
Wertschöpfung leistet.[152]

Die unternehmensstrategisch relevanten Kosten lassen sich ebenfalls in
direkte und **indirekte Kosten** systematisieren: Als direkte Kosten wird
Verzehr von Ressourcen verstanden, der zum Aufbau, zur Pflege und
zur Nutzung personeller Ressourcen benötigt wird. Indirekte Kosten
sind auf externe Effekte bezogen. Wird beispielsweise ein Mitarbeiter ins
Ausland entsandt, ohne seine Familie in den Entscheidungsprozess zu
integrieren, kann dies eine unzumutbare Belastung seines Familienle-
bens bedeuten, also negative **externe Effekte** bewirken.

---

150 Vgl. Wunderer/Jaritz 2007
151 Vgl. Kapitel 7.1 Organisation des Personalmanagements
152 Zu der Unterscheidung »Mitarbeiter als Ressource oder als Bezugsgruppe« vgl. Ulrich
    1998 und Neuberger 1990

3.3.3 Einzelergebnisse

Kosten-Nutzen-Optimierung ist im Rahmen des Personalmanagements eine herausragende Zielgröße. Deshalb werden im Folgenden klassische Aktivitätsfelder betrieblicher Personalarbeit hinsichtlich ihrer Wertschöpfungs- und Kostenintensität beleuchtet. Dann werden Strategien zur Lohnkostensenkung oder Produktivitätssteigerung im Hochlohnland Schweiz untersucht.

Ergebnisthese 28:	Hohe Wertschöpfung, niedrige Kosten: Beratung der Führungskräfte/Unternehmensleitung, Kulturgestaltung und strategische Personalplanung

Die Befragten wurden gebeten, unter 27 Aufgabenbereichen betrieblicher Personalarbeit die zukünftig wertschöpfungs- und kostenintensivsten auszuwählen (vgl. Abbildung 31).[153]

Wertschöpfungsintensivste Aufgabenfelder der Personalarbeit 2010
– häufigste Nennungen –

- Personalentwicklung (inkl. Ausbildung) (68 %)
- Personalinformation (Wissensmanagement) (48 %)
- Change Management/Organisationsentwicklung (44 %)
- Beratung der Führungskräfte (36 %)
- Personalgewinnung (36 %)
- Kulturgestaltung (36 %)
- Beratung der Unternehmensleitung (28 %)
- Strategische Personalplanung (28 %)

Kostenintensivste Aufgabenfelder der Personalarbeit 2010
– häufigste Nennungen –

- Personalentwicklung (inkl. Ausbildung) (64 %)
- Personalgewinnung (56 %)
- Personalinformation (Wissensmanagement) (48 %)
- Personalverwaltung (40 %)
- Change Management/Organisationsentwicklung (28 %)
- Entwicklung von Führungs-/Personalmanagementinstrumenten (28 %)
- Sozialleistungsgestaltung (z. B. Vorsorgeleistungen) (28 %)
- Entgeltgestaltung (28 %)
- Personalabbau/-freistellung (28 %)

Abb. 31: Wertschöpfungs- und kostenintensivste Aufgabenbereiche der Personalarbeit 2010

---

153 Frage: »Bitte wählen Sie unter den folgenden Aufgabenfeldern der Personalarbeit jeweils die fünf aus, die Ihrer Meinung nach im Jahr 2010 die höchsten Kosten verursachen und die größte Wertschöpfung erbringen werden.«

Interessanter als Wertschöpfung und Kosten an sich ist das Verhältnis zwischen beiden Größen. In Abhängigkeit davon, ob ein Aktivitätsfeld zu den »Top five« der wertschöpfungs- bzw. kostenintensivsten Aufgabenbereiche gezählt wird, lassen sich drei Konstellationen unterscheiden:

- **Wertschöpfungs- und Kostenintensität halten sich die Waage**: Bei den Funktionen **Personalentwicklung, Personalinformation (Wissensmanagement)** und **Change Management** schätzen die Befragten, dass diese Funktionen zukünftig einen **großen Beitrag** zur Wertschöpfung leisten. Zugleich erwarten sie hier jedoch hohe Kosten, was auch auf einen großen Handlungsbedarf zur Optimierung der Personalentwicklung, -information und des Change Managements schließen lässt. Deshalb sind gleichwertige Gestaltungsalternativen zu finden, die weniger Ressourcen (Kosten) verzehren.

- **Die Kosten- übersteigt die Wertschöpfungsintensität**: Von **Personalverwaltung, Entwicklung von Führungs-/Personalmanagementinstrumenten, Entgelt- und Sozialleistungsgestaltung** sowie **Personalabbau/-freistellung** erwarten die Befragten **geringe Wertschöpfung** und **hohe Kosten**. Deshalb sind **Outsourcingmöglichkeiten** zu prüfen. Dies gilt insb. für Personalverwaltung und Sozialleistungsgestaltung, die kein einziges Mal zu den fünf wertschöpfungsintensivsten Personalmanagementfeldern gezählt wurden.

- **Die Wertschöpfungs- übersteigt die Kostenintensität**: Hier wird der Beitrag zur Wertschöpfung höher eingeschätzt als die verursachten Kosten. Dies betrifft folgende Aufgabenfelder: **Beratung von Unternehmensleitung und Führungskräften, Kulturgestaltung** und **strategische Personalplanung**. Hier liegen – korrespondierend zur veränderten strategischen Ausrichtung des HRM in Richtung »Prospektor« und »Risikostreuer«[154] – Potentiale zum Ausbau des Aktivitätsspektrums in neuen Aufgabenbereichen. Demnach muss also die Management-Dimension des HRM[155] ausgebaut werden.

---

154 Vgl. Kapitel 3.1 Unternehmensstrategische Integration
155 Vgl. Kapitel 7.2 Die Personalabteilung als Wertschöpfungs-Center

Ergebnisthese 29: Personalkostenmanagement: Klassische Strategien bleiben, neue kommen hinzu

Die Schweiz ist seit langem ein Land mit hohem Lohnniveau und entsprechend hohen Personalkosten. Dies bedroht die Wettbewerbsfähigkeit schweizerischer Unternehmen. Um konkurrenzfähig zu bleiben, bieten sich grundsätzlich zwei Strategien an: Senkung der Lohnkosten und/oder Steigerung der Produktivität. Die befragten Personalfachleute sollten dazu entsprechende Strategien beurteilen.[156]

In den Bewertungen von 14 Strategien spiegelt sich die Entwicklung von der Ökonomisierung zur unternehmerischen Orientierung[157] im Rahmen des Personalmanagements wider (vgl. Abbildung 32).

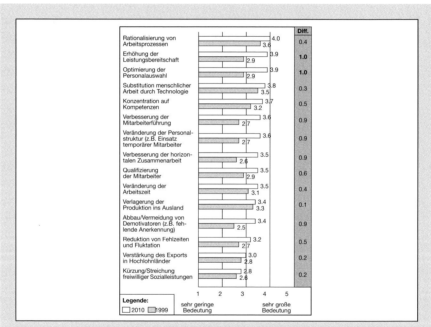

Abb. 32: Strategien zur Senkung von Lohn(-neben-)kosten und Produktivitätssteigerung

---

156 Frage: »Bitte beurteilen Sie die gegenwärtige und zukünftige Bedeutung folgender Strategien zur Senkung von Lohn(-neben-)kosten bzw. zur Steigerung der Produktivität.«

157 Vgl. Kapitel 3.1 Unternehmensstrategische Integration

Altbekannte Strategien wie »Rationalisierung von Arbeitsprozessen« und »Substitution menschlicher Arbeit durch Technologie« werden zunehmend durch Faktoren ergänzt, die der unternehmerischen Ausrichtung von Belegschaft und Personalmanagement dienen. Dazu gehören v. a.: »Erhöhung der Leistungsbereitschaft«, »Optimierung der Personalauswahl und Stellenbesetzung«, »Verbesserung der Mitarbeiterführung und der horizontalen Zusammenarbeit« sowie »Abbau/Vermeidung von Demotivatoren«.

3.4 Folgerungen

Strategisches Personalmanagement ist in seiner gegenwärtigen Verbreitung schwer einschätzbar. Nach einer 1993 durchgeführten empirischen Untersuchung von *Gaugler/Wiltz* verfügen fast »70 % aller Unternehmen mit über 200 Mitarbeitern nach eigenen Angaben über eine **Personalstrategie**«[158]. Unklar bleibt jedoch, welcher **Stellenwert** der Personalstrategie im Vergleich zu Strategien anderer Funktionen wie Marketing oder Vertrieb und zur gesamten Unternehmensstrategie zugesprochen wird. Auf den Entwicklungsphasen des unternehmensstrategischen Integrationsniveaus aufbauend lassen sich drei Typen unterscheiden:[158]

- **abgeleitete Personalstrategien**: Solche Strategien sind i. d. R. auf Produkt-Markt-Strategien ausgerichtet und entsprechen damit der Phase »Ökonomisierung«.[159] Personalmanagement trägt zur Erreichung vorgegebener strategischer Ziele anderer Funktionen bei.

- **unternehmerische Personalstrategien**: Sie stellen das Personal als generelle, von strategischen Zielen anderer Funktionen unabhängige strategische Ressource bereit. Damit arbeitet das Personalmanagement nicht nur im Auftrag, beispielsweise wenn ein Vertriebssystem aufgebaut wird oder Mitarbeiter entwickelt werden müssen. Es denkt und handelt vielmehr selbst unternehmerisch, indem es aufgrund eigener Umwelt- und Unternehmensanalysen zukünftige Anforderungen an das Personal ermittelt und entsprechende Strategien entwickelt, auch um die anderer Funktionen zu beeinflussen.

- **unternehmerische und integrierte Personalstrategien**: Entwickelt das Personalmanagement eigene proaktive Strategien, sagt dies noch wenig über dessen Stellenwert in der Unternehmung aus. Dieser ist auch vom **Stellenwert** des Personals innerhalb der Unternehmensstrategie abhängig. Nimmt das Personalmanagement primär die **Rolle** einer Verwaltung ein, wird sie kaum Akzeptanz ihrer strategischen Programme gewinnen. Personalstrategische Aspekte sind vorgängig in der Unternehmungsstrategie zu integrieren. Nur so ist die Institutionalisierung der **strategischen Rolle** des Personalmanagements in der ganzen Unternehmung gewährleistet. Eine **integrierte Personal-**

---

158 Klimecki/Gmür 2006, S. 350 (Hervorhebung d.V.)
159 Vgl. Klimecki/Gmür 1998, S. 351ff.
160 Vgl. Kapitel 3.1 Unternehmensstrategische Integration

strategie[161] soll auch dafür sorgen, dass »die **mitarbeiterbezogenen Unternehmungsziele** grundsätzlich als den leistungs- und finanzwirtschaftlichen Zielen gleichrangig behandelt werden; das soziale Konzept bildet eine der (…) gleichwertigen Säulen eines ausgewogenen Gesamtkonzeptes der Unternehmung«[162].

Unsere Ergebnisthesen weisen auf eine Entwicklung des Personalmanagements zur **unternehmerischen und integrierten Personalstrategie** hin. Die unternehmerische Orientierung und die Schwerpunkte »Risikostreuer« und »Prospektor« charakterisieren das Personalmanagement als unternehmerisch; und die von vielen geteilte Erwartung, dass die Personalstrategie Teil der Unternehmensstrategie wird, zeigt die Dringlichkeit der vertikalen Integration auf.

Die Wertschöpfung des Personalmanagements nimmt im Rahmen dieser Strategie zu – mit doppelter Herausforderung:[163]

- **Wertschöpfung der Personalabteilung**: Die Personalabteilung muss sich selbst als unternehmerisch kooperierende, denkende und handelnde Organisationseinheit verstehen, die innovative Konzepte des Personalmanagements möglichst kooperativ und dabei **selbstorganisierend** entwickelt, kommuniziert und umsetzt und dann als Experte mitarbeiterbezogene Aspekte der Unternehmensstrategie möglichst in der **Geschäftsleitung** selbst vertritt.

- **Wertschöpfung des Human Systems »Unternehmung«**: Hierfür sind möglichst viele Mitarbeiter zu unternehmerischem Handeln zu fördern. Ziel ist nicht nur eine **direkte** interaktive Einwirkung auf das Verhalten aller Beschäftigten. Noch bedeutender ist eine **indirekte** Beeinflussung des Verhaltens über entsprechende Gestaltung von Kultur, Strategie, Organisation und Personalstruktur. Der Anteil des Personalmanagements an der Wertschöpfung des **Human Systems** Unternehmung soll erhöht und transparent gemacht werden. Denn dies entscheidet über den Einfluss des Personalmanagements in unternehmensstrategischen Fragen (vgl. Abbildung 33).

---

161 Vgl. Hilb 2007
162 Ulrich 1990, S. 156 (Hervorhebung d.V.)
163 Vgl. Wunderer/Jaritz 2007, S. 62

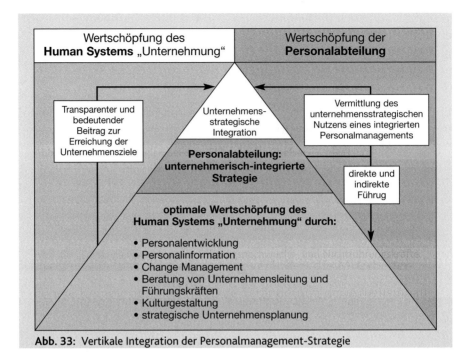

Abb. 33: Vertikale Integration der Personalmanagement-Strategie

Die Befragten unterstützen die These, dass **interne Markt- und soziale Netzwerksteuerung** die zentrale Konfiguration zur Steuerung der Unternehmensprozesse bilden.[164] Diese Steuerungskonfiguration lässt sich so beschreiben:

- **Interne Marktsteuerung** ist charakterisiert durch Kunden-, Erfolgs- und Wettbewerbsorientierung. Sie findet seit den 80er Jahren vermehrt Anwendung. Zunehmend geschieht sie mit geltwertem Austausch – häufig über Verrechnungspreise.[165] Diversifizierung, Dezentralisierung, Steuerung über Ziele und Ergebnisse, also pretiale Lenkung[166] über Profit- oder **Wertschöpfungs-Center**[167], sind dafür wichtige Managementkonzepte. Seit den 90er Jahren wird die interne Marktsteuerung zunehmend auch für interne Dienstleister – wie das institutionelle Personalmanagement – praktiziert.

- Bei der **sozialen Netzwerksteuerung** stehen wechselseitige Kooperation, menschliche Begegnung und emotionaler Austausch, aber auch

---

164 Vgl. Kapitel 3.2 Förderung des internen Unternehmertums
165 Vgl. Wunderer 1992a, 1994; Kreuter 1997; Wunderer/v. Arx 1999
166 Vgl. Schmalenbach 1947/48; Drumm 1989a und b
167 Vgl. Kapitel 7.2 Die Personalabteilung als Wertschöpfungs-Center

langfristig nützliche Beziehungspflege im Vordergrund. Bei diesem vorrangig sozialen Tausch wird nicht primär geldwert organisiert und gemessen; auch werden nicht nur Verhalten und Ergebnisse, sondern ebenso Motive und Absichten in die Bewertung der Transaktionen einbezogen. **Vertrauen** wird wichtigstes Koordinationsmedium.[168]

Diese Steuerungskonzepte gehorchen unterschiedlichen Prinzipien: Wettbewerb (interner Markt) auf der einen Seite, Kooperation (soziales Netzwerk) auf der anderen. Die Verbindung beider Steuerungskonzepte fordert von den Beschäftigten eine Balance zwischen konkurrenz- und kooperationsorientiertem Verhalten. Die Diskrepanz zwischen den beiden gegensätzlichen Prinzipien zeigt sich als eine der Herausforderungen für das Personalmanagement. Ziel ist nicht, dieses Spannungsfeld aufzuheben. Vielmehr sollen vor diesem Hintergrund Konzepte entwickelt werden, die in bewusster Auseinandersetzung mit diesem Spannungsfeld von »Wettbewerb« und »Kooperation« zu einem konstruktiven Ergebnis führen können. Dafür bietet das Konzept »Mitunternehmertum« Ansatzpunkte auf vier Ebenen: Individuum, Team, Unternehmung und Gesellschaft (vgl. Abbildung 34).[169]

---

168 Vgl. Weibler 1997
169 Vgl. Wunderer 2007, S. 68ff.

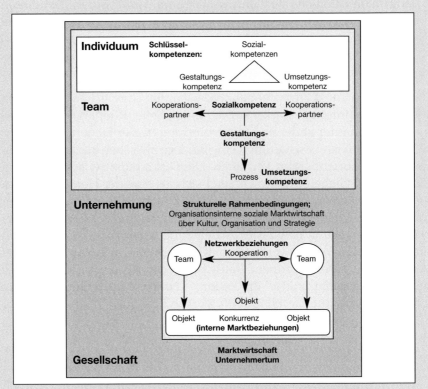

Abb. 34: Integration von Kooperation und Wettbewerb

4   Programme 2010

Programme geben eine **strategische Marschrichtung** zur Erreichung der Unternehmensziele vor. Konzeptionelle Überlegungen suchen im Unterschied dazu nach Antworten auf die Frage, welche Bedeutung die Personalstrategie innerhalb einer Unternehmung haben soll.[170]

Alle von uns abgefragten Programmfelder »**Individualisierung und Flexibilisierung**«, »**Werteorientierung**«, »**Zielgruppenorientierung**« und »**Internationalisierung**« wurden als zentrale Felder der Personalstrategie gewertet (vgl. Abbildung 35).

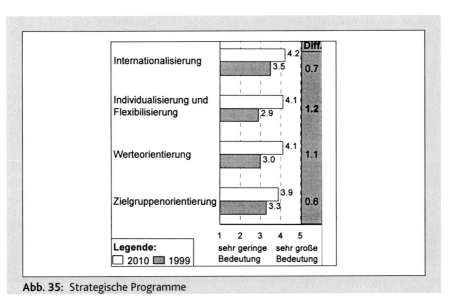

Abb. 35: Strategische Programme

»**Werteorientierung**« wurde im Kapitel »Umfeld« besprochen. Sie spielt aber auch bei der Entwicklung von Programmen eine wichtige Rolle. Deshalb wird dieses von den Experten als zukünftig bedeutend eingeschätzte Problemfeld in den folgenden Ausführungen einen grundlegenden Rahmen vorgeben (vgl. Abbildung 36).

---

170 Vgl. Kapitel 3 Strategie 2010

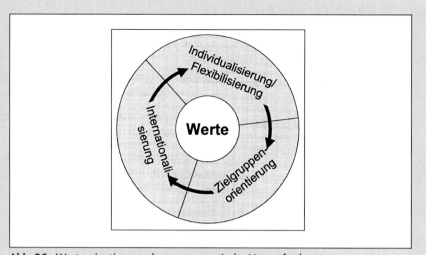

Abb. 36: Werteorientierung als programmatische Herausforderung

Die Umfeldanalyse ergab, dass Flexibilisierung im Rahmen der wirtschaftlichen und technologischen Entwicklungen und Individualisierung durch den Wertewandel von den Experten eine immer größere Bedeutung beigemessen wird. Deshalb wurden diese Aspekte eingehender untersucht (vgl. Kapitel 4.1). Dieses erste Programm zeigt ein Spannungsfeld zwischen Mitarbeiter- und Unternehmensinteressen auf. Zielgruppenorientierung, das zweite von uns behandelte Personalprogramm (vgl. Kapitel 4.2), wird deshalb auch darauf untersucht, wie diesem Spannungsfeld begegnet werden kann.

Mit wachsender Globalisierung werden internationale Einsätze von Führungskräften und Spezialisten häufiger. Diese sind im Unterschied zu national eingesetzten Arbeitskräften mit einem besonderen Kontext konfrontiert. Zielgruppenorientierung, welche dieser Besonderheit Rechnung trägt, ist für das internationale Personalmanagement deshalb von großer Bedeutung. Dies wird im letzten Abschnitt begründet (vgl. Kapitel 4.3). Agieren Unternehmen in fremden Kulturen, sind sie mit fremden Wertvorstellungen konfrontiert, was flexibilisierte und individualisierte Programme erfordert.

4.1 Flexibilisierung und Individualisierung

4.1.1 Ergebnisthesen

30. **Steigender Flexibilisierungs-/Individualisierungsbedarf**: Unter dem Einfluss von Umfeldentwicklungen gewinnen alle Flexibilisierungs- bzw. Individualisierungsbereiche – angeführt vom Personalbestand – erheblich an Bedeutung.

31. **Neue Medien fördern die Individualisierung der Arbeitszeit**: Informations- und Kommunikationstechnologien und damit verbundene Möglichkeiten zur Flexibilisierung des Arbeitsortes verbessern die Chancen zur Individualisierung der Arbeitszeit erheblich.

32. **Mehr Möglichkeiten zur Individualisierung der Arbeitszeit**: Da alle potentiellen Individualisierungsgrenzen nur moderate Werte aufweisen, scheinen die Realisierungschancen bis 2010 günstig.

33. **Dienstleistungssektor und Funktionsbereich »F&E« bieten zukünftig die besten Möglichkeiten zur Individualisierung der Arbeitszeit**: Hierzu tragen geringe sequenzielle Abhängigkeiten und die verbesserten Möglichkeiten medialer Kommunikation im Dienstleistungsbereich sowie große Freiräume im Rahmen von Forschungs- und Entwicklungstätigkeiten entscheidend bei.

4.1.2 Einführung

Wertewandel, Informationstechnologien und Globalisierung sind Ausdruck einer dynamischen und flexiblen Umwelt, die Unternehmungen zu entsprechender Ausrichtung drängen. Deshalb sind diese Themen seit den 80er Jahren wichtige Bestandteile eines strategisch konzipierten Personalmanagements:[171]

- **Individualisierung** verweist auf eine differenziertere Betrachtung und Berücksichtigung von Werten, Zielen und Bedürfnissen von Mitarbeitern.[172] Deshalb ist sie primär auf den Erhalt und die Verbesserung der **sozialen Effizienz** ausgerichtet.

- **Flexibilisierung** meint Programme und Regelungen der Unternehmen, die eine bessere Anpassung an komplexe und dynamische Rah-

---

171 Vgl. Wunderer/Kuhn 1993, S. 83
172 Vgl. Kapitel 2.3 Gesellschaftliche Werte

menbedingungen versprechen. Flexibilität dient in erster Linie **ökonomischer Effizienz**. Im Mittelpunkt stehen Arbeitszeitstrukturen, Arbeitsorganisation, Anreizsysteme, Personalqualifikation, Personalbestand, Mitarbeiterführung und Leistungen des Personalbereichs.[173]

Gemeinsam ist diesen Themen die Kritik an starren **Einheitskonzepten**. Dass diese im Dienste ökonomischer Effizienz wenig sinnvoll sind, wird z. B. von international agierenden Unternehmungen erfahren. Hier finden sich kulturell unterschiedliche Vorstellungen darüber, was unter einer ökonomisch und sozial wirksamen Mitarbeiterführung zu verstehen ist.[174] Beispielsweise stoßen kooperative Führungskonzepte in Ländern, in denen patriarchalische Führung in den gesellschaftlichen Kulturen verankert ist, tendenziell auf Ablehnung und gefährden den ökonomischen Erfolg. Deshalb müssen zur Steigerung der **ökonomischen Effizienz** Führungs- wie auch andere Personalkonzepte **flexibel** gestaltet werden.

Starre Einheitskonzepte schaden auch **sozialer Effizienz**. So begünstigen spezifische Gerechtigkeitsvorstellungen (»Jedem das Gleiche«), dass Konditionen wie Wochenarbeitszeit, Dauer des Jahresurlaubs und Pensionierungsgrenzen für **alle** Arbeitnehmer **gleich** geregelt werden. Nicht berücksichtigt wird damit, dass Mitarbeiter wegen individueller Wertvorstellungen und Lebenssituationen unterschiedliche Bedürfnisse und Interessen haben. Beispielsweise wird für einen Mitarbeiter mit Familie der Urlaub größere Bedeutung haben als für einen karriereorientierten Single. Auch aufgrund der Werteentwicklung wird Individualisierung zunehmend gefordert.

Obwohl Flexibilisierung und Individualisierung das gemeinsame Ziel verfolgen, starre technokratische und kollektive Konzepte abzulösen, spiegeln sie ein Spannungsfeld zwischen ökonomischer und sozialer Effizienz wider. Beispielsweise hilft eine Flexibilisierung des Personalbestandes durch vermehrten Einsatz von Aushilfskräften, Leih-Arbeitnehmern und Outsourcing, Personalreserven abzubauen und damit Fixkosten zu sparen. Gleichzeitig werden damit Arbeitnehmerinteressen wie Arbeitsplatz- oder Beschäftigungssicherheit beeinträchtigt. Umgekehrt bietet Autonomie am Arbeitsplatz Mitarbeitern die Chance zur selbstständigen, bedürfnisgerechten Gestaltung ihrer Arbeit. Autonomie stößt jedoch dort an die Grenzen der ökonomischen Effizienz, wo Mit-

---

173 Vgl. Wunderer/Kuhn 1993, S. 85ff.
174 Vgl. Scholz 1994, S. 767ff.; vgl. v. Keller 1995, Sp. 1397ff.

arbeiter durch ihre Gestaltungsfreiheiten überfordert sind bzw. Freiräume eigennützig missbrauchen.

Das Personalmanagement sollte deshalb **unternehmerische Konzepte** (vgl. Abbildung 37) entwickeln, die einen bewussten und konstruktiven Umgang mit dem Spannungsfeld zwischen ökonomischer und sozialer Effizienz ermöglichen.

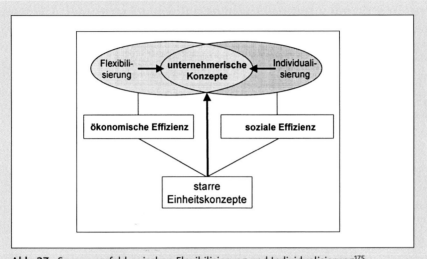

Abb. 37: Spannungsfeld zwischen Flexibilisierung und Individualisierung[175]

4.1.3 Einzelergebnisse

Im Kontext von Werteströmungen[176] sowie wirtschaftlicher und technologischer Entwicklungstendenzen[177] gewinnt die Flexibilisierung und Individualisierung der Arbeit stark an Bedeutung (+1.2). Dazu wurden verschiedene Ansätze untersucht.

Ergebnisthese 30: **Steigender Flexibilisierungs-/Individualisierungsbedarf**

---

175 Vgl. Kuhn 1995, S. 238ff.
176 Vgl. Kapitel 2.3 Gesellschaftliche Werte
177 Vgl. Kapitel 2.1 Wirtschaft und Kommunikationstechnologie

Zunächst wurde die strategische Bedeutung einzelner Flexibilisierungs- bzw. Individualisierungsbereiche diskutiert.[178]

Wie Abbildung 38 zeigt, steigt die Bedeutung in allen Bereichen stark an. Globalisierung und Wettbewerbsintensivierung fordern die **Flexibilisierung des Personalbestandes** (z. B. durch Abbau von Stammpersonal und Ausbau von – im Bedarfsfall abrufbaren – Randbelegschaften) und des **Personaleinsatzes**. Auch begünstigen Fortschritte in der Informations- und Kommunikationstechnologie **flexible Formen der Arbeitsorganisation** (z. B. zunehmende Virtualisierung). Weiterhin macht die Werteentwicklung – insb. der Wunsch nach besserer Work-Life-Balance – **flexiblere Arbeitszeitstrukturen** notwendig. Und angesichts der prognostizierten Arbeitskräfteverknappung scheint eine **flexible Personalqualifikation** mit polyvalent einsetzbaren Mitarbeiterinnen und Mitarbeitern sinnvoll.

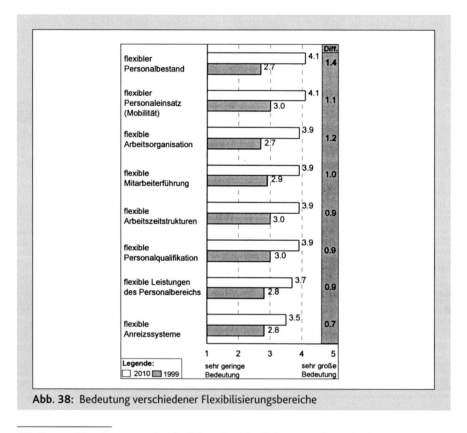

Abb. 38: Bedeutung verschiedener Flexibilisierungsbereiche

---

178 Frage: »Bitte bewerten Sie die folgenden Flexibilisierungsbereiche hinsichtlich ihrer strategischen Bedeutung.«

Ergebnisthese 31: Neue Medien fördern die Individualisierung der Arbeitszeit

Besondere Aufmerksamkeit wurde der Individualisierung der Arbeitszeit gewidmet.

Hierzu beurteilten die Befragten zunächst die Funktionalität neuer Medien und damit verbundener Möglichkeiten zur Flexibilisierung des Arbeitsortes für die Individualisierung der Arbeitszeit.[179]

Die Prognose fällt sehr optimistisch aus: Im Zuge der fortschreitenden Verbreitung von Kommunikationsmedien – wie Intra- und Internet oder E-mail – wird ein deutlicher Anstieg (+1.4 auf 3.7) der heute noch geringen Förderung individueller Arbeitsgestaltung (2.3) vorhergesagt.

Ergebnisthese 32: Mehr Möglichkeiten zur Individualisierung der Arbeitszeit

Die Individualisierungsgrenzen nehmen nach Meinung der Befragten nur moderate Ausprägungen an. Da Unternehmen vom und durch den Austausch mit der Umwelt leben, führt die Vereinbarkeit mit den Ansprüchen externer Stakeholder die Rangskala an. Eine detaillierte Betrachtung bringt weitere Aufschlüsse (vgl. Abbildung 39).[180]

---

179 Frage: »Bitte beurteilen Sie, inwieweit neue Medien (wie Inter- und Intranet, E-mail etc.) und die damit verbundenen Möglichkeiten zu Heim- und Telearbeit gegenwärtig und zukünftig eine Individualisierung der Arbeitszeit in schweizerischen Unternehmen fördern.«

180 Frage: »Bitte beurteilen Sie nun, inwieweit folgende Aspekte einer Individualisierung der Arbeitszeit im Jahr 2010 entgegenstehen werden.«

Abb. 39: Grenzen individueller Arbeitszeitgestaltung 2010

Ergebnisthese 33: **Dienstleistungssektor und Funktionsbereich »F&E« bieten zukünftig die besten Möglichkeiten zur Individualisierung der Arbeitszeit**

Da anzunehmen ist, dass die Individualisierung der Arbeitszeit vom jeweiligen Beschäftigungsfeld beeinflusst wird, wurde um eine Beurteilung der zukünftigen Situation in verschiedenen Sektoren und Funktionsbereichen gebeten (vgl. Abbildung 40).[181]

---

181 Frage: »Bitte beurteilen Sie die Möglichkeiten einer Individualisierung der Arbeitszeit in folgenden Sektoren und Funktionsbereichen im Jahr 2010.«

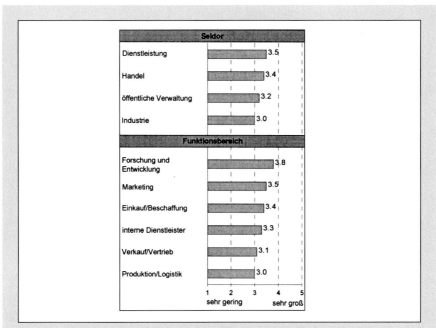

Abb. 40: Möglichkeiten zur Individualisierung der Arbeitzeit in verschiedenen Sektoren und Funktionsbereichen 2010

Insgesamt werden die **Chancen zur Individualisierung** der Arbeitszeit als **mittel bis groß** eingeschätzt. Besonders große Chancen schreiben die Befragten dem durch große Autonomie gekennzeichneten Funktionsbereich »Forschung und Entwicklung« zu. Dem durch engen Kundenkontakt charakterisierten Dienstleistungsbereich werden die besten Individualisierungschancen bescheinigt. Hier bestehen deutlich weniger sequenzielle Abhängigkeiten als etwa in der Produktion (Extremfall Fließband). Der direkte Kundenkontakt kann teilweise durch moderne mediale Kommunikation (z. B. via E-mail, Handy, Internet) ersetzt werden.

4.2 Zielgruppenorientierung

4.2.1 Ergebnisthesen

34. **Ältere Mitarbeiter sind eine wertvolle Ressource**: Problempotentialen (insb. Umgang mit neuen Technologien, Existenzängste) stehen profunde Fachkenntnisse und viel Erfahrungswissen gegenüber.

35. **Gleitender Übergang in den Ruhestand, Stabs- und Projektarbeit sowie gezielte Entwicklung fördern ältere Mitarbeiter**: Diese Maßnahmen verheißen effektive Nutzung bzw. Förderung besonderer Kompetenzen bei gleichzeitiger Reduktion der Problempotentiale dieser Zielgruppe und damit eine größere Schnittmenge zwischen ökonomischer und sozialer Effizienz.

36. **Wertesteuerung avanciert zu einem bedeutsamen Instrument der Förderung und Integration ausländischer Arbeitnehmer**: Aufgrund zunehmender Bedeutung weicher Steuerungsformen sowie der steigenden Zahl ausländischer Führungskräfte und Spezialisten wird die Integration divergierender multikultureller Werte zu einer wichtigen Führungs- und HRM-Aufgabe.

37. **Vereinbarkeit von Karriere und Familie wird vorrangige Aufgabe betrieblicher Frauenförderung**: Qualifizierte Teilzeitbeschäftigungsmöglichkeiten, gezielte Förderung des Wiedereinstiegs sowie flexible, individualisierte Arbeitszeiten belegen die obersten Plätze der Rangskala. Bewusstseinsbildung und gezielte Aktionen zur Vermeidung von Diskriminierung sind nach wie vor wichtig. Dagegen haben Sonderprogramme wie Quotenregelungen und frauenspezifische Weiterbildung auch zukünftig geringe Bedeutung.

4.2.2 Einführung

Ziel der Personalarbeit ist die ökonomisch und sozial effiziente Nutzung der Human Ressourcen. Lange Zeit orientierte sie sich dabei am Konstrukt »Norm(al)mitarbeiter«: männlich, mittleres Alter, körperlich gesund, mit ausreichender Berufserfahrung und in einer Stellung mit mittlerer Verantwortung. Faktisch stellt dieser Mitarbeiter jedoch eine Ausnahmeerscheinung dar. Bereits 1985 entsprachen nur ca. 30 % der deutschen Arbeitnehmer einer solchen Modellvorstellung, während die restlichen 70 % mehr oder weniger stark davon abwichen.[182]

Da unterschiedliche Personen(-gruppen) unterschiedliche Bedürfnisse, Interessen und Ziele haben und eine optimale Entfaltung von Mitarbeiterpotentialen eine bedürfnis- und zielgerechte Gestaltung der betrieblichen Lebenswelt voraussetzt, ist eine Orientierung am »Norm(al)mitarbeiter« wenig sinnvoll. Vielmehr ist eine an gruppenspezifischen oder individuellen Besonderheiten ausgerichtete Personalarbeit eine wichtige Voraussetzung für die Umsetzung personalwirtschaftlicher Ziele.

Aus gesellschaftlichen und demographischen Gründen sind in der Schweiz gegenwärtig drei Arbeitnehmergruppen von besonderer Bedeutung:[183]

- **ältere Arbeitnehmer**: In der Schweiz stieg der Anteil der Bevölkerung von 65 und mehr Jahren von 14.3 % (1995) auf 14.7 % (2000) und wird nach einer Schätzung des Bundesamtes für Statistik auf 16.8 % im Jahr 2010 ansteigen. Gleichzeitig wird sich das Bevölkerungswachstum verlangsamen.[184] Diese Daten weisen darauf hin, dass sich der Anteil älterer Beschäftigter im Verhältnis zu jüngeren vergrößern wird. Deshalb muss sich das Personalmanagement zukünftig verstärkt auf ältere Mitarbeiterinnen und Mitarbeiter ausrichten.

- **ausländische Arbeitnehmer**: Zwischen 1993 und 1998 war der Anteil ausländischer Mitarbeiter bei den Erwerbstätigen in der Schweiz, von geringen Schwankungen abgesehen, bei ca. 25 % aller Erwerbstätigen konstant.[185] Davon fielen 1998 63.7 % auf den Wirtschaftssektor »Dienstleistungen«, 35 % auf den Sektor »verarbeitende Produktion und Baugewerbe« und 11.3 % auf den Bereich »Energie- und Wasserversorgung«.[186] Während der 90er Jahre verlor die Schweiz jedoch bei ausländischen Arbeitskräften allmählich an Attraktivität. »Der Wanderungssaldo bei den ausländischen Arbeitskräften war zwischen 1991 und 1994 noch positiv (+44.000 Personen), ab 1995 negativ (bis 1997 insgesamt -18.000 Personen).«[187] Auf dem umkämpften Arbeitsmarkt um hoch qualifizierte, international einsetzbare Arbeitskräfte muss die Schweiz durch zumutbare Liberalisierung und attraktivere Gestaltung der relevanten Rahmenbedingungen ihre Ausgangsposition verbessern.[188]

---

182 Vgl. Marr 1989, S. 41
183 Vgl. Kapitel 2.3 Gesellschaftliche Werte und 2.4 Demographie
184 Vgl. Bundesamt für Statistik 1999, S. 19
185 Vgl. Bundesamt für Statistik 1999, S. 112
186 Vgl. Bundesamt für Statistik 1999, S. 113
187 Bundesamt für Statistik 1999, S. 101
188 Vgl. Hotz-Hart/Mäder/Vock 1995, S. 557; vgl. Schmid/v.Dosky 1991, S. 133f.

- **weibliche Arbeitnehmer**:[189] Zwischen 1991 und 1997 nahm das Angebot weiblicher Erwerbspersonen von 39.8% auf 42.2% (+128.000) zu. Gleichzeitig nahm das Angebot bei den Männern um 32.000 Personen ab.[190] Das Personalmanagement muss sich damit auf eine steigende Zahl weiblicher Mitarbeiter einstellen. Eine erhöhte Konzentration auf die spezifische Arbeitnehmergruppe »Frauen« verspricht auf lange Sicht Wettbewerbsvorteile und gesellschaftliche Akzeptanz – zwei zentrale Bedingungen unternehmerischer Zukunftssicherung.[191] Frauenförderung erscheint somit aus normativen wie auch aus ökonomischen Erwägungen notwendig.

4.2.3 Einzelergebnisse

Wie aufgezeigt, ist ein Zuwachs an älteren und ausländischen Mitarbeiterinnen und Mitarbeitern sowie an weiblichen Führungskräften und Spezialisten zu erwarten.[192] Da diese Arbeitnehmergruppen damit vermehrt in den Fokus eines zielgruppenorientierten Personalmanagements rücken werden, haben wir sie einer differenzierteren Betrachtung unterzogen.

Zunächst standen **ältere Mitarbeitende** im Blickpunkt. Die Befragten sollten die Besonderheiten dieser Zielgruppe identifizieren[193] sowie die strategische Bedeutung verschiedener Förderungsmöglichkeiten beurteilen.[194]

Ergebnisthese 34:	**Ältere Mitarbeiter sind eine wertvolle Ressource**

Die befragten Personalfachleute schreiben älteren Mitarbeiterinnen und Mitarbeitern beachtliche Kompetenzen zu. Eine herausragende Rolle spielt dabei das gesammelte implizite Erfahrungswissen. Die zentralen Problempotentiale lassen sich durch gezielte Maßnahmen abbauen oder zumindest mildern (vgl. Abbildung 41).

---

189 Vgl. Dick 1995
190 Vgl. Bundesamt für Statistik 1999, S. 100
191 Vgl. Dyllick 1989
192 Vgl. Kapitel 2.4 Demographie
193 Frage: »In der Literatur werden besondere Kompetenzen und Problempotentiale älterer Mitarbeiter diskutiert, die es beim Personaleinsatz zu beachten gilt. Bitte beurteilen Sie, welche drei Kompetenzen und welche zwei Problempotentiale im Jahr 2010 die größte Bedeutung haben.«
194 Frage: »Bitte beurteilen Sie nun die folgenden Maßnahmen und Instrumente hinsichtlich ihrer strategischen Bedeutung zur Förderung älterer Mitarbeiter.«

Besondere Kompetenzen 2010 – häufigste Nennungen –
• breites Experten- und Erfahrungswissen (90 %)
• umfassende Betriebskenntnis (45 %)
• realistischere Einschätzung der eigenen Fähigkeiten und Grenzen (41 %)
Kostenintensivste Aufgabenfelder der Personalarbeit 2010 – häufigste Nennungen –
• erschwerter Umgang mit neuen Technologien (62 %)
• Angst vor Verdrängung, Freisetzung, Arbeitsmarktunfähigkeit (41 %)
• langsamere Informationsaufnahme, -verarbeitung, -speicherung (38 %)

Abb. 41: Besonderheiten älterer Mitarbeiter

Ergebnisthese 35: Gleitender Übergang in den Ruhestand, Stabs- und Projektarbeit sowie gezielte Entwicklung fördern ältere Mitarbeiter besonders

Die Nutzung bzw. Erhaltung der speziellen Kompetenzen älterer Beschäftigter sowie die Minimierung der Problempotentiale wird zu einem zentralen Aufgabenfeld zielgruppenorientierter Personalarbeit.

In der Einschätzung der Experten (vgl. Abbildung 42) zeigen sich direkte Verbindungen zu den Besonderheiten der Zielgruppe »ältere Mitarbeitende«:

• Die Nutzung von Erfahrungs- und Expertenwissen und der intergenerative Know-how-Transfer werden durch folgende Faktoren begünstigt:
  – weniger Linien- und **mehr Projekt- oder Stabsarbeit**
  – **graduelle Arbeitszeitreduktion** und **sukzessive Verantwortungsabgabe** (Vorpensionierungsregelungen)
  – **Förderung von Inter-Generationen-Teams** und
  – **Möglichkeiten zur sporadischen Weiterbeschäftigung** nach der Pensionierung.

Zugleich kann die damit verbundene Anerkennung und Wertschätzung der Betroffenen helfen, Ängste vor Verdrängung oder Entlassung abzubauen oder zu begrenzen. Gleiches gilt für eine Heraufsetzung der Altersgrenze für freie Stellen. Alle diese Maßnahmen haben – bei entsprechender Kommunikation – zugleich hohen symbolischen Wert und fördern bewusstseinsbildende Prozesse im Unternehmen.

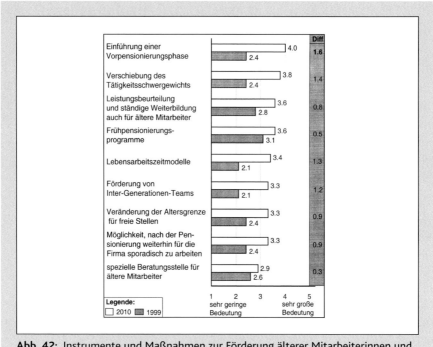

Abb. 42: Instrumente und Maßnahmen zur Förderung älterer Mitarbeiterinnen und Mitarbeiter

- Mit einer bislang keineswegs selbstverständlichen **Beurteilung und Entwicklung** der Mitarbeiter bis zur Pensionierung kann die bei älteren Arbeitnehmern – gerade durch den technologischen Fortschritt – besonders bedrohte Employability gefördert werden.

- **Frühpensionierungsprogramme** wirken als soziales Auffangbecken für Mitarbeitende mit geringem Entwicklungs- und Leistungspotential sowie niedriger Arbeitsmarktfähigkeit.

- **Lebensarbeitszeitmodelle** helfen, die eigene Lebensplanung zu verbessern und den Ausklang des Arbeitslebens individuell und in Selbstverantwortung zu gestalten.

Ergebnisthese 36:	Wertesteuerung avanciert zu einem bedeutsamen Instrument der Förderung und Integration ausländischer Arbeitnehmer

Die Beurteilung verschiedener Möglichkeiten zur Förderung und Integration von Ausländern – auch auf Führungs- und Spezialistenpositionen – zeigt Abbildung 43.[195]

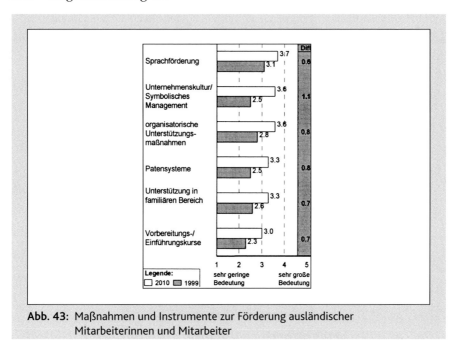

Abb. 43: Maßnahmen und Instrumente zur Förderung ausländischer Mitarbeiterinnen und Mitarbeiter

Neben klassischen Maßnahmen wie Sprachförderung oder organisatorische Unterstützung (z. B. bei der Wohnungssuche oder bei Versicherungsfragen) erfährt »**Unternehmenskultur/symbolisches Management**« starken Bedeutungszuwachs. Dieser Befund korrespondiert mit der zunehmenden Bedeutung weicher Steuerungsformen in veränderten Organisationsstrukturen (vermehrte Dezentralisierung, größere Führungsspannen, verstärktes »Empowerment« der Mitarbeitenden) und gesellschaftlicher Wertströmungen (insb. der Anspruch nach Sinnerfüllung bei der Arbeit).[196] Außerdem wird diese Entwicklung durch qualifiziertere ausländische Arbeitskräfte begünstigt.

---

195 Frage: »Bitte beurteilen Sie (…) die folgenden Maßnahmen und Instrumente hinsichtlich ihrer strategischen Bedeutung zur Förderung ausländischer Mitarbeiter.«
196 Vgl. Kapitel 6.1 Führung

| **Ergebnisthese 37:** | Vereinbarkeit von Karriere und Familie wird vorrangige Aufgabe betrieblicher Frauenförderung |

Schließlich wurde die Förderung weiblicher Führungskräfte und Spezialisten thematisiert (vgl. Abbildung 44).[197]

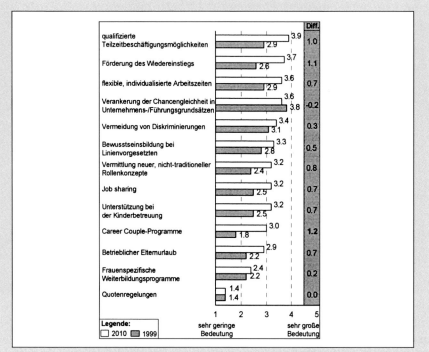

Abb. 44: Maßnahmen und Instrumente zur Förderung weiblicher Führungskräfte und Spezialisten

Bemerkenswert sind folgende Punkte:

• Die Förderung der **Vereinbarkeit von Karriere und Familie** rückt in den Vordergrund. Instrumente zur Harmonisierung der Lebensberei-

---

197 Frage: »Bitte beurteilen Sie abschließend noch die folgenden Maßnahmen und Instrumente hinsichtlich ihrer strategischen Bedeutung zur Förderung von weiblichen Führungskräften und Spezialisten. Bitte begründen Sie kurz die größte prognostizierte Veränderung in der strategischen Bedeutung dieser Maßnahmen und Instrumente zwischen heute und dem Jahr 2010.«

che Familie und Beruf – wie qualifizierte Teilzeitarbeit, Wiederein-
stiegsmöglichkeiten nach Familienpausen und flexible, individualisierte Arbeitszeiten – legen stark an Bedeutung zu (≥ 0.7). Begünstigt
wird diese Entwicklung durch den allgemeinen Trend zur Work-Life-
Balance und durch die prognostizierte Arbeitsmarktsituation. Wegen
des vermuteten Mangels an qualifizierten Arbeitskräften können es
sich Unternehmen immer weniger leisten, gute Mitarbeiterinnen zu
verlieren und müssen deshalb attraktivere Angebote zur Verbindung
von beruflicher Karriere und Familienleben bereitstellen. Statistische
Daten unterstreichen dies: So scheiden in der Schweiz Frauen auch
heute noch mehrheitlich (1995–1997: 50.5 %) aus familiären Gründen
und nur in einem von fünf Fällen (21.4 %) wegen Stellenverlust aus
dem Berufsleben aus.[198]

- **Bewusstseinsbildung** und **Gleichstellung** bleiben wichtig. »Verankerung der Chancengleichheit in Unternehmens-/Führungsgrund-
sätzen« und »Vermeidung von Diskriminierungen« sind auch in Zukunft relevant. Dass insb. an der Gleichstellung – auch in
anspruchsvollen Funktionen – weiter gearbeitet werden muss, zeigt
u. a. die Lohnstatistik: So haben Frauen in der Schweiz 1996 im Durchschnitt um 23 % weniger verdient als Männer.[199]

- **Career Couple-Programme** zur Abstimmung der Karrieren zweier
Lebenspartner gewinnen stark an Bedeutung (+1.2). Diese Entwicklung hängt mit der zunehmenden Globalisierung und den daraus er-
wachsenden Mobilitätsanforderungen zusammen.

- **Sonderprogramme für Frauen** werden nach wie vor geringe Bedeutung haben. So bilden Quotenregelungen heute wie im Jahr 2010 das
Schlusslicht der Rangskala. Auch frauenspezifische Weiterbildungs-
programme, die beispielsweise in der schweizerischen Bundesverwaltung mit Erfolg praktiziert werden,[200] verzeichnen gegenwärtig
und zukünftig nur geringe Bedeutung.

---

198 Vgl. Bundesamt für Statistik 1999, S. 101
199 Vgl. Bundesamt für Statistik 1999, S. 120
200 Vgl. Preisig/Ulmi 1997; Wunderer/Dick 1997

4.3 Internationalisierung

4.3.1 Ergebnisthesen

38. **Personalmarketing ist international auszurichten:** Globalisierungstendenzen und drohender Arbeitskräftemangel erfordern vermehrte Aktivitäten auf internationalen Arbeitsmärkten.

39. **Networking durch internationale Teams:** Die internationale Besetzung von Arbeitsgruppen und die damit verbundenen Möglichkeiten zur Netzwerkbildung werden in zunehmend heterogenen und
dynamischen Umwelten bedeutsamer.

40. **Unternehmenskultur verdient besondere Beachtung:** Hierbei geht
es besonders um die Verbindung einer verstärkt internationalen
Ausrichtung mit Grundwerten der Unternehmung.

41. **Bessere Vorbereitung auf Auslandseinsätze:** Mitarbeitende sind
langfristiger auf internationale Assignments vorzubereiten.

4.3.2 Einführung

Großunternehmen haben die nationalen Grenzen längst überwunden.
Dies belegt eine 1997 durchgeführte Erhebung, nach der ca. 50 % der
Mitarbeiter solcher Unternehmen im Ausland beschäftigt sind.[201] Durch
den Ausbau global orientierter Geschäftsfelder steigt der Bedarf an international mobilen und kompetenten Mitarbeitern weiter. Das internationale Personalmanagement verfolgt nach einer 1995 in deutschen, international agierenden Unternehmen der Branchen Metall/Elektro,
Chemie und Dienstleistungen durchgeführten Studie mehrere Ziele:[202]
Die Unternehmen streben den **Transfer von Management- und Tech-
nik-Know-how** sowie die Übernahme von **Koordinations- und Kon-
trollfunktionen** durch die Entsandten an. Zudem dient der Auslandseinsatz als Instrument der **internationalen Personalentwicklung**.

Dazu muss das Personalmanagement Konzepte zum bewussten und
konstruktiven Umgang mit der hohen **Komplexität** internationaler Orientierung entwickeln.[203] Den Handlungsbedarf belegen die **hohen Kos-**

---

201 Vgl. Klimecki/Gmür 1998, S. 323
202 Vgl. Horsch 1997, S. 9; vgl. Horsch 1995
203 Vgl. Scholz 2000, S. 28f.; vgl. Domsch/Lichtenberger 1999, S. 504

ten des internationalen Personalmanagements und die große Anzahl **ge-scheiterter internationaler Einsätze** von Mitarbeitern.[204]

Die Gestaltung eines **Wertschöpfungsprozesses des internationalen Personalmanagements** bedarf einer Integration der Dimensionen »Strategie«, »Steuerungssysteme« und »Prozesse« (vgl. Abbildung 45):

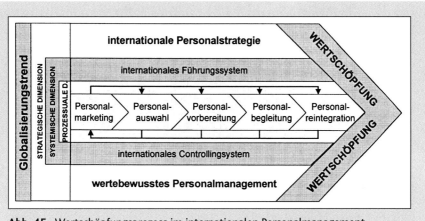

Abb. 45: Wertschöpfungsprozess im internationalen Personalmanagement

- **internationale Personalstrategie:**[205] Nach *Barlett/Ghoshal* ist das Ziel internationaler Personalstrategien die Gestaltung eines **internationalen Netzwerks,** in dem die Beteiligten national **und** global denken und handeln. Die Möglichkeit zur Gestaltung der Personalarbeit liegt sowohl beim Stammhaus als auch bei den Töchtern. Es findet eine konstruktive Diskussion über die jeweils eigenen und fremden Wahrnehmungen statt. »Auf diese Weise können die Einheiten ihre strategischen Ziele wie Effizienz, Marktnähe und Innovation gleichzeitig für sich und für das gesamte Unternehmen verfolgen.«[206] Soweit sie über komparative Wettbewerbsvorteile verfügen, erhalten die Töchter im Ausland für abgegrenzte Teilbereiche die **inhaltliche Führerschaft** auf internationaler Ebene. So entsteht ein kooperierendes **Netzwerk** eigenständiger Kompetenzzentren, die für sich **lokal**, aber auch für das ganze Unternehmen **global denken und handeln.**

---

204 Vgl. Scholz 1994, S. 837, 839 und 848; vgl. Darby 1995, S. 15
205 Vgl. Barlett/Ghoshal 1986
206 Scholz 2000, S. 96

Wertbewusstes Personalmanagement ist hierfür ein maßgebender Erfolgsfaktor.[207] Es geht einerseits um eine kritische und tolerante Auseinandersetzung mit fremden und eigenen Wertvorstellungen. Andererseits müssen alle am Netzwerk Beteiligten auf ein gemeinsames Ziel und eine gemeinsame unternehmenskulturelle Grundlage eingestimmt werden. Die Gestaltung eines weltweit gültigen Minimal-Profils einer Unternehmenskultur stellt jedoch hohe Anforderungen. Man muss Verständnis für fremde Kulturen, Gesellschaften, Märkte und Politiken entwickeln, aber auch das eigene, vertraute Lebensumfeld reflektieren lernen.[208]

- **internationaler Personalprozess:**[209] Internationales Personalmanagement erfordert eine **abgestimmte** Ausgestaltung relevanter Personalfunktionen:

internationales Personalmarketing: Mitarbeiter werden im Ausland wie im Inland gesucht. »Unabhängig von der nationalen Herkunft werden (…) die qualifiziertesten Mitarbeiter des Unternehmens auf den Schlüsselpositionen eingesetzt.«[210] So kann ein Pool von internationalen Führungsnachwuchskräften aufgebaut werden, der weltweit flexibel einsetzbar ist.

internationale Personalauswahl: Erste Probleme liegen in der Definition von Erfolgs- und Auswahlkriterien. **Erfolgskriterien** »legen im Falle einer Auslandsentsendung fest, was in einer bestimmten Organisation unter erfolgreicher Auslandtätigkeit verstanden wird. Sie bestimmen, was bei der Selektion von Auslandsmitarbeitern eigentlich vorhergesagt werden soll und bilden somit die Grundlage für die Entwicklung von Prädiktoren (Selektionskriterien, d.V.) und Auswahlinstrumenten. Darüber hinaus legen sie die Standards fest, an denen später die Leistung des Mitarbeiters in der Personalbeurteilung gemessen wird.«[211] Allerdings existieren in Wissenschaft und Praxis kaum geprüfte Kriterien zur Messung erfolgreicher Auslandtätigkeiten.[212] Ähnliches gilt für die Selektionskriterien. Verschiedene Autoren kritisieren, dass in der Praxis spezifische Kriterien zur Auswahl von international einsetzbaren Führungskräften fehlen.[213] Dies er-

---

207 Vgl. Kapitel 4.2 Zielgruppenorientierung, Ergebnisthese 36
208 Vgl. Harris/Moran 1996, S. 35; vgl. Wright/Kirkwood Hart 1998, S. 323
209 Vgl. Kapitel 4.4 Folgerungen
210 Scholz 2000, S. 404
211 Bergemann/Sourisseaux 1996, S. 144
212 Vgl. Bergemann/Sourisseaux 1996, S. 157
213 Vgl. Horsch 1997, S. 10; vgl. Bergemann/Sourisseaux 1996, S. 156f.

schwert fundierte Entscheidungen in der Personalauswahl sowie die Erfolgsevaluation von Auslandseinsätzen und verweist auf einen geringen Reifegrad von internationalen Führungs- und Controlling-konzepten.

internationale Personalvorbereitung: Mitarbeiter müssen für internationale Einsätze intensiver **entwickelt** und **vorbereitet** werden als für nationale. Weil sie mit fremden Kulturen konfrontiert sind, müssen sie sich über ihre eigenen Wertvorstellungen bewusst werden. Auch das soziale Umfeld, insb. die **Familie**, wird stark belastet.[214] Die Betroffenen müssen ihr Tagesgeschäft weiterhin abwickeln, ihren Umzug vorbereiten und sollen sich auch auf die neuen Aufgaben in kultureller, sprachlicher und fachlicher Hinsicht vorbereiten.[215]

internationale Personalbegleitung: Internationales Personalmanagement verlangt »nach einem durchgängigen und klaren Konzept für die Betreuung«[216]. Sehr hilfreich ist die **Entwicklung und Unterstützung von international zusammengesetzten Teams**, denn in der engen Zusammenarbeit kommen unterschiedliche kulturelle Hintergründe besonders stark zum Ausdruck.[217]

internationale Reintegration: Dass die sorgfältige Reintegration von Expatriates unverzichtbarer Bestandteil von Auslandsentsendungen ist, wurde von der Praxis erst spät erkannt.[218] Handlungsbedarf besteht insb. aus folgenden Gründen: Bei ihrer Rückkehr finden entsandte Mitarbeiter i. d. R. andere Bedingungen vor als bei ihrer Abreise. So können Veränderungen in der Muttergesellschaft die Reintegration erschweren. Zudem ist für Rückkehrer häufig kein klarer Karriereplan ausgearbeitet, so dass sie einen Karriereknick befürchten. Auch die Entsandten selbst haben sich vielfach verändert. Beispielsweise genießen Mitarbeiter in fremden Ländern häufig Privilegien, die sie bei ihrer Rückkehr aufgeben müssen.[219] Entsprechenden Problemfeldern kann man mit umfassenden Konzepten zur Reintegration entgegenwirken. **Maßnahmen** können **vor, während** und **nach der Rückkehr** ansetzen (vgl. Abbildung 46).

---

214 Vgl. Müller 1996, S. 355; vgl. Klimecki/Gmür 1998, S. 328
215 Vgl. Bittner 1996; vgl. Müller 1996, S. 359; vgl. Horsch 1997, S. 13 und 15
216 Scholz 2000, S. 663
217 Vgl. Thomas 1999, S. 527; vgl. Scholz 2000, S. 625
218 Vgl. Scholz 2000, S. 665
219 Vgl. Scholz 2000, S. 665f.

101

Prozessphasen	Maßnahmen zur Reintegration von Expatriates
Vor der Integration:	• Benennung eines Paten im Stammhaus • Wiedereingliederungsgarantie
Während der Entsendung:	• Betreuung durch den Paten (z.B. Laufbahnplanung, Informationen aus dem Stammhaus) • Einbeziehung in die Personalentwicklung des Stammhauses • Konsultationen im Stammhaus • frühzeitige Wiedereingliederungsplanung
Bei der Rückkehr:	• Personalentwicklung zur Beseitigung von fachlichen Defiziten • Durchführung eines Seminars/Workshops zum Auslandseinsatz mit Rückkehrern und Ehe-/Lebenspartnern • Auswertung von Erkenntnissen der Auslandstätigkeit des Rückkehrers durch Personal- und Fachabteilungen

Abb. 46: Prozessintegrierte Maßnahmen zur Reintegration von Entsandten[220]

• **internationale Steuerungsfunktionen:**[221] Um ein internationales Netzwerk von Kompetenzzentren zu ermöglichen, sind in Ergänzung zu den primären Personalfunktionen **Steuerungsfunktionen** zu **Führung** und **Controlling** erforderlich. Diese Steuerungsinstrumente sollten aber die Autonomie der einzelnen Netzwerkglieder nicht zu stark einschränken. Dafür müssen sie folgende Ziele unterstützen:

– »ein Management, das auf ein Mindestmaß an Konsens setzt, aber nicht so sehr, dass kein konstruktiver Dialog mehr möglich ist,

– ein Mindestmaß an Zufriedenheit (der Tochterfirmen d.V.), aber nicht so viel, dass sie arrogant werden und aufhören zu lernen,

– ein Mindestmaß an Kostenbewusstsein, aber nicht so viel, dass jegliche Wertschöpfung versiegt.«[222]

4.3.3 Einzelergebnisse

Mit der Globalisierung[223] wird die Internationalisierung des Personalmanagements im Rahmen strategischer Personalprogramme wichtiger.

---

220 Horsch 1997, S. 19
221 Vgl. Kapitel 6 Steuerungsfunktionen 2010
222 Hilb 2000, S. 11
223 Vgl. Kapitel 2.1 Wirtschaft und Kommunikationstechnologie

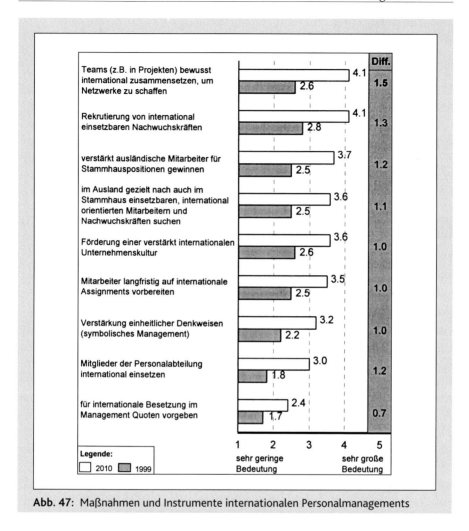

Abb. 47: Maßnahmen und Instrumente internationalen Personalmanagements

Dazu wurden Instrumente und Maßnahmen der internationalen Personalarbeit diskutiert (vgl. Abbildung 47).[224]

Dass nach Meinung der Befragten alle Maßnahmen und Instrumente stark an Bedeutung gewinnen werden (≥ 0.7), unterstreicht die herausragende Stellung der Internationalisierung. Wichtig sind insb. folgende Erkenntnisse:

---

224 Frage: »Bewerten Sie bitte die folgenden Maßnahmen und Instrumente hinsichtlich ihrer strategischen Bedeutung für ein internationales Personalmanagement.«

Ergebnisthese 38: Personalmarketing ist international auszurichten

Mit räumlicher Ausdehnung der Unternehmensaktivitäten und bei Mangel an qualifiziertem Nachwuchs[225] muss das Personalmarketing seinen Aktionsradius erweitern. Es gilt, im In- und Ausland gezielt und systematisch nach international einsetzbaren Arbeitskräften zu suchen. Es geht also nicht mehr nur um die Entsendung inländischer Fach-/Führungskräfte ins Ausland, sondern auch und v. a. um die Gewinnung ausländischer Mitarbeitender für Stammhauspositionen.[226]

Ergebnisthese 39: Networking durch internationale Teams

Die **internationale Besetzung von Teams** verspricht »Mehrwert« durch **Synergieeffekte** in heterogen zusammengesetzten Teams und Möglichkeiten zur effektivitäts- und effizienzsteigernden **Netzwerkbildung** in zunehmend globaleren Märkten. Unterschiedliche kulturelle Orientierungs- und Interpretationsmuster können allerdings Mitarbeiterführung und Zusammenarbeit im Team erschweren. So werden Beschäftigte aus eher kollektivistischen Kulturen (wie z. B. Japan) individualistische, konkurrenzorientierte Verhaltensmuster ihrer Kollegen nicht als leistungsfördernd, sondern als gruppenschädigend wahrnehmen. Ebenso werden Angehörige von Kulturen mit hohem Machtgefälle und streng reglementierten, hierarchischen Vorgesetzten-Mitarbeiter-Beziehungen in egalitären Kulturen hinsichtlich Anforderungen wie Entscheidungsfreude und Selbstständigkeit überfordert. Nach *Thomas*[227] sind beim Management interkultureller Gruppenprozesse folgende Themenbereiche besonders zu beachten: **Vorgesetzten-Mitarbeiter-Beziehung** (z. B. Machtdistanz, Art der Mitarbeitermotivierung, Leistungskontrolle, Feedback, Entscheidungsspielraum/Verantwortungsspanne der Mitarbeiter, Partizipationsgrad), **Interaktionsprozesse in Arbeitsgruppen** (z. B. Statusmerkmale, Rollenzuschreibung/-differenzierung, Konfliktregulation, kohäsionsstabilisierende Verhaltensweisen, Abstimmungsprozesse, Umgang mit Raum/Zeit/Qualität usw.) sowie die **Beziehung zwischen Individuum und Gruppe** (z. B. Konvergenz und Divergenz zwischen Individualziel und Gruppenziel, Identifikation mit der Gruppe und dem Gruppenführer, Befriedigung sozial emotionaler Bedürfnisse).

---

225 Vgl. Kapitel 2.4 Demographie
226 Vgl. Wunderer 1997
227 Vgl. Thomas 1999, S. 530f.

Ergebnisthese 40: Unternehmenskultur verdient besondere Beachtung

Bei internationaler Besetzung der Belegschaften bedarf die Unternehmenskultur besonderer Aufmerksamkeit und Pflege. Eine verstärkt internationale Ausrichtung ist mit weltweit einheitlichen Unternehmenswerten zu verbinden. Insb. Führungskräfte müssen zentrale Grundwerte durch Kommunikation und Handeln verdeutlichen. Dies setzt hohe **kulturelle Kompetenz** voraus. Hierzu zählen die Fähigkeit zur Stressbewältigung und zum Umgang mit Entfremdung und Isolation, ganzheitliches kulturübergreifendes Denken, interkulturelle Kommunikationsfähigkeit, Ambiguitätstoleranz und Vorurteilsfreiheit gegenüber fremden Verhaltensweisen.[228]

Ergebnisthese 41: Bessere Vorbereitung auf Auslandseinsätze

Die langfristige Vorbereitung auf internationale Einsätze gewinnt an Bedeutung. Gerade daran mangelt es noch stark. So zeigen die Befunde von Horsch, »dass Personalauswahlentscheidungen oftmals unter erheblichem Zeitdruck zustandekommen, wodurch einerseits eine systematische Personalauswahl, andererseits eine effiziente Vorbereitung für den Entsandten kaum gewährleistet ist«[229]. Da sich die Kosten einer gescheiterten Entsendung auf schätzungsweise das Drei- bis Vierfache des Jahresgehaltes des Betroffenen belaufen,[230] muss die Auswahl und Vorbereitung der Expatriates fundierter ausgestaltet werden, z. B. über frühzeitigere Bestimmung des qualitativen und quantitativen Personalbedarfs.

---

228 Vgl. z. B. Bühner 1994; Macharzina 1995; Horsch 1997
229 Horsch 1997, S. 12f.
230 Vgl. Horsch 1997, S. 9

105

4.4 Folgerungen

Werteorientierung wird nach Ansicht der Experten eine der wichtigsten **programmatischen Herausforderungen** des Personalmanagements, v. a. in drei Programmen:

Flexibilisierung/Individualisierung eröffnen ein Spannungsfeld zwischen Unternehmens- und Mitarbeiterzielen

Nach Meinung der Experten besteht im Bereich »Flexibilisierung und Individualisierung« generell hoher Handlungsbedarf.[231] Dies lässt darauf schließen, dass häufig an alt hergebrachten **Einheitskonzepten** festgehalten wird. Dies zu überwinden, ist besonders in international agierenden Unternehmen dringend geboten, denn Einheitskonzepte sind zu stark von einer Kultur geprägt und können zu wenig auf die Besonderheiten von Tochterunternehmen eingehen. Weil auch national begrenzt agierende Unternehmen von Trends wie Wertewandel und Virtualisierung betroffen sind, ist diese strategische Ausrichtung aber auch innerhalb einer Nation entscheidend. Dieses strategische Programm umschließt drei konzeptionelle Schritte:

1. **Bestandsanalyse**: Hier sind die bestehenden Konzepte daraufhin zu prüfen, ob sie von einem »Normalmitarbeiter« ausgehen und alle Führungskräfte und Mitarbeiter auf gleiche Art behandeln wollen.

2. **Identifikation von Spannungsfeldern**: Es ist zu analysieren, welche Anforderungen von den Unternehmen an Führungskräfte und Mitarbeiter gestellt werden, damit Unternehmen flexibler agieren können. Anschließend sind die Wertvorstellungen und Interessen der Führungskräfte und Mitarbeiter zu ermitteln.

3. **Konzeptentwicklung**: Oft werden sich die Unternehmens- mit den Mitarbeiterzielen nicht decken. Dennoch sind Konzepte zu entwickeln, die eine Schnittmenge beider Interessen, mehr Flexibilisierung seitens der Unternehmen und mehr Beachtung individueller Interessen seitens der Führungskräfte und Mitarbeiter, **integrieren** können, z. B. über **Zielgruppenorientierung**.

---

231 Vgl. Abbildung 35 in der Einleitung dieses Kapitels

Zielgruppenorientierung ermöglicht eine größere Schnittmenge zwischen Unternehmens- und Mitarbeiterzielen

Zielgruppenorientierung verspricht im Spannungsfeld zwischen einseitiger Flexibilisierung und Individualisierung[232] eine größere **Schnittmenge** von ökonomischer und sozialer Effizienz (vgl. Abbildung 48).

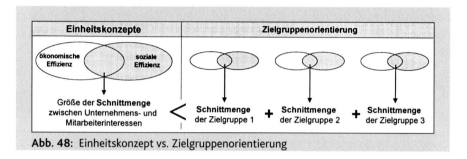

Abb. 48: Einheitskonzept vs. Zielgruppenorientierung

Einheitskonzepte bieten eine kleinere Schnittmenge, weil sie den **situativen Kontext** der Führungskräfte und Mitarbeiter nicht beachten. Zielgruppenorientierung bietet einen Mittelweg zwischen kollektiven Ansätzen (z. B. Tarifregelungen) und auf individuelle Belange ausgerichteten Konzepten (z. B. Mitarbeitergespräche).

Ältere Mitarbeiter, **qualifizierte Frauen** und **ausländische Führungskräfte** werden nach Einschätzung der Experten zentrale Zielgruppen sein.

- Ältere Mitarbeiter werden aus demographischen Gründen immer zahlreicher und sind, weil sie über besonderes Erfahrungswissen verfügen, aus betriebswirtschaftlicher Sicht von großem Nutzen. Förderprogramme für diese Zielgruppe sind jedoch auch aus sozialer Sicht bedeutsam, weil damit im Sinne einer »zweiten Karriere«[233] ein wertvoller Beitrag zur unternehmerischen Wertschöpfung – speziell zur Nutzenstiftung für die Bezugsgruppe »Mitarbeiter« – geleistet wird.

- Die Förderung der Zielgruppe »Frauen« gilt in vielen westlichen Ländern als wichtiges Thema. Die Befragten halten dabei die Förderung der **Vereinbarkeit von Karriere und Familie** für besonders zentral. Handlungsbedarf besteht hierbei sowohl auf nationaler Ebene, in

232 Vgl. Kapitel 4.1 Flexibilisierung und Individualisierung
233 Vgl. Drucker 1998, S. 364

107

Form von Teilzeitbeschäftigung, Wiedereinstiegsprogrammen, flexiblen Arbeitszeiten und Heimarbeit, als auch auf internationaler Ebene, beispielsweise durch Förderung von »Couple Careers«[234]. International ist der Anteil von **weiblichen Expatriates** sehr gering, weil Frauen in Kulturen der zweiten und dritten Länder vielfach keine Akzeptanz am Arbeitsplatz erlangen. Deshalb ist das internationale Personalmanagement an dieser Stelle besonders gefordert.

Dass ausländische Mitarbeiter als wichtige Zielgruppe eingeschätzt wurden, unterstützt die Bedeutung des internationalen Personalmanagements.

Zielgruppenorientierung ist ein entscheidendes strategisches Programm des internationalen Personalmanagements

Folgende Förderungsmaßnahmen für **qualifizierte ausländische Mitarbeiter** lassen sich über zwei Dimensionen systematisieren:

- **Aufgabenbezug**: Führungskräfte sind vorrangig auf die schweizerische Führungskultur und auf die Besonderheiten der Aufgabe vorzubereiten. Deutlich geringerer Handlungsbedarf besteht bei Spezialistenfunktionen. Hier stehen problemorientierte Fachthemen im Vordergrund, die sich in verschiedenen Kulturen ähnlich darstellen.

- **Umfeldbezug:** Je fremder schweizerische Politik, Gesetzgebung, Marktbedingungen und kulturelle Gegebenheiten sind, desto mehr Unterstützung benötigen die Betroffenen bei der Einführung in eine für sie fremde Landeskultur (vgl. Abbildung 49).

---

234 Vgl. Domsch/Krüger-Basener 1999, S. 547ff.

Aufgabe / Umfeld	Spezialisten	Führungskräfte
verwandte Länder/ Kulturen	geringe Unterstützung	primär aufgaben-, führungs- bezogene Unterstützung
fremde Länder/ Kulturen	primär kulturbezogene Unterstützung	aufgaben-, führungs- und kultur- bezogene Unterstützung

Abb. 49: Fokus der Unterstützung qualifizierter ausländischer Mitarbeiter

Die Experten erwarten zunehmenden Bedarf an professioneller Unterstützung vor, während und nach Auslandseinsätzen[235] – nicht nur bei Entsendung von Expatriates, sondern auch zur Integration ausländischer Mitarbeiter im Stammhaus. Darüber hinaus sehen sie größten Handlungsbedarf bei der bewussten Zusammenführung und Betreuung internationaler Teams.[236]

---

235 Vgl. Kapitel 4.2 Zielgruppenorientierung, Abbildung 43
236 Vgl. Kapitel 4.3 Internationalisierung, Abbildung 47

109

5 Personalfunktionen 2010

Die Ergebnisse zum »Umfeld 2010« zeigten auch **Spannungsfelder zwischen ökonomischen und sozialen Anforderungen.** Beispielsweise sind Führungskräfte zu internationaler Mobilität aufgefordert, die jedoch ihrem Bedürfnis nach einem familiären Umfeld tendenziell entgegensteht. Diesen Spannungsfeldern sieht sich auch die Unternehmensleitung zukünftig verstärkt ausgesetzt. Auch deshalb müssen Personal- und Unternehmensstrategie stärker integriert werden.[237] Das Personalmanagement soll in der Unternehmensleitung den Beitrag zur Wertschöpfung und die Ansprüche des Personals transparent machen und zur Diskussion stellen.

Wir haben 12 klassische Personalfunktionen hinsichtlich ihrer strategischen Bedeutung beurteilen lassen.[238] Als zukünftig besonders bedeutsam wurden dabei folgende fünf Funktionen eingeschätzt: **Personalentwicklung** (vgl. Kapitel 5.4) wird zukünftig die größte Bedeutung haben und den größten Zuwachs erfahren.[239] Den zweiten Rang belegen **Personalauswahl** und **-gewinnung** (vgl. Kapitel 5.1) gefolgt von **Entgeltgestaltung** (vgl. Kapitel 5.3) und **Personalbeurteilung** (vgl. Kapitel 5.2).

Weil diesen Funktionen von den Experten große Bedeutung prognostiziert wird, werden sie in diesem Kapitel vertieft diskutiert. Vor dem Hintergrund sinkender Beschäftigungssicherheit[240] wird in diesem Kapitel auch »**Personalabbau**« (vgl. Kapitel 5.5) analysiert, obwohl ihr geringe Bedeutung und Veränderung bescheinigt wird (vgl. Abbildung 50).

---

237 Vgl. Kapitel 3.1 Unternehmensstrategische Integration
238 Frage: »Bitte beurteilen Sie (…) die folgenden Personalfunktionen hinsichtlich ihrer heutigen und zukünftigen strategischen Bedeutung.«
239 Analog dazu wurde in der Euro-Personal-Umfrage 1999 des Cranfield-Projects Personalentwicklung als zentrale Herausforderung für das schweizerische Personalmanagement identifiziert (vgl. Hilb/Lombriser 1999).
240 Vgl. Kapitel 2.1 Wirtschaft und Kommunikationstechnologie

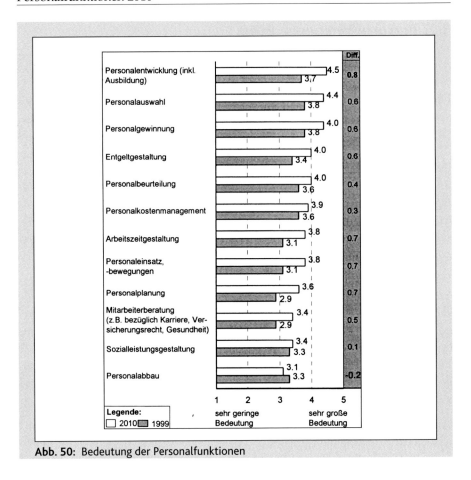

Abb. 50: Bedeutung der Personalfunktionen

5.1 Personalmarketing und -auswahl

5.1.1 Ergebnisthesen

42. **Verbessertes »Standing« des Personalmarketings**: Auch wegen der prognostizierten Arbeitsmarktentwicklung gewinnt die Institutionalisierung und Professionalisierung des Personalmarketings an Bedeutung. Personalmarketing wird 2010 auch deutlich besser mit der Unternehmensstrategie abgestimmt.

43. **Die Personalauswahl verliert ihre Vormachtstellung vor Personalentwicklung und -einsatz**: Unter dem Einfluss der Arbeitsmarktentwicklung, der zunehmenden Dynamik in Unternehmen und Unternehmensumwelt sowie der – im Zuge des Wertewandels – veränderten Ansprüche der Arbeitnehmer werden Personalentwicklung und -einsatz wichtiger.

44. **Auswahlproblem 2010: mangelnde Qualifikation und Loyalität**: Aufgrund verschiedener, sich gegenseitig verstärkender Einflüsse wird es schwieriger, qualifizierte und zugleich loyale Mitarbeiterinnen und Mitarbeiter zu finden. Die Suche nach geeigneten Arbeitskräften muss daher auch international ausgeweitet werden.

45. **Bei den Auswahlinstrumenten wenig Neues**: Gegenwärtig und zukünftig im Vordergrund stehen in schweizerischen Unternehmen: Analyse der Bewerbungsunterlagen, Vorstellungsgespräch sowie – bei interner Auswahl – die Personalbeurteilung. Zugleich werden Assessment Center, Testverfahren und Übungen wie Fallbearbeitung und Planspiele 2010 vermehrt eingesetzt.

5.1.2 Einführung

Personalmarketing wird mit zunehmender unternehmensstrategischer Bedeutung des Arbeitsmarktes wichtiger.[241] »Das Unternehmen inklusive Arbeitsplatz (Produkt) muss an gegenwärtige und zukünftige Mitarbeiter (Kunden) ›verkauft‹ werden, wobei die Unternehmenskultur (Produkteigenschaft) eine entscheidende Rolle spielt«[242] (vgl. Abbildung 51).

---

241 Vgl. Bartscher/Fritsch 1992, Sp. 1747
242 Scholz 2000, S. 419

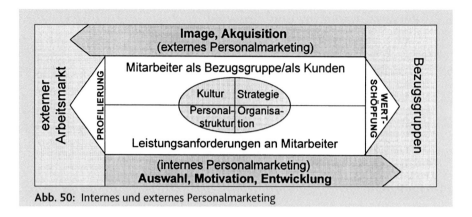

Abb. 50: Internes und externes Personalmarketing

Personalmarketing beginnt bei der Gestaltung von grundlegenden Dimensionen einer Unternehmung – ihrer Kultur, Strategie, Organisation und Personalstruktur. Im Sinn eines »impliziten Personalmarketings«[243] sollen diese Dimensionen sowohl einen optimalen Beitrag zur Wertschöpfung für die zentralen Bezugsgruppen leisten als auch das Unternehmensprofil am Arbeitsmarkt glaubwürdig zum Ausdruck bringen.[244]

Wir verstehen unter Personalmarketing v. a. die Philosophie und Strategie eines HRM, die einerseits auf die Bedürfnisse der Arbeits- und Lebenssituation ausgerichtet ist und andererseits mit der gesamten Unternehmenspolitik und damit auch mit dem Absatz- und Finanzmarketing abgestimmt wird.[245]

Ziel des Personalmarketings ist die Entwicklung und Umsetzung eines **integrierten** Konzeptes, das bestehende Mitarbeiter des internen und potentielle des externen Arbeitsmarktes gleichermaßen anspricht, dabei eine Position im externen Arbeitsmarkt sichert und zur Wertschöpfung der Unternehmung beiträgt. Es legt ein **Profil** fest, das ökonomische Interessen des Unternehmens und legitime Bedürfnisse von bestehenden und potentiellen Mitarbeitern **gleichwertig** berücksichtigt.

Dies setzt voraus, dass Mitarbeiter als **Bezugsgruppe** der Unternehmung verstanden und in ihren Wertvorstellungen, Motiven, Bedürfnissen und Interessen ernst genommen werden. Von zentraler Bedeutung ist ihre **Leistungsbereitschaft**. Der Beitrag einer sinnvollen Leistung und

---

243 Scholz 2000, S. 422
244 Vgl. Staffelbach 1986
245 Vgl. Wunderer 1999b, S. 117

damit das Selbstverständnis, ein nützliches Mitglied der Unternehmung zu sein, ist ein grundlegendes Bedürfnis von Mitarbeitern.[246] Deshalb sind Mitarbeiter dadurch zu gewinnen und zu binden, dass sie die Chance zur Verwirklichung eines großen Teils ihrer Bedürfnisse erhalten und zugleich die Unternehmensziele unterstützen können.

Ergänzend zum Unternehmensprofil stellt das Personalmarketing **operative Instrumente** zur gezielten **Imagebildung** und **Akquisition** von neuen Mitarbeitern am **externen Arbeitsmarkt** bereit.[247] Dabei spielen immaterielle und v. a. emotionale Aspekte eine entscheidende Rolle.[248]

Führungskräfte werden zukünftig stärker Aufgaben der Personalentwicklung übernehmen müssen. Dazu gehört im Sinn eines »on-the-job-learning« auch die Mitgestaltung des Arbeitsplatzes. Dieser ist jedoch das **Produkt** des Personalmarketings, das es auf **attraktive und effiziente Bedingungen** hin zu analysieren, zu gestalten und zu kommunizieren gilt.[249] Deshalb ist Personalmarketing auch **Aufgabe jeder Führungskraft**,[250] wobei die Personalabteilung unterstützende Marketingdienste anbietet.[251] Je bedeutender unternehmensinterne Arbeitsmärkte werden, desto wichtiger wird neben dem externen ein »**internes Personalmarketing**«, das Mitarbeiter mit geeignetem Potential **anspricht** und zur langfristigen Leistungsbereitschaft **motiviert**.

Die **Personalauswahl** strebt »die größtmögliche Übereinstimmung des Eignungsprofils der Bewerber mit dem (…) stellenspezifischen Anforderungsprofil an«[252]. Entscheidend für das Personalmarketing ist, wie weit es auf die Bedürfnisse der internen und externen Mitarbeiter eingeht, wie weit es intern und extern kommuniziert wird und wie weit die Auswahlkriterien auf eine optimale Wertschöpfung ausgerichtet werden.

---

246 Vgl. Kapitel 2.3 Gesellschaftliche Werte; vgl. Ulrich/Fluri 1995, S. 166
247 Vgl. Drumm 1995, S. 280
248 Vgl. Scholz 2000, S. 420
249 Vgl. Wunderer 1999b, S. 118
250 Vgl. Strutz 1989, S. 14
251 Vgl. Kapitel 7.1 Organisation des Personalmanagements
252 Hilb 2007, S. 67

5.1.3 Einzelergebnisse

Zunächst wurde nach der Bedeutung eines institutionellen und professionellen Personalmarketings[253] sowie nach dessen Abstimmung mit der Unternehmensstrategie[254] gefragt.

Ergebnisthese 42:	Verbessertes »Standing« des Personalmarketings

Personalmarketing erhält zukünftig einen höheren Stellenwert:

* Der **Institutionalisierung** und **Professionalisierung** des Personalmarketings wird ein **großer Bedeutungszuwachs** (+0.9) sowie eine **hohe Bedeutung** (4.3) im Jahr 2010 bescheinigt. Diese Einschätzung dürfte mit der prognostizierten Arbeitsmarktsituation und dem verstärkten Kampf um die besten Arbeitskräfte zusammenhängen.

* Es wird erwartet, dass der gegenwärtig geringe **Abstimmungsgrad** des Personalmarketings mit der Unternehmensstrategie (2.6) bis 2010 **deutlich ansteigt** (+ 1.2). Diese Feststellung stützt die Prognose, dass die Personalstrategie Teil der Unternehmensstrategie wird.[255]

Ergebnisthese 43:	Die Personalauswahl verliert ihre Vormachtstellung vor Personalentwicklung und -einsatz

Personalauswahl, Personalentwicklung und Personaleinsatz können auch als funktionale Äquivalente zur Erreichung ökonomischer und sozialer Effizienz betrachtet werden: So setzen im Dienste der Unternehmensziele manche Unternehmen hauptsächlich auf die Gewinnung und Selektion externer Mitarbeiter, andere auf die Entwicklung und Förderung vorhandener Potentiale, und wieder andere bevorzugen die Opti-

---

253 Frage: »Bitte beurteilen Sie die heutige und zukünftige Bedeutung eines institutionellen und professionellen Personalmarketings (systematische Analyse, Kommunikation und Verbesserung der Attraktivität der Arbeit, des Arbeitsplatzes und der Arbeitsbedingungen) zur Gewinnung und Bindung von Mitarbeitern.«

254 Frage: »Bitte beurteilen Sie, inwieweit Personalmarketing bzw. die Personalgewinnung in schweizerischen Groß- und Mittelunternehmen heute und im Jahr 2010 im Durchschnitt mit der Unternehmensstrategie abgestimmt ist.«

255 Vgl. Kapitel 3.1 Unternehmensstrategische Integration

mierung des Personaleinsatzes. Den Ausgangspunkt bildete deshalb die Frage nach der Bedeutung der Personalauswahl im Vergleich zur Personalentwicklung und zum Personaleinsatz.[256] Abbildung 52 zeigt die Antwortverteilung.

Personalauswahl vs. -entwicklung:	Häufigkeits- verteilung		Differenz
	1999	2010	
• Personalauswahl wichtiger	68 %	8 %	– 60 %
• Personalentwicklung wichtiger	4 %	24 %	20 %
• beide gleich wichtig	28 %	68 %	40 %
Personalauswahl vs. -einsatz:			
• Personalauswahl wichtiger	52 %	12 %	– 40 %
• Personaleinsatz wichtiger	24 %	32 %	8 %
• beide gleich wichtig	24 %	56 %	32 %

Abb. 52: Bedeutung von Personalauswahl, -entwicklung und -einsatz

Rangiert Personalauswahl nach mehrheitlicher Meinung heute noch vor **Personalentwicklung** und **-einsatz**, so werden diese Funktionen **stark an Bedeutung gewinnen**. Hierfür sind mehrere Gründe denkbar:

• Im Zuge der ungünstigen Arbeitsmarktentwicklung wird das Auswahlpotential knapper.

• Angesichts der hohen Dynamik in den Unternehmen und Umwelten ist die Auswahl bestimmter Qualifikationen nicht mehr hinreichend. Vielmehr müssen diese beständig weiterentwickelt und den laufenden Veränderungen angepasst werden.

• Entwicklungsmöglichkeiten sowie eignungs- und neigungsgerechter Einsatz sind hohe Ansprüche der Mitarbeiterinnen und Mitarbeiter von morgen.[257]

---

256 Frage: »Bitte beurteilen Sie, welche Bedeutung die Personalauswahl gegenüber den Funktionen Personalentwicklung und Personaleinsatz heute und im Jahr 2010 hat.«
257 Vgl. Kapitel 2.3 Gesellschaftliche Werte

Ergebnisthese 44: **Auswahlproblem 2010:**
Mangelnde Qualifikation und Loyalität

Bei der Frage nach den Schwierigkeiten der Personalauswahl im Jahr 2010[258] verweisen nur wenige auf eignungsdiagnostische Probleme. Vielmehr wurden zwei Aspekte besonders hervorgehoben:

- Es wird schwieriger, **qualifizierte Arbeitskräfte** zu finden. Ursachen hierfür sind steigende Anforderungen (z. B. erhöhte Mobilität und Flexibilität), die zunehmende Anforderungsvielfalt sowie die demographische Entwicklung. Infolgedessen muss auch die Arbeitskräftesuche international ausgeweitet werden. Der drohende »War for Talents« kann auch zu erhöhtem Lohndruck führen.

- Gleichfalls bereitet die Gewinnung von **Mitarbeitern mit großer Loyalität und hoher Firmenbindung** zunehmend Probleme. Nach Ansicht der Befragten wächst – unter dem Einfluss sinkender Beschäftigungssicherheit – der Trend, sich vorrangig mit Aufgaben oder Tätigkeiten, aber weniger mit dem Gesamtunternehmen zu identifizieren.

Ergebnisthese 45: **Bei den Auswahlinstrumenten wenig Neues**

Abschließend wurde die Verwendung verschiedener Auswahlinstrumente untersucht (vgl. Abbildung 53).[259]

Auch künftig werden klassische Verfahren, wie **Analyse der Bewerbungsunterlagen**, **Vorstellungsgespräch** sowie – bei interner Auswahl – die **Personalbeurteilung**, bevorzugt.

Verfahren, die tiefere Einblicke in Persönlichkeit und/oder Verhaltensmuster versprechen – nämlich **Assessment Center**, **Testverfahren** und **Übungen** – verzeichnen aber beachtliche **Zuwachsraten** (+0.7). Diese Entwicklung dürfte mit dem Bedeutungsanstieg extrafunktionaler Qualifikationen zusammenhängen, deren Relevanz durch die zunehmende Verwendung unternehmerischer Schlüsselkompeten-

---

258 Frage: »Bitte skizzieren Sie kurz die drei zentralen Probleme der Personalauswahl im Jahr 2010.«

259 Frage: »Bitte beurteilen Sie, in welchem Maße folgende Auswahlinstrumente in schweizerischen Unternehmen gegenwärtig und zukünftig verwendet werden.«

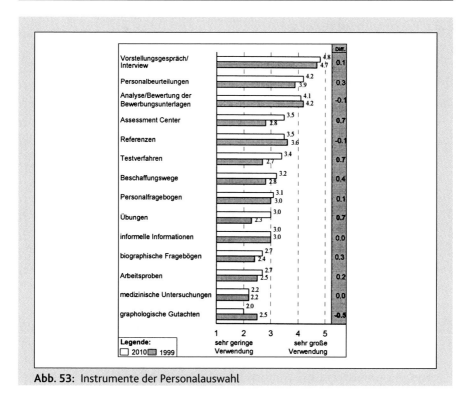

Abb. 53: Instrumente der Personalauswahl

zen im Rahmen von Auswahlprozessen[260] unterstrichen wird. Graphologischen Gutachten, die in der Schweiz eine lange Tradition haben, wird dagegen sinkende Bedeutung bescheinigt.

---

260 Vgl. Kapitel 3.2 Förderung des internen Unternehmertums

5.2 Personalbeurteilung

5.2.1 Ergebnisthesen

46. **Potentialbeurteilung gewinnt an Bedeutung, Leistungsbeurteilung bleibt wichtig**: Mit der steigenden Relevanz von Personalentwicklung und -einsatz wird besonders die Potentialbeurteilung als zentrale Informationsquelle für Entwicklungs- und Einsatzentscheidungen wichtiger. Die Leistungsbeurteilung kann ihren hohen Stellenwert behaupten.

47. **Trend zur Mehrpersonenbeurteilung**: Wenngleich Vorgesetzte auch im Jahr 2010 die wichtigsten Beurteiler sind, werden insb. Kunden, Kollegen sowie Mitarbeiter in deutlich zunehmendem Maße in Personalbeurteilungsprozesse integriert. Diese Entwicklung in Richtung 360°-Beurteilung verspricht eine ganzheitlichere und vermehrt objektive Beurteilung von Leistung und Verhalten.

48. **Verhaltensaspekte finden Eingang in Mitarbeitergespräche**: Neben den weiter dominierenden klassischen Inhalten wie »Beurteilung der Zielerreichung«, »Vereinbarung zukünftiger Ziele« oder »Vereinbarung von Förder- und Weiterbildungsmaßnahmen« wird das Mitarbeiter-, Kollegen- und Vorgesetztenverhalten zunehmend einbezogen.

5.2.2 Einführung

Institutionalisierte und zielorientierte Beurteilungssysteme erfüllen im Rahmen des Personalmanagements eine **erfolgskritische Funktion**. Mit »Personalbeurteilung« ist »eine innerbetriebliche, systematische Urteilsbildung über Mitglieder von Organisationen hinsichtlich ihrer **Leistungen** (Verhalten und Ergebnisse) und ihrer **Potentiale**«[261] gemeint. Während die Leistungsbeurteilung die Erfassung individueller Leistung anstrebt, will die Potentialbeurteilung unternehmensweite und individuelle Potentiale der Mitarbeiter feststellen und fördern (vgl. Abbildung 54).

Eine objektivere und konstruktive Beurteilung verspricht das von *Hilb* entwickelte mehrstufige **360°-Konzept**, nach dem in sechs Stufen alle direkten Kooperationspartner an der Leistungsbeurteilung mitwirken:[262]

---

261 Wunderer 2007, S. 326 (Hervorhebung d.V.)
262 Vgl. Hilb 1999, S. 81ff.

Differenzierungs-merkmale	Leistungsbeurteilung	Potentialbeurteilung
Zweck	Erfassung und Bewertung der Zielerreichung, der **Leistungs-ergebnisse** sowie des **Leistungs-** und **Sozialverhaltens** von Mitarbeitern in ihrer **gegenwärtigen Arbeitssituation** Sie dient als Grundlage für: • fundierte und umfassende Kommuni-kation über Leistungsziele (Management by Objectives) • offene und systematische Informationen des Mitarbeiters • Rückkopplungsinformationen für den Vorgesetzten • Anregungen für Leistungs- und Verhaltensänderungen • Begründung von leistungsbezogenen Anreizentscheidungen	Unternehmensbereichsweite oder indivi-duelle Feststellung und Prognose des **Qualifikationspotentials** der Mitarbeiter für **zukünftige Arbeitssituationen** Sie dient als Grundlage für: • Entscheidungen zur Aufgaben- und Kompetenzverteilung, Einsatzplanung, Beförderung, Laufbahnplanung sowie für Entwicklungs- und Fördermaßnahmen • Aufbau eines Personalinformations-systems • Aufbau eines Personalplanungs-systems • Organisationsanalyse und -gestaltung
Zeithorizont	**Vergangenheitsorientierte** Leistungs-erfassung, **kurzfristige** Beurteilungs-periode (mind. 1 mal jährlich)	**Zukunftsorientierte** Qualifikationsprog-nose, **mittelfristige** Beurteilungsprog-nose (alle 2-5 Jahre)
Beurteilung	Ziel- und ergebnis- bzw. funktions-bezogene Bewertungskriterien; ergänzend eigenschafts-, verhaltens- und kenntnisbezogen	Kenntnisbezogene sowie eigenschafts-orientierte Bewertungskriterien, ergänzend ergebnisbezogen
Standardi-sierungsgrad	Mehrere Varianten möglich; von offen bis vollstandardisiert	Tendenziell standardisiertes Beurtei-lungsverfahren, um Vergleich- und Auswertbarkeit zu erhöhen
Auswertung	Auswertung nach Organisationsein-heiten und Zielgruppen von Mitarbeitern	Auswertung der Ergebnisse nach Funktions-, Positions-, und Mitarbeiter-gruppen, teilweise in Portfolios
Zuständigkeit	Direkter und nächsthöherer Vorgesetz-ter, beurteilter Mitarbeiter, evtl. auch Ar-beitskollegen, Kunden, Projektgruppen-mitglieder	Vorgesetzte, Personalspezialisten sowie zusätzliche Organisationsmitglieder als Beurteiler

Abb. 54: Leistungs- und Potentialbeurteilung[263]

1. **Selbstbeurteilung** des Mitarbeiters

2. Fremdbeurteilung des Mitarbeiters durch den **Vorgesetzten**

3. Einsicht des **nächsthöheren Vorgesetzten** in die Konsensbeurteilung, die sich aus den Stufen 1 und 2 ergibt und mit dem Vorgesetzten im Vergleich zu anderen Mitarbeitern besprochen wird

4. Fremdbeurteilung des Mitarbeiters durch die **Geführten** – sofern es sich um Führungskräfte handelt

5. Fremdbeurteilung des Mitarbeiters durch die **Arbeitskollegen**

6. Fremdbeurteilung des Mitarbeiters durch **interne und externe Kunden**.

---

263 Wunderer 2007, S. 328

Das Mitarbeitergespräch[264] ist zur Durchführung dieses Konzeptes besonders geeignet. Es dient als wichtiges Instrument der Führung, Beurteilung, Förderung und Entwicklung von Leistung und Verhalten des Mitarbeiters. Das Gespräch ist systematisch und konsequent von Führungskräften und Mitarbeitern vorzubereiten, durchzuführen und umzusetzen. Dabei bestimmt der Reifegrad der Mitarbeiter und Führungskräfte die Gestaltung, Offenheit der Gesprächsstrukturierung sowie den Einsatz von Gesprächstechniken.

Der Reifegrad misst sich an der Bereitschaft und der Fähigkeit zur Gestaltung eines kooperativen Gesprächs aller Beteiligten. Während in traditionellen Beurteilungsverfahren das Feedback durch den direkten Vorgesetzten nur von oben nach unten erfolgt, wird in einer kooperativen Führungsbeziehung ein partnerschaftlicher Dialog geführt. Dabei wird durch wechselseitige Rückmeldung die konstruktive Kommunikation erhöht. Die Führungskraft nimmt u. a. die Rolle des Coaches und Mentors ein. Der Mitarbeiter soll sich selbst einschätzen und führen sowie seinen Vorgesetzten beurteilen und beraten. Im Rahmen dieser wechselseitigen Führungsfunktion werden folgende Führungsaufgaben erfüllt:

- kooperative Vereinbarung und Beurteilung der Ziele und Ergebnisse

- wechselseitige Beurteilung der Arbeits- und Führungssituation, des Mitarbeiter- und z. T. des Vorgesetztenverhaltens

- Vereinbarung von Förder- und Weiterbildungsmaßnahmen

- Verbindung mit weiteren Führungsaufgaben (z. B. Empowerment, Qualifizierung, Motivierung bzw. Abbau von Motivationsbarrieren).

5.2.3 Einzelergebnisse

Untersucht wurden die Personalbeurteilung sowie speziell das Mitarbeitergespräch als zentrales Instrument der Personalbeurteilung.

Ergebnisthese 46: **Potentialbeurteilung gewinnt an Bedeutung, Leistungsbeurteilung bleibt wichtig**

---

264 Vgl. Wunderer 2007, S. 338ff.

Die Befragten schätzten die Bedeutung der beiden Kernbereiche Potential- und Leistungsbeurteilung so ein:[265]

- Die **Potentialbeurteilung** hat gegenwärtig allenfalls mittlere Bedeutung (2.8), wird aber bis zum Jahr 2010 einen erheblichen Bedeutungszuwachs (+1.3) erfahren. Diese Feststellung korrespondiert mit der steigenden Relevanz von Personalentwicklung und Personaleinsatz,[266] für die die Potentialbeurteilung wichtige Daten liefert.

- Die **Leistungsbeurteilung**, die auch Bemessungsgrundlage variabler Entgeltanteile ist, bleibt bedeutsam (1999: 4.0, 2010: 4.2).

Ergebnisthese 47:	Trend zur Mehrpersonenbeurteilung

Im Dienste einer ganzheitlichen und intersubjektiven Beurteilung wird in der Literatur der Einsatz mehrerer Beurteiler empfohlen.[267] Neben Vorgesetzten als klassische Beurteiler kommen dabei insb. Kollegen, Mitarbeiter (bei Führungspositionen), Kunden, Personalfachleute sowie Externe (z. B. Berater oder Psychologen) in Frage. Die Befragten sollten beurteilen, wie bedeutsam sie die Beteiligung dieser Personengruppen im Rahmen der Personalbeurteilung halten.[268]

Wie Abbildung 55 zeigt, sind und bleiben Vorgesetzte nach Meinung der Befragten die wichtigsten Personen im Beurteilungsprozess. Gleichwohl gewinnt die Integration weiterer Gruppen an Bedeutung. Insb. **Kunden, Kollegen** sowie **Mitarbeiter** werden deutlich vermehrt in Beurteilungsprozesse involviert – v. a. wegen zwei Faktoren:

- **organisationale Veränderungen:** So werden z. B. in dezentraleren Strukturen und bei zunehmender Netzwerksteuerung Kunden, Kollegen und Mitarbeiter zu erfolgskritischen Kooperationspartnern, die Leistung und Verhalten einer Person kompetent beurteilen können.

- **Werteentwicklung:** Eine Mehrpersonenbeurteilung findet bei den – im Zuge des Wertewandels – zunehmend (autoritäts-)kritischen Mitarbeiterinnen und Mitarbeitern größere Akzeptanz.

---

265 Frage: »Bitte beurteilen Sie die gegenwärtige und zukünftige Bedeutung von Potential- und Leistungsbeurteilung.«
266 Vgl. Kapitel 5.1 Personalmarketing und -auswahl
267 Vgl. z. B. Hilb 2007, S. 81ff.
268 Frage: »Bitte beurteilen Sie, welche Bedeutung die Einbeziehung folgender Personengruppen bei der Personalbeurteilung heute und im Jahr 2010 hat.«

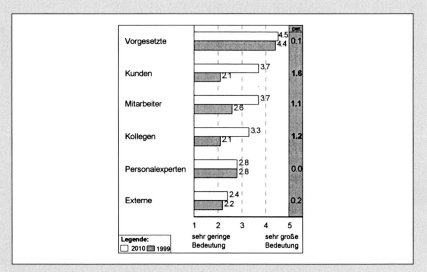

Abb. 55: Einbezug verschiedener Personengruppen bei der Personalbeurteilung

Ergebnisthese 48: Verhaltensaspekte finden Eingang in Mitarbeitergespräche

Beim Thema »Mitarbeitergespräch« wurde nach zentralen Inhalten[269] und Problempotentialen[270] gefragt. Weiterhin werden klassische aufgabenbezogene Themen wie »Beurteilung der Zielerreichung/Aufgabenerfüllung«, »Vereinbarung zukünftiger Ziele/Aufgaben« sowie »Vereinbarung von Förder- und Weiterbildungsmaßnahmen« im Zentrum stehen. Neben diesen »Hard Factors« werden deutlich stärker Verhaltensaspekte einbezogen. Dabei wird auch das Verhalten von Vorgesetzten und Kollegen beurteilt (vgl. Abbildung 56).

---

269 Frage: »Bitte beurteilen Sie nun, inwieweit folgende Aspekte gegenwärtig und zukünftig Gegenstand von Mitarbeitergesprächen in schweizerischen Unternehmen sind.«

270 Frage: »Bitte nennen Sie die zwei größten Problempotentiale des Mitarbeitergesprächs.«

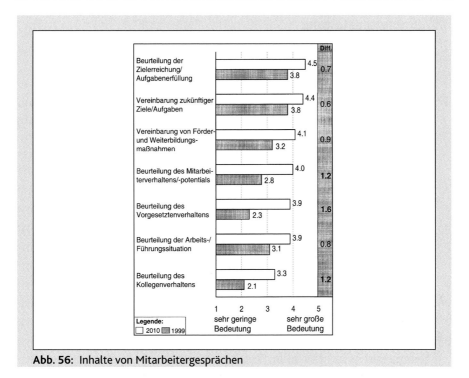

Abb. 56: Inhalte von Mitarbeitergesprächen

Im Zusammenhang mit dem **Mitarbeitergespräch** wurden folgende personell wie strukturell bedingte **Problempotentiale** identifiziert:

- Ein offenes und konstruktives Feedback verlangt **hohe Kompetenz** und **Motivation des Vorgesetzten**. Beide Voraussetzungen sind nicht zwangsläufig gegeben. Außerdem ist eine **gezielte** und **zeitaufwendige Vorbereitung** des Mitarbeitergesprächs notwendig. Dies ist für die oft stark beanspruchten Führungskräfte eine zusätzliche Belastung.

- Die Beurteilung von **Verhaltenskomponenten** und »**Soft Factors**« erscheint aufgrund des großen Interpretationsspielraums generell schwierig. Besonders problematisch – weil mit Befürchtungen verknüpft – ist die **Beurteilung des Vorgesetztenverhaltens**. Die notwendige Vertrauensbasis ist nicht immer gegeben.

- Es ist schwierig, adäquate **operationale Zielvereinbarungen** zu finden, auch weil sie schnell veralten.

- Die systematische und konsequente **Verknüpfung mit Folgemaßnahmen** fehlt oftmals.

5.3 Entgeltgestaltung

5.3.1 Ergebnisthesen

49. **Entgeltgestaltung aus Mitarbeiterperspektive – hohe Bedeutung, steigende Zufriedenheit**: Wenngleich infolge der Werteentwicklung immaterielle Anreize die stärkste Motivationswirkung versprechen, bleibt die Entlohnung für alle Mitarbeitergruppen wichtig. Die gegenwärtig mittelhohe Zufriedenheit mit der Entgeltgestaltung wird sich leicht verbessern. Allerdings sind Mitarbeiter ausführender Ebene auch künftig am wenigsten damit zufrieden.

50. **Starke Zuwächse bei Unternehmenserfolgs- und Leistungsgerechtigkeit**: Marktgerechtigkeit wird bei den Gerechtigkeitskriterien weiterhin dominieren. Unternehmenserfolgs- und Leistungsgerechtigkeit verdrängen die Anforderungsgerechtigkeit von ihrem zweiten Rang. Soziale Gerechtigkeit bildet zukünftig das Schlusslicht der Rangskala.

51. **Leistung wird vermehrt honoriert**: Mit verstärkter Leistungsgerechtigkeit wird bei allen Arbeitnehmergruppen der leistungsabhängige Teil der Entlohnung zunehmen. Dabei wird sich die Spannbreite zwischen durchschnittlich 42 % (bei oberen Führungskräften) und 14 % (bei Mitarbeitern ausführender Ebene) des Gehalts bewegen.

52. **Mehr Erfolgs- und Kapitalbeteiligung**: Erfolgs- und Kapitalbeteiligung werden bei allen Arbeitnehmergruppen vermehrt Anwendung finden. Führungskräfte partizipieren aber auch 2010 am stärksten am Unternehmenserfolg und -kapital.

5.3.2 Einführung

Die **Entlohnung** hat einen hohen Stellenwert.[271] Die Tatsache, für den Unterhalt anderer verantwortlich zu sein oder sich auch Luxus leisten zu können, sind gute Gründe dafür, das Verhalten an der Entlohnung auszurichten. Deshalb lässt sich die Verhaltenssteuerung besser realisieren, wenn sie mit geeigneten Lohnsystemen verbunden wird.[272]

---

271 Opaschowski 1997, S. 46
272 Vgl. Ulich 1994, S. 449ff.

Bisher besteht ein direkter Zusammenhang zwischen organisatorischen Prinzipien und Honorierungsinstrumenten. In bürokratischen bzw. technokratischen Strukturen wurden die Löhne nach den **Anforderungen** der jeweiligen Funktion und – im Produktionsbereich – nach der **Mengenleistung** bezahlt. Hinzu kamen Lohnanteile, die sich nach der **hierarchischen Stellung**, dem **Lebensabschnitt** oder -alter und dem **Sozialstatus**, wie Familienstand, zusammensetzten.[273]

Seit Organisationen flexibler werden und ihre Produkte und Dienstleistungen verstärkt an den Kundenbedürfnissen orientieren müssen, wollen sie ihre Mitarbeiter zu qualitativ hochwertiger Leistung anhalten und legen deshalb größeres Gewicht auf **leistungsabhängige** Entlohnung. Weil auch in flexiblen Organisationen Hierarchie, Stellenanforderung, Alter und der soziale Stand wichtig bleiben, gehen die bisherigen Lohnkomponenten nicht verloren, werden jedoch geringer gewichtet.

Leistungsabhängige Entlohnung wird unterschiedlich realisiert. Neben traditionellen Ansätzen wie Leistungszulagen, Prämien- und Akkordlohn kommen **Cafeteria-Systeme**, **Erfolgs-** und **Kapitalbeteiligungen** in Betracht.[274] Diese Konzepte streben eine Synthese von Unternehmens- und Mitarbeiterinteressen an. Erfolgs- und Kapitalbeteiligungen wollen die Arbeitsleistung der Mitarbeiter auf übergeordnete unternehmerische Ziele ausrichten, indem ihre Entlohnung z. B. auch von Umsatz oder Gewinn abhängig gemacht wird.[275] Beim Cafeteria-System kann der Mitarbeiter innerhalb eines vorgegebenen Budgets nach seinen Bedürfnissen zwischen verschiedenen Entgeltbestandteilen wählen.

Zukünftig müssen Honorierungssysteme veränderten Anforderungen gerecht werden:[276]

Durch **wechselnde Projektarbeiten** werden sich Arbeitsstellen schneller im Inhalt und in ihrem Standort ändern. Wichtiger werden deshalb die **unternehmerischen Potentiale** der Person und deren genereller **Beitrag zur Wertschöpfung** der Unternehmung.

Häufig ist eine eindeutige Zuordnung auf Führungs- und Geführtenrollen nicht mehr möglich. In Abhängigkeit von den jeweiligen Projekten kann sowohl ein Vorgesetzter als auch ein qualifizierter Mitarbeiter

---

273 Vgl. Scholz 2000, S. 734
274 Vgl. Scholz 2000, S. 753ff.
275 Vgl. Scholz 2000, S. 756
276 Vgl. Scholz 2000, S. 758f.

für die Arbeit verantwortlich sein. Hier ist dann eine **hierarchische Bindung der Entlohnung nicht mehr angemessen.**[277]

Lohngerechtigkeit nimmt auch im **internationalen Kontext** eine entscheidende Stellung ein. Dabei darf man nicht nur über die absolute Höhe der Gehälter diskutieren, weil diese in verschiedenen **landeskulturellen** Kontexten unterschiedliche Bedeutung haben. Dies wird beispielsweise bei der Entlohnung des Top-Managements deutlich. Dazu schreibt *Scholz*: »Während in den USA die Chief Executive Officers (CEO) als exponierte Vertreter ihrer Unternehmen permanent einer breiten Öffentlichkeit ausgesetzt sind, verstecken sich deutsche Vorstände hinter der Undurchschaubarkeit ihres Kollektivs. Unternehmenskulturell und landeskulturell bestehen in Deutschland Strukturen, die eine marktliche Vergütung von Top-Führungskräften gar nicht zulassen.«[278]

Deshalb muss das Personalmanagement ein Honorierungssystem entwickeln, das persönliche Potentiale und Leistungen belohnt, zu Gruppenarbeit motiviert und kulturell verschiedene Wertvorstellungen beachtet.

5.3.3 Einzelergebnisse

Die Entgeltgestaltung bleibt eine der wichtigsten Personalfunktionen. Anschließend werden folgende Ergebnisschwerpunkte diskutiert: **Beurteilung der Entgeltgestaltung durch die Mitarbeitenden, Kriterien der Entgeltgestaltung, leistungsabhängige Lohndifferenzierung** sowie **Erfolgs- und Kapitalbeteiligung.**

Ergebnisthese 49:	**Entgeltgestaltung aus Mitarbeiterperspektive – hohe Bedeutung, steigende Zufriedenheit**

Wenngleich heute intrinsische Anreize, wie Spaß und Sinngehalt der Tätigkeit, am stärksten motivieren,[279] zeigt die Werteforschung, dass Entlohnung wichtig bleibt. Deshalb fragten wir differenziert nach Bedeutung und Zufriedenheit mit der Entgeltgestaltung (vgl. Abbildung 57).[280]

---

277 Vgl. Scholz 2000, S. 759
278 Scholz 2000, S. 769
279 Vgl. Kapitel 2.3 Gesellschaftliche Werte
280 Frage: »Bitte beurteilen Sie, welche Bedeutung folgende Mitarbeitergruppen der Entgeltgestaltung beimessen und wie zufrieden sie mit der Entgeltgestaltung ihres Arbeitgebers sind.«

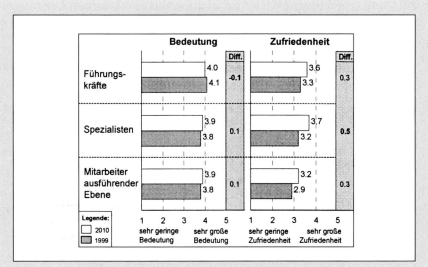

Abb. 57: Entgeltgestaltung in der Schweiz – Beurteilung aus Mitarbeiterperspektive

Nach Ansicht der Personalchefs hat die Entgeltgestaltung für **alle Mitarbeitergruppen hohe Bedeutung.** *Opaschowskis* Feststellung, dass das Einkommen für Arbeiter wichtiger sei als etwa für leitende Angestellte und höhere Beamte,[281] wird somit nicht bestätigt. Gruppenspezifische Unterschiede zeigen sich dagegen in der Zufriedenheit mit der Entgeltgestaltung. So sind Führungskräfte und Spezialisten nach Einschätzung der Befragten tendenziell zufriedener mit der Entgeltgestaltung als Beschäftigte auf ausführender Ebene. Generell wird aber bei allen Mitarbeitergruppen mit **wachsender Zufriedenheit** gerechnet.

Der Entgeltgestaltung werden i.d.R. folgende Gerechtigkeitskriterien zugrunde gelegt:[282]

Ergebnisthese 50: **Starke Zuwächse bei Unternehmenserfolgs- und Leistungsgerechtigkeit**

• **Anforderungsgerechtigkeit**: Der Lohn soll den Anforderungen für eine definierte Tätigkeit an einem Arbeitsplatz entsprechen.

---

281 Vgl. Opaschowski 1997, S. 44
282 Vgl. Schettgen 1996, S. 292f; Hilb 2007, S. 96ff.

- **Leistungsgerechtigkeit:** Der Lohn muss die persönlichen Leistungen angemessen berücksichtigen.

- **soziale Gerechtigkeit:** In das Entlohnungskalkül sollen auch Alter, Familienstand, Betriebszugehörigkeit oder Ähnliches einbezogen werden.

- **Marktgerechtigkeit:** Bei der Lohnfestsetzung ist der aktuelle Marktwert der Beschäftigten zu berücksichtigen.

- **Unternehmenserfolgsgerechtigkeit:** Mitarbeitende sollen am Unternehmenserfolg beteiligt werden.

Die Befragten sollten beurteilen, inwieweit diese Kriterien in die Entgeltgestaltung in schweizerischen Firmen einfließen (vgl. Abbildung 58).[283]

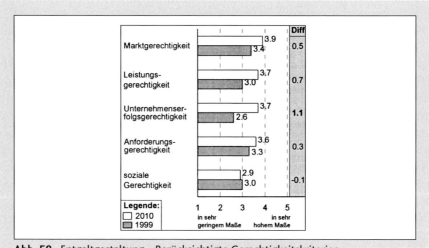

Abb. 58: Entgeltgestaltung – Berücksichtigte Gerechtigkeitskriterien

Die Prognose entspricht Entwicklungen in Unternehmensumwelt und Unternehmen: So verzeichnet die soziale Gerechtigkeit unter dem Einfluss des zunehmenden Wettbewerbs- und Kostendrucks leicht rückläufige Tendenz und wird 2010 den letzten Rangplatz einnehmen. Demgegenüber wird – vermutlich wegen der zu erwartenden Arbeitsmarktsituation, verstärkter Marktsteuerung sowie der vermehrten Förderung internen Unternehmertums[284] – eine deutlich stärkere Be-

---

283 Frage: »Bitte beurteilen Sie, inwieweit folgende Gerechtigkeitskriterien bei der Entgeltgestaltung in schweizerischen Unternehmen berücksichtigt werden.«
284 Vgl. Kapitel 3.2 Förderung des internen Unternehmertums

rücksichtigung von Unternehmenserfolgsgerechtigkeit (+1.1), Leistungsgerechtigkeit (+0.7) und Marktgerechtigkeit (+0.5) erwartet.

Ergebnisthese 51: Leistung wird vermehrt honoriert

Empirische Befunde belegen die große Bedeutung der Leistungsgerechtigkeit: So klagten in einer Repräsentativbefragung des Instituts für Demoskopie in Allensbach 42 % der Befragten über nicht leistungsgerechte Entlohnung.[285] Und so werden nach der Längsschnittstudie von *Opaschowski* Leistungsprämien in den letzten Jahren vermehrt als Leistungsanreize erlebt.[286] Insofern erfüllt das Kriterium Leistungsgerechtigkeit nicht nur ökonomische Anforderungen, sondern auch Mitarbeiterinteressen. Vor diesem Hintergrund wurde nach dem Anteil des leistungsabhängigen Entgelts bei verschiedenen Mitarbeitergruppen gefragt.[287]

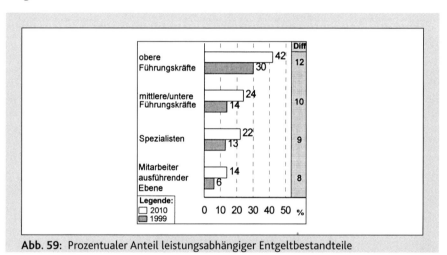

Abb. 59: Prozentualer Anteil leistungsabhängiger Entgeltbestandteile

Wie Abbildung 59 illustriert, werden obere Führungskräfte auch zukünftig als Hauptadressaten leistungsabhängiger Entgeltdifferenzierung betrachtet. Gleichwohl werden auch alle anderen Mitarbeitergruppen vermehrt nach Leistung honoriert. Diese Entwicklung harmoniert mit

---

285 Vgl. Noelle-Neumann/Köcher 1997, S. 976
286 Vgl. Opaschowski 1997, S. 208
287 Frage: »Bitte schätzen Sie, wieviel Prozent des Gehalts der leistungsabhängige Entgeltbestandteil bei den folgenden schweizerischen Arbeitnehmergruppen im Durchschnitt beträgt.«

der prognostizierten Förderung und Verbreitung unternehmerischen Denkens und Handelns auf allen Ebenen. Gleichzeitig stellt sie Führungskräfte und Personalmanagement vor die Aufgabe, »Leistung« valide und zuverlässig zu operationalisieren und zu messen.

Ergebnisthese 52:	Mehr Erfolgs- und Kapitalbeteiligung

Erfolgs- und Kapitalbeteiligung galten schon in den 50er und 60er Jahren als zentrale Gestaltungsparameter internen Unternehmertums, das damals auf die »Überwindung der Klassenkampf-Ideologie (…) und die Verwirklichung der Menschenwürde in der Betriebsverfassung«[288] ausgerichtet war. Wenngleich heute ein anderes Ziel – nämlich die unternehmenssichernde Wertschöpfung durch Nutzenstiftung für die zentralen Bezugsgruppen[289] – im Vordergrund steht, können Erfolgs- und Kapitalbeteiligung als bedeutsame Förderungsinstrumente bezeichnet werden. Uns interessierte deshalb, wie verbreitet diese Instrumente in schweizerischen Unternehmen sind.[290] Abbildung 60 zeigt die Einschätzung der Befragten.

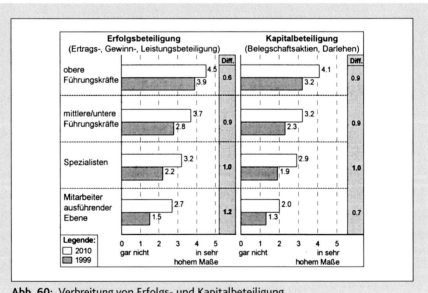

Abb. 60: Verbreitung von Erfolgs- und Kapitalbeteiligung

---

288 Gaugler 1999, S. 15
289 Vgl. Wunderer 2007, S. 95 sowie Kapitel 3.3 Wertschöpfung des Personalmanagements
290 Frage: »Bitte beurteilen Sie, inwieweit Erfolgs- und Kapitalbeteiligung in schweizerischen Unternehmen bei unterschiedlichen Mitarbeitergruppen Anwendung finden.«

Demnach werden sowohl Kapital- als auch Erfolgsbeteiligung gegenwärtig – außer im Top Management – noch wenig angewandt. Dies wird sich – analog zum prognostizierten Anstieg des internen Unternehmertums – ändern. Nach Ansicht der Befragten werden zukünftig alle Gruppen mehr am Unternehmenserfolg und -kapital partizipieren, wenngleich obere Führungskräfte die stärksten Nutznießer bleiben.

5.4 Personalentwicklung

5.4.1 Ergebnisthesen

53. **Selbstentwicklung wird Normalität**: Mitarbeitende werden in Zukunft wesentlich mehr Verantwortung für ihre Entwicklung übernehmen. Verbreitung und Akzeptanz der Selbstentwicklung steigen unter dem Einfluss individualisierter Arbeitsinhalte, häufiger Anforderungsänderungen und sinkender Beschäftigungssicherheit stark an.

54. **On-the-job-Entwicklung rückt in den Vordergrund**: Die wertschöpfungsintensiven On-the-job-Konzepte verweisen die heute dominierende Into-the-Job-Entwicklung von Platz 1 der bedeutsamsten und verbreitetsten Konzepte. Einsatz in unterschiedlichen Funktionen, Projektarbeit, Coaching, Job Enlargement sowie die Übernahme von Sonderaufgaben werden 2010 im Mittelpunkt stehen. Auch Near- und Out-of-the-job-Ansätze verzeichnen wachsende Bedeutung.

55. **Strukturelle Personalentwicklung wird wichtiger**: Aufgrund steigender Ansprüche der Mitarbeiter und erhöhter Arbeitsanforderungen gewinnt eine lern- und motivationsfördernde Gestaltung der Arbeitssituation – v. a. durch die Übertragung von Verantwortung, ganzheitliche Aufgabengestaltung und Lern- und Entwicklungsmöglichkeiten – an Bedeutung.

56. **Mehr Personalentwicklung für Führungsnachwuchs und Nichtführungskräfte**: Mit zunehmender Komplexität und Variabilität der Arbeitsinhalte, drohendem Arbeitskräftemangel sowie erhöhten Ansprüchen an die Arbeit erhalten beide Zielgruppen vermehrt Gelegenheit zur systematischen und umfassenden Entwicklung.

57. **Vorgesetzte als zentrale Personalentwickler**: Führungskräfte werden sich zukünftig mehr als Personalentwickler betätigen. Wichtige Aufgaben sind dabei: Coaching, Potentiale erkennen und fördern, delegieren, Umfeldgestaltung und Vorbildverhalten.

58. **Förderung der Lernmotivation als PE-Aufgabe**: Die Lernmotivation erscheint insb. bei Mitarbeitern ausführender Ebene und bei Führungskräften förderungsbedürftig. Zentrale Ansatzpunkte sind: Vorbildverhalten und interaktive Förderung durch Vorgesetzte, gezielte Auswahl lernmotivierter Personen sowie zielgruppengerechte und individualisierte Weiterbildungsangebote.

59. PE-Maßnahmen werden begrenzt outgesourct: Wenngleich – u. a. bedingt durch verstärkte Konzentration auf Kernkompetenzen und unzureichende Spezialkenntnisse – vermehrt Leistungen zugekauft werden, wird auch 2010 über die Hälfte der Personalentwicklungsmaßnahmen im eigenen Hause erstellt.

5.4.2 Einführung

Personalentwicklung[291] umfasst Konzepte, Instrumente und Maßnahmen der Bildung, Steuerung und Förderung der personellen Ressourcen von Organisationen, die zielorientiert geplant, realisiert und evaluiert werden.[292] Sie zielt auf die Erhaltung, Entfaltung, Anpassung und Verbesserung des Arbeitsvermögens der Human Ressourcen.[293]

Diese **Qualifizierung** des Personals wird in enger Zusammenarbeit von (Linien-)Vorgesetzten und eigenverantwortlichen Mitarbeitern realisiert. Dabei liegt die erste Verantwortung nach dem **Subsidiaritätsprinzip** bei den Mitarbeitern selbst. Als **mündige** Menschen mit eigenen Zielvorstellungen sollen sie für ihre Entwicklung selbst einstehen. Vorgesetzte leisten dabei »Hilfe zur Selbsthilfe«, Personalentwicklungsabteilungen und andere professionelle Institutionen unterstützen in dritter Instanz.

Selbstentwicklung ist in der Praxis noch kein Allgemeingut. Was, wann, wie und womit entwickelt werden soll, entscheidet die Unternehmensleitung, allenfalls die zweite Managementebene. »Delegation der Entwicklungsverantwortung« kann durch Dezentralisation bzw. Delegation von Personalmanagementaufgaben an die Führungskräfte gefördert werden. Diese sollen mit ihren Mitarbeitern Aus- und Weiterbildungsziele vereinbaren, z. B. im Rahmen des Mitarbeitergesprächs.

Adressaten des Selbstentwicklungsprinzips sind **alle** Mitarbeiter. Deren Förderung sollte zunächst und vermehrt über indirekte (strukturelle) Maßnahmen – speziell über eine entwicklungsfördernde Kultur, Strategie, Organisation und Personalstruktur – unterstützt werden. **Strukturelle Personalentwicklung** richtet sich an alle Mitarbeiter, nicht nur an das Management und an Nachwuchskräfte. Im Total-Quality-Management sowie bei der Arbeitsgestaltung in der Industrie wird dies mit Erfolg praktiziert.

---

291 Vgl. Wunderer 2007, 354ff.
292 Vgl. Neuberger 1994, S. 12; Münch 1995, S. 54; Becker 1999, S. 4
293 Vgl. Becker 1999, S. 1ff.

Zur strukturellen Personalentwicklung zählen sämtliche Förderungsmaßnahmen, die über die Gestaltung der »Arbeitssituation« Einfluss auf die Entwicklung bzw. die Lernmotivation der Betroffenen nehmen. Sie wird **ergänzt** durch **direkte (interaktive) Entwicklungskonzepte** und -aktivitäten. Maßnahmen zur direkten (interaktiven) Förderung der Qualifikation und Motivation unterstützen die Umsetzung der Entwicklungsstrategien.

Direkte Personalentwicklung lässt sich differenzieren in »Into-the-job-«, »On-the-job-«, »Parallel-the-job-«, »Near-the-job-«, »Off-the-job-« und »Out-of-the-job-Maßnahmen« (vgl. Abbildung 61).

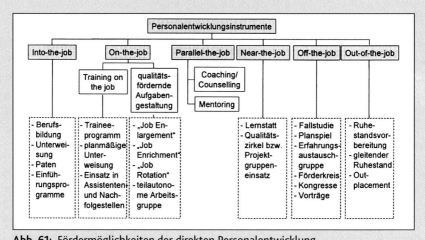

Abb. 61: Fördermöglichkeiten der direkten Personalentwicklung

5.4.3 Einzelergebnisse

Personalentwicklung wird nicht nur als die zukünftig wichtigste Personalfunktion betrachtet, sie zeigt zudem den größten Bedeutungszuwachs (+0.8). Wichtige Gründe hierfür dürften in der – durch die Umweltdynamik bedingten – Notwendigkeit zu permanentem Lernen[294], in der erwarteten Arbeitsmarktsituation[295] sowie in der hohen Wertschöpfungs- und Kostenintensität[296] dieser Funktion liegen.

Untersucht wurden Ansätze, Konzepte und Instrumente, Zielgruppen, Bedingungen und Träger der Personalentwicklung.

---

294 Vgl. Kapitel 2.1 Wirtschaft und Kommunikationstechnologie
295 Vgl. Kapitel 2.4 Demographie
296 Vgl. Kapitel 3.3 Wertschöpfung des Personalmanagements

Ergebnisthese 53: **Selbstentwicklung wird Normalität**

Die Untersuchungsteilnehmer wurden gebeten, Verbreitung und Akzeptanz der Selbstentwicklung zu beurteilen (vgl. Abbildung 62).[297]

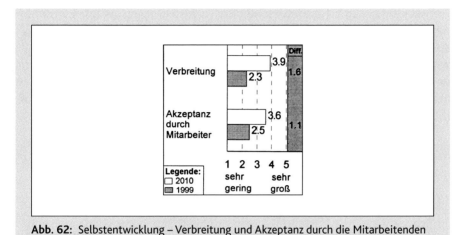

Abb. 62: Selbstentwicklung – Verbreitung und Akzeptanz durch die Mitarbeitenden

Selbstentwicklung wird demnach **viel stärkere Verbreitung** und **Akzeptanz bei den Beschäftigten** finden. Dies erfordern individualisierte Arbeitsinhalte, rasche Veränderung der Arbeitsanforderungen und abnehmende Beschäftigungssicherheit. Die Notwendigkeit zur Eigenverantwortung für die Arbeitsmarktfähigkeit wird vermehrt erkannt und gefördert.

Zugleich wurde auf die Grenzen und Gefahren dieses Ansatzes verwiesen. So ist nach Ansicht eines Experten gezielt darauf zu achten, »dass Selbstentwicklung nicht zur Ausrede für mangelnde organisierte Personalentwicklung wird.«

Ergebnisthese 54: **On-the-job-Entwicklung rückt in den Vordergrund**

---

297 Frage: »Bitte beurteilen Sie die gegenwärtige und zukünftige Verbreitung dieses Konzeptes in schweizerischen Unternehmen sowie seine Akzeptanz durch die Mitarbeiter. Bitte begründen Sie Ihre Einschätzung für das Jahr 2010 kurz.«

Nach Meinung der Befragten (vgl. Abbildung 63)[298] werden **On-the-job-Maßnahmen** die heute dominierende Into-the-job-Entwicklung von ihrem **ersten Rangplatz** verdrängen. **Große Zuwächse** in Bedeutung und Verbreitung (≥ 0.9) verzeichnen auch **Out-of-the-job-** und **Near-the-job-Konzepte**. Leicht rückläufig sind dagegen Off-the-job-Ansätze. Diese Entwicklung wird durch verschiedene Einflüsse begünstigt: Da Personalauswahl zukünftig z. T. durch Personalentwicklung ersetzt wird,[299] steigt der Bedarf an PE-Maßnahmen. On-the-job- und Near-the-job-Konzepte erscheinen in diesem Kontext als kostengünstige sowie praxisorientierte Ansätze. Mit dem steigenden Anteil älterer Arbeitskräfte sowie abnehmender Beschäftigungssicherheit wächst der Bedarf an Out-of-the-job-Maßnahmen.

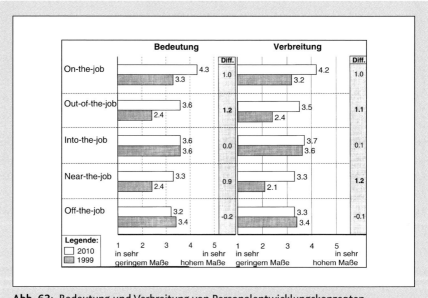

Abb. 63: Bedeutung und Verbreitung von Personalentwicklungskonzepten

Die Bedeutung der On-the-job-Entwicklung zeigt sich auch in der Beurteilung einzelner Personalentwicklungsinstrumente und -maßnahmen (vgl. Abbildung 64).

---

298 Frage: »Bitte bewerten Sie die heutige und zukünftige Bedeutung und Verbreitung der angeführten Personalentwicklungskonzepte in schweizerischen Unternehmen. Bitte beurteilen Sie die gegenwärtige und zukünftige Bedeutung folgender PE-Instrumente und -Maßnahmen.«

299 Vgl. Kapitel 5.1 Personalmarketing und -auswahl

138

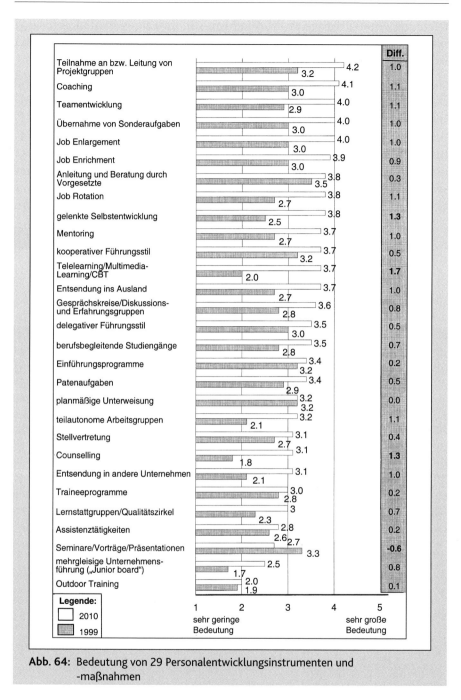

Abb. 64: Bedeutung von 29 Personalentwicklungsinstrumenten und -maßnahmen

Auf den **obersten 10 Rangplätzen** finden sich durchwegs **On-the-job-Instrumente und -Maßnahmen**. Einzige Ausnahme bildet Teament-

139

wicklung, eine **Off-the-job-Maßnahme**, die im Zuge arbeitsorganisatorischer Veränderungen (z. B. vermehrte Team- und **Projektarbeit**[300] und verstärkte Netzwerksteuerung) ins Zentrum rückt.

Die zweitgrößten **Bedeutungszuwächse** verzeichnen – nach Telelearning/Multimedia-Learning/CBT (+1.7) – ebenfalls zwei On-the-job-Instrumente, die mit Selbst- und Mitbestimmung harmonieren: **gelenkte Selbstentwicklung** (+1.3) und **Counselling**, d. h. die Beratung von Führungskräften durch ihre Mitarbeitenden (+1.3). Schließlich gewinnt der **Einsatz in verschiedenen Funktionen** im Vergleich zum Einsatz in verschiedenen Ländern, Positionen, Unternehmen oder Branchen stark an Bedeutung (1999: 3.4; 2000: 4.3).[301]

Ergebnisthese 55:	Strukturelle Personalentwicklung wird wichtiger

Personalentwicklung umfasst nach unserem Begriffsverständnis neben der interaktiven Förderung durch klassische Konzepte und Instrumente eine strukturelle (indirekte) Dimension. Hierbei wird über die Gestaltung der Arbeitssituation Einfluss auf Lernmotivation und Entwicklung der Beschäftigten genommen. Dazu sollten die Befragten Ansatzpunkte zur entwicklungsfördernden Aufgabengestaltung[302] beurteilen (vgl. Abbildung 65).[303]

Korrespondierend zu den steigenden Ansprüchen der Arbeitnehmer[304] und höheren Anforderungen des Marktes[305] werden alle **Aspekte bedeutsamer**. Nach Ansicht der befragten Personalchefs erreichen sie zukünftig ähnlich hohe Bedeutung wie die zuvor diskutierten Instrumente und Maßnahmen der direkten On-the-job-Förderung.

---

300 So meinten 59 % der Untersuchungsteilnehmer in Beantwortung der Frage »Bitte beurteilen Sie, welchen Stellenwert die Projektarbeit im Jahr 2010 gegenüber einer zeitlich überdauernden Tätigkeit in schweizerischen Unternehmen und öffentlichen Verwaltungen einnehmen wird«, dass die Projektarbeit zukünftig den gleichen Stellenwert wie eine zeitlich überdauernde Tätigkeit haben wird.
301 Frage: »Bitte beurteilen Sie (…), welche Bedeutung der Einsatz in verschiedenen Tätigkeitsfeldern für eine berufliche Karriere gegenwärtig und zukünftig hat.«
302 Vgl. Ulich 1992, Sp. 375
303 Frage: »Bitte beurteilen Sie (…) die folgenden Maßnahmen und Instrumente hinsichtlich ihrer strategischen Bedeutung.«
304 Vgl. Kapitel 2.3 Gesellschaftliche Werte
305 Vgl. Kapitel 2.1 Wirtschaft und Kommunikationstechnologie

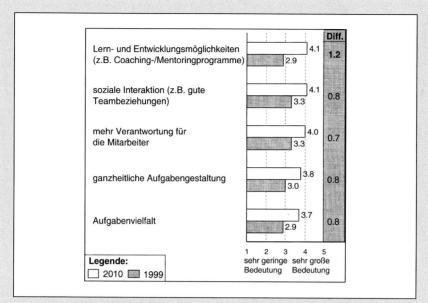

Abb. 65: Bedeutung struktureller Ansatzpunkte der Personalentwicklung

Ergebnisthese 56: Mehr Personalentwicklung für Führungsnachwuchs und Nichtführungskräfte

Während Führungsnachwuchskräfte zu bevorzugten Adressaten der
Personalentwicklung zählen, gilt dies weit weniger für die große Zahl
der Beschäftigten ohne Führungsfunktion. Vor diesem Hintergrund
wurde nach der Personalentwicklung für beide Arbeitnehmergruppen
gefragt.[306]

Wie Abbildung 66 zeigt, wird für **beide Zielgruppen** ein Anstieg von
Bedeutung, Umfang und **Systematik der Personalentwicklung** prognostiziert. Als zentrale Gründe wurden genannt:

---

306 Fragen: »Bitte geben Sie an, welche Bedeutung Sie der Personalentwicklung für Nichtführungskräfte und für Führungsnachwuchskräfte heute und in Zukunft beimessen.
Bitte beurteilen Sie weiterhin, in welchem Umfang und wie systematisch diese Mitarbeitergruppen in schweizerischen Unternehmen gegenwärtig und zukünftig entwickelt werden. Bitte begründen Sie die jeweils prognostizierte Entwicklung bis zum
Jahr 2010 kurz.«

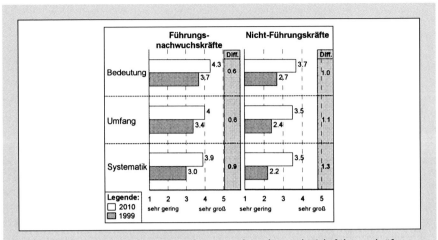

Abb. 66: Personalentwicklung für Führungsnachwuchs- und Nichtführungskräfte

- höhere Komplexität und raschere Veränderung der Arbeitsinhalte
- drohender Mangel an qualifizierten Arbeitskräften sowie
- erhöhte Ansprüche der Mitarbeitenden an Entfaltungsmöglichkeiten.

Bei den **Nichtführungskräften** wird großer Nachholbedarf festgestellt. Dies zeigen die **starken Zuwächse** bei **Bedeutung** (+1.0), **Umfang** (+1.1) und **Systematik** (+1.3). Wegen veränderter Arbeitsformen (z. B. vermehrter Projektarbeit) und neuer Laufbahnmodelle wird weniger zwischen Führungs- und Nichtführungskräften differenziert.

Nach zwei Untersuchungsergebnissen spielt bei der **Nachwuchskräfteentwicklung** die **Projektarbeit** eine herausragende Rolle: Erstens zählen 67 % der Befragten Projektarbeit zu den fünf bestgeeignetsten Förderungsmaßnahmen für Führungsnachwuchskräfte.[307] Zweitens wird Nachwuchskräfteentwicklung bis 2010 zu den wichtigsten Zwecken der Projektarbeit avancieren (1999: 2.6; 2010: 3.8).[308]

---

307 Frage: »Bitte wählen Sie unter diesen Instrumenten und Maßnahmen diejenigen fünf aus, die sich besonders zur Förderung des Führungsnachwuchses eignen.«

308 Frage: »Projektarbeit kann verschiedenen Zwecken dienen. Bitte beurteilen Sie, welche Bedeutung folgende Aspekte gegenwärtig und zukünftig haben.« Zur Auswahl standen: Abwicklung von Großaufträgen, Nachwuchskräfteentwicklung, Erfüllung neuartiger Aufgaben, Erfüllung von Sonderaufgaben, Erfüllung problembehafteter Aufgaben, Steuerung von Veränderungsprozessen, Organisationsentwicklung, Verbesserung der horizontalen Kooperation und altersgerechter Personaleinsatz.

Ergebnisthese 57: **Vorgesetzte als zentrale Personalentwickler**

Trotz vermehrter Selbstentwicklung benötigen Mitarbeitende Unterstützung bei ihrer fachlichen und persönlichen Entwicklung. Neben der Personalabteilung kommen hier Vorgesetzte als Ratgeber und Förderer in Betracht. Es wurden Ausmaß, Aufgaben und Probleme der Personalentwicklung durch direkte Vorgesetzte zur Diskussion gestellt.[309]

Schweizerische Führungskräfte erfüllen nach Ansicht der Befragten **gegenwärtig** ihre Aufgabe als Personalentwickler nur **in geringem Maße** (2.4). Jedoch wird – analog zur wachsenden Bedeutung und Verbreitung der On-the-job-Entwicklung – ein starker Anstieg der Personalentwicklung durch Vorgesetzte (+1.4) vorhergesagt. Demnach werden Führungskräfte **zukünftig in hohem Maße** (3.8) Entwicklungsaufgaben übernehmen. Abbildung 67 zeigt wichtige **Aufgaben** und **Problemfelder**.

Wichtigste Aufgaben
• Coaching
• Potentiale erkennen und fördern
• Delegieren, optimale Rahmenbedingungen schaffen
• Vorbild sein, Erfahrungen weitergeben
Größte Probleme
• Zeitmangel
• Prioritätensetzung und Motivation der Vorgesetzten
• Kompetenz der Vorgesetzten

Abb. 67: Der Vorgesetzte als Personalentwickler

Ergebnisthese 58: **Förderung der Lernmotivation als PE-Aufgabe**

Zunehmende Heterogenität und Dynamik in Unternehmen und Umwelt erfordern lebenslanges Lernen. Dies setzt Lernfähigkeit und Lernbereitschaft voraus. Letztere ist die Grundbedingung für erfolgreiche Personalentwicklung. Die Befragten sollten beurteilen, wie es damit bei

---

309 Frage: »Bitte beurteilen Sie zunächst, in welchem Maße sich schweizerische Führungskräfte gegenwärtig und zukünftig als Personalentwickler betätigen. Bitte nennen Sie die zwei wichtigsten Aufgaben und die zwei größten Probleme bei der Personalentwicklung durch den Vorgesetzten.«

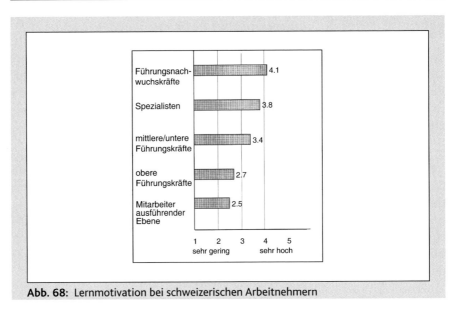

Abb. 68: Lernmotivation bei schweizerischen Arbeitnehmern

verschiedenen Mitarbeitergruppen bestellt ist.[310] Nach ihrer Einschätzung zeigen sich deutliche arbeitnehmergruppenspezifische Unterschiede in der Lernmotivation (vgl. Abbildung 68).

Am **stärksten motiviert** sind die Gruppen mit der zumeist größten Lernerfahrung: **Führungsnachwuchskräfte** und **Spezialisten**. **Mitarbeiter ausführender Ebene** zeigen dagegen die **geringste Lernbereitschaft**. Hier bestehen auch Schwellenängste, die mittels gezielter und adäquater Förderung abgebaut werden müssen. Die Lernmotivation der an Komplexität und Veränderung gewöhnten oberen Führungskräfte weist allerdings nur mittlere Ausprägungsgrade auf, vielleicht wegen der hohen zeitlichen Belastung. Somit zeigt sich bei Beschäftigten ausführender Ebene und bei Führungskräften aktueller Förderungsbedarf.

Schließlich wurden verschiedene Förderungsansätze beurteilt (vgl. Abbildung 69).[311]

Die Befunde deuten auf **zunehmenden Handlungsbedarf** hin. So verzeichnen **alle** zur Beurteilung gestellten **Maßnahmen wachsende Bedeutung**. Bemerkenswert sind folgende Punkte:

---

310 Frage: »Bitte beurteilen Sie die aktuelle Ausprägung der Lernmotivation bei schweizerischen Führungskräften, Führungsnachwuchskräften, Spezialisten und Mitarbeitern ausführender Ebene.«

311 Frage: »Bitte beurteilen Sie die gegenwärtige und zukünftige Bedeutung folgender Maßnahmen und Instrumente zur Förderung der Lernmotivation.«

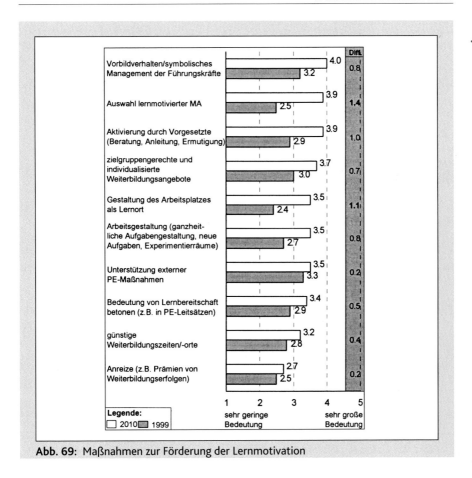

Abb. 69: Maßnahmen zur Förderung der Lernmotivation

- **Vorgesetzte sind auf zweifache Weise gefordert**: Zum einen sollen sie durch Vorbildverhalten und symbolisches Management Zeichen setzen, zum anderen durch individuelle Beratung, Anleitung und Feedback die Mitarbeitenden aktivieren. Mit dieser Doppelstrategie kann die Notwendigkeit lebenslangen Lernens glaubhaft kommuniziert werden. Weiterhin kann man gezielter auf individuelle Belange der Mitarbeiterinnen und Mitarbeiter eingehen.

- **Die Förderungsmöglichkeiten sind begrenzt**: Der drastische Bedeutungsanstieg der Alternative »Auswahl lernorientierter Mitarbeiter« (+1.4) zeigt, dass die Grenzen der Förderbarkeit (insb. Zeit, Kosten, beschränkte Erfolgsaussichten) zunehmend höher eingeschätzt werden.

- **Verstärkt gruppenspezifische/individuelle Ausrichtung**: Korrespondierend zur wachsenden Bedeutung von Zielgruppenorientierung und Individualisierung erscheinen zielgruppengerechte und individualisierte Weiterbildungsangebote notwendiger, da sie die Beschäftigten weder über- noch unterfordern.

- **Strukturelle Maßnahmen gewinnen an Bedeutung**: Mit dem erheblichen Bedeutungszuwachs der Alternativen »Gestaltung des Arbeitsplatzes als Lernort« (+1.1) und »Arbeitsgestaltung« (+0.8) kann Ergebnisthese 55 bestätigt werden.

Ergebnisthese 59: PE-Maßnahmen werden begrenzt outgesourct

Die befragten Personalfachleute sollten schließlich einschätzen, wie sich die personalpolitischen Alternativen »Make or Buy« verteilen.[312]

Wie Abbildung 70 illustriert, überwiegt nach Ansicht der Befragten heute und morgen die Selbsterstellung. Allerdings wird die Alternative »Buy« bedeutsamer, v. a. wegen

- vermehrter Konzentration auf Kernkompetenzen aufgrund von Zeit-, Kosten- und Qualitätsdruck
- Vermeidung von Betriebsblindheit sowie
- fehlendem Know how (insb. bei neuartigen Themen).

Make or Buy	Mittelwerte		Differenz
	1999	2010	
»Make«	65 %	57 %	– 8 %
»Buy«	35 %	43 %	8 %

Abb. 70: Der Vorgesetzte als Personalentwickler

---

312 Frage: »Bitte schätzen Sie die Verteilung der personalpolitischen Alternative »Make or Buy« für zukauffähige Maßnahmen der Personalentwicklung (…) in schweizerischen Groß- und Mittelunternehmen heute und im Jahr 2010. Bitte begründen Sie kurz die prognostizierte Entwicklung bis zum Jahr 2010.«

5.5 Personalfreisetzung

5.5.1 Ergebnisthesen

60. Teilruhestand und befristete Beschäftigungsverträge als zukünftig zentrale Freisetzungsformen: Steht heute noch die Reduktion des Personalbestands im Vordergrund, muss man zukünftig – unter dem Einfluss wirtschaftlicher und demographischer Entwicklungen – besonders der steigenden Umweltdynamik gerecht werden. Der Aufbau qualifizierter »Randbelegschaften« wird als ein probates Mittel dazu gesehen.

61. Bedeutung und Verbreitung von Outplacement nehmen leicht zu: Wenngleich Outplacementmaßnahmen auch zukünftig keine besonders hohe Relevanz und Verbreitung beigemessen wird, werden alle Mitarbeiter bei Freisetzungen mehr unterstützt.

5.5.2 Einführung

Personalfreisetzung wird meist als **Reduktion** des **Bestandes der Ressource** »**Personal**« verstanden. Dies kann insb. durch eine Freisetzung von Mitarbeitern auf den externen Arbeitsmarkt geschehen.

Personalabbau durch Kündigungen hat in den letzten Jahren erheblich zugenommen. Entlassungen werden nach einer Studie der Universität der Bundeswehr München zur Kündigungspraxis von insgesamt 48 Unternehmen[313] von den meisten Entscheidungsträgern damit begründet, dass die konjunkturelle Lage eine Personalkostenreduktion notwendig mache.[314]

Der Erfolg dieser befragten Unternehmen, die Mitarbeiter entlassen haben, rechtfertigt ihre Mittel jedoch nicht in jedem Fall: Obwohl ihre Gesamtproduktivität stieg, wird eine sinkende Motivation und Arbeitszufriedenheit der Mitarbeiter konstatiert.[315] Kurzfristig wird besonders die Börse solche Maßnahmen begrüßen. Langfristig ist das Ziel, Kostenreduktion **in erster Linie** durch Entlassungen anzustreben, aber ökonomisch und sozial differenziert zu diskutieren.

Der Abbau einer personellen Überdeckung lässt sich aber auch durch eine Veränderung der Human Ressourcen in qualitativer, zeitlicher oder

---

313 Vgl. Marr 1994
314 Vgl. Scholz 2000, S. 552
315 Vgl. Scholz 2000, S. 553

geographischer Hinsicht realisieren ohne den Bestand quantitativ zu verändern.[316] Personalfreisetzung ist deshalb auch ein Mittel zur Veränderung der **Personalstruktur**. Damit soll Personal **flexibel** nach Bedarf des Unternehmens und den Bedürfnissen und Interessen der Mitarbeiter eingesetzt werden. Im Sinn der **Flexibilisierung** und **Individualisierung** sind Konzepte zu entwickeln, die sich konstruktiv mit dem Spannungsfeld zwischen ökonomischen Interessen und Mitarbeiterbedürfnissen auseinandersetzen und Synergien nutzen.[317]

Auch hierzu liefert die erwähnte Studie zentrale Informationen: Befragte Unternehmen, die keine Entlassungen durchführten, haben Flexibilisierung und Individualisierung erhöht. Bei entlassenden Unternehmen fehlten entsprechende Maßnahmen, obwohl ca. drei Viertel von ihnen **Gestaltungsspielräume** sehen, um eine Verringerung des Personalbestandes zu verhindern.[318] Dies setzt eine frühzeitige Problemerkennung und strategisches Denken und Handeln des Personalmanagements voraus (vgl. Abbildung 71).[319]

Veränderung der Personalstruktur

Personalfreisetzung ohne Reduktion des Personalbestandes

- *qualitativ* orientierte Maßnahmen (Personalentwicklung)
- *örtlich* orientierte Maßnahmen (horizontale und vertikale Versetzung)
- *zeitlich* orientierte Maßnahmen (Urlaubsgestaltung/Abbau von Mehrarbeit/Überstunden/Kurzarbeit/allgemeine Verkürzung der Arbeitszeit/Angebot individueller Arbeitszeitverkürzung)

Personalfreisetzung mit Reduktion des Personalbestandes

- Nutzung der natürlichen Fluktuation (mit Einstellungsstop)
- Nichtverlängerung befristeter Arbeitsverträge
- Nichtverlängerung oder Kündigung von Personalleasingverträgen
- Aufhebungsverträge
- vorzeitige Pensionierung
- Kündigung
- **Outplacement**

Abb. 71: Veränderung der Personalstruktur[320]

Trotz Priorität der Personalfreisetzung ohne Bestandsveränderung spielt die Trennung von Mitarbeitern von ihren Arbeitgebern aus ökonomi-

---

316 Vgl. Berthel 1995, S. 216
317 Vgl. Kapitel 4.1 Flexibilisierung und Individualisierung
318 Vgl. Scholz 2000, S. 553
319 Ein positives Beispiel dazu liefert Hartz 1996.
320 Vgl. Berthel 1995, S. 214

schen, politischen und demographischen Gründen eine große Rolle.[321] Immer häufiger werden Mitarbeiter das Unternehmen wechseln. Deshalb müssen sie sich auf dem Arbeitsmarkt behaupten können. Dazu sollten Unternehmen beitragen, indem sie die **Personalentwicklung** neben an unternehmensinternen auch an arbeitsmarktbezogenen Kriterien ausrichten und **Outplacement-Maßnahmen** anwenden. Dabei helfen sie ausscheidenden Mitarbeitern aktiv – angefangen von psychologischen Schulungsmaßnahmen bis hin zur Unterstützung bei der Bewerbung.[322]

5.5.3 Einzelergebnisse

Im Kontext umfassender Konzentrationsprozesse (Fusionen) sowie der angespannten Wirtschaftslage ist Personalabbau ein vieldiskutiertes Thema. Deshalb wurde die Funktion »Personalfreisetzung« im Allgemeinen und das Konzept »Outplacement« im Besonderen analysiert.

Ergebnisthese 60:	Teilruhestand und befristete Beschäftigungsverträge als zukünftig zentrale Freisetzungsformen

Die in Abbildung 72 dargestellten Ergebnisse zu Alternativen der Freisetzung[323] lassen folgende Interpretation zu:

- Die heute dominierenden Formen der Freisetzung – vorzeitige Pensionierungen, Einstellungsstopp und Nichtverlängerung befristeter Arbeitsverträge – sind auf eine **Reduktion des Personalbestandes** und damit auf Kostensenkung ausgerichtet.

- In Zukunft geht es – analog zum bemerkenswerten Bedeutungsanstieg des flexiblen Personalbestandes[324] – mehr darum, mit **qualifizierten Randbelegschaften** rasch und effizient einem zunehmend dynamischen Umfeld zu begegnen. Dies belegen die **hohe Verbreitung** von **Teilruhestandsregelungen, befristeten Beschäftigungsverträgen** und **Förderung von Selbstständigkeit** sowie die **großen Zuwachsraten** bei **Mitarbeiterleasing, Management buy out** und **Urlaubsgestaltung** –

---

321 Vgl. Kapitel 2.1 Wirtschaft und Kommunikationstechnologie, Kapitel 2.2 Politik/Gesetzgebung und Kapitel 2.4 Demographie
322 Vgl. Scholz 2000, S. 551
323 Frage: »Bitte beurteilen Sie, inwieweit die folgenden Formen der Personalfreisetzung heute und zukünftig in schweizerischen Unternehmen angewendet werden.«
324 Vgl. Kapitel 4.1 Flexibilisierung und Individualisierung

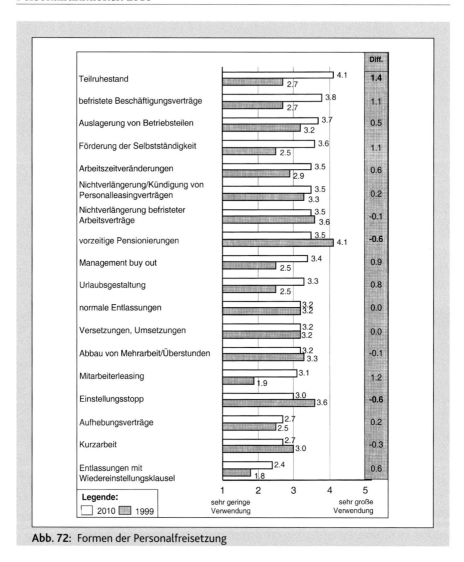

Abb. 72: Formen der Personalfreisetzung

bei gleichzeitiger Abnahme vorzeitiger Pensionierungen und Einstellungsstops. Begünstigt wird diese Entwicklung durch verschiedene Einflüsse: Wettbewerbsintensivierung zwingt zu erhöhter Reagibilität. Demgegenüber scheint wegen des prognostizierten Rückgangs der Fusionierungswelle[325] und der demographischen Entwicklung[326] eine weitere Reduktion des absoluten Personalbestands weniger dringlich. Aufgrund des erwarteten Defizits an qualifizierten Nachwuchskräften

---

325 Vgl. Kapitel 2.1 Wirtschaft und Kommunikationstechnologie
326 Vgl. Kapitel 2.4 Demographie

gilt es vielmehr, das Know how von älteren Mitarbeitern und Mitgliedern der Randbelegschaften (befristet Angestellte, Selbstständige/freie Mitarbeiter) gezielter zu nutzen.

Ergebnisthese 61: Bedeutung und Verbreitung von Outplacement nehmen leicht zu

Outplacement als gezielte Unterstützung der Mitarbeitenden bei Freistellungen findet seit den 80er Jahren auch im deutschsprachigen Raum Resonanz.[327] Abbildung 73 zeigt, wie die befragten Personalexperten Bedeutung und Verbreitung von Outplacement-Maßnahmen einschätzen.[328]

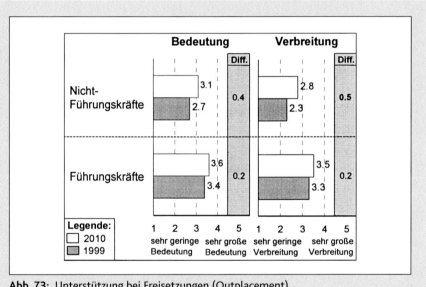

Abb. 73: Unterstützung bei Freisetzungen (Outplacement)

Outplacement-Maßnahmen sind danach gegenwärtig **in mittlerem Maße wichtig** und **verbreitet**. Erwartungsgemäß[329] sind dabei die Führungskräfte die wichtigsten Adressaten. Bis zum Jahr 2010 werden Be-

---

327 Vgl. Mayrhofer 1987, S. 149
328 Frage:»Bitte beurteilen Sie, welche Bedeutung eine gezielte Unterstützung der Mitarbeiter (Führungskräfte und Mitarbeiter ohne Führungsfunktion) bei Freisetzungen (Outplacement) gegenwärtig und zukünftig hat. Bitte beurteilen Sie auch die gegenwärtige und zukünftige Verbreitung gezielter Unterstützungsmaßnahmen in schweizerischen Unternehmen.«
329 Vgl. Berthel 1995, S. 224

deutung und Verbreitung entsprechender Unterstützungsmaßnahmen sowohl bei Führungskräften als auch bei Mitarbeitenden ohne Führungsfunktion **zunehmen**, erreichen aber nur **moderate Ausprägungen**. Weil Outplacement eine vertrauensbildende Maßnahme auf dem Arbeitsmarkt ist, werden damit auch zukünftig Möglichkeiten zur Vertrauens- und Loyalitätsbildung und zur Verbesserung des Personalimages auf dem Arbeitsmarkt[330] nicht voll ausgeschöpft.

---

330 Vgl. Scholz 2000, S. 551

5.6 Folgerungen

Wichtigster **Umfeldfaktor** für die Ausgestaltung der **Personalfunktionen** ist der **Arbeitsmarkt**. Deshalb muss Personalmarketing verstärkt mit der Unternehmensstrategie abgestimmt sein.[331] Weil die Befragten die Akquisition von Mitarbeitern, die den Marktanforderungen nach Qualifikation, Mobilität, interkulturellen Erfahrungen und Leistungswillen entsprechen, schwieriger einschätzen, sehen sie in der **Personalentwicklung** eine Alternative. Durch gezielte Entwicklung, der eine **Potentialbeurteilung**[332] und eine **Auswahl** von Mitarbeitern mit entsprechenden Potentialen vorausgehen, sollen bestehende Ressourcen besser genutzt werden.[333] Ziel ist die Entwicklung eines qualifizierten und motivierten Personalbestandes, der möglichst **flexibel** in fachlicher, zeitlicher und geographischer Hinsicht und im Rahmen von Teamarbeiten **eingesetzt** werden kann. Alle Personalfunktionen sind dabei integriert zu gestalten.

Nach den Ergebnissen zur Strategie 2010 sind unternehmerische Mitarbeiter gefragt, die über Sozial-, Gestaltungs- und Umsetzungskompetenz verfügen. **Mitunternehmertum** ist deshalb als die **strategische Orientierung** zu verstehen, die der Ausgestaltung **aller** Personalfunktionen **zugrunde gelegt** werden muss. Damit eine optimale Abstimmung der einzelnen Funktionen erreicht werden kann, müssen sie als **zielgruppenorientierter Prozess** entwickelt und umgesetzt werden (vgl. Abbildung 74).

> **Personalfunktionen müssen strategisch integriert werden**

Strategische Integration bedeutet die Entwicklung und Umsetzung von Personalfunktionen, die alle gemeinsam die Personalstrategie unterstützen.[334] Für die **Förderung des internen Unternehmertums**[335] werden drei Personalfunktionen besonders hervorgehoben:

• **Personalauswahl**: Bei der Auswahl wird es wichtiger werden, Mitarbeiter genau auf ihre Potentiale (insb. Schlüsselqualifikationen) hin zu prüfen. Neben der Qualifikation spielen hierbei motivations-

---

331 Vgl. Kapitel 5.1 Personalmarketing und -auswahl
332 Vgl. Kapitel 5.2 Personalbeurteilung
333 Vgl. Kapitel 5.4 Personalentwicklung
334 Vgl. Kapitel 6 Steuerungsfunktionen 2010
335 Vgl. Kapitel 3.2 Förderung des internen Unternehmertums

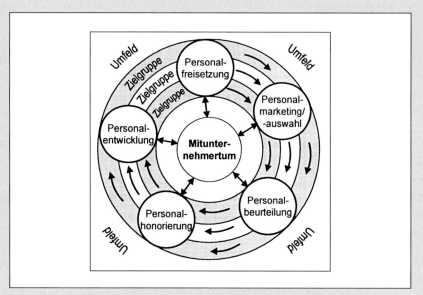

Abb. 74: Strategisch integrierte und prozessorientierte Personalfunktionen

und loyalitätsprägende Wertorientierungen (sog. »Identifikationsdispositionen«[336]) eine besondere Rolle.

- **Personalentwicklung**: Auch zukünftig werden selbstentwickelte Personalentwicklungsinstrumente von großer Bedeutung sein, die auf die spezifischen Bedürfnisse des Unternehmens und seiner Beschäftigten zugeschnitten sind. Diese Instrumente sollen in erster Linie die Selbstentwicklung der Mitarbeiter fördern. In diesem Sinne erwarten die Experten, dass die selbstverantwortliche Entwicklung von Leistungspotentialen durch jeden Mitarbeiter wichtiger wird.[337] Um den dafür notwendigen Handlungsspielraum bieten zu können, müssen die **Arbeitsbedingungen** in zeitlicher, inhaltlicher und geographischer Hinsicht entsprechend ausgestaltet werden. Besonders Führungskräfte müssen ihre Mitarbeitenden bei ihrer Entwicklung unterstützen. Neben der interaktiven ist besonders die **strukturelle Personalentwicklung** auf die Selbstentwicklung auszurichten. Dementsprechend erwarten die Experten leistungsfördernde Anreizstrukturen. Diese sollen anregen, durch selbstständige Qualifizierung

---

336 Vgl. Wunderer 2000, S. 220
337 Vgl. Kapitel 5.4 Personalentwicklung

das Leistungsvermögen zu steigern und damit die Verdienstmöglich-keiten zu verbessern. Deshalb wird sich die **Personalbeurteilung**[338] und -**entlohnung**[339] zunehmend am Leistungsbeitrag orientieren.

- **Personalfreisetzung**: Auch zukünftig müssen Unternehmen in einem stark umkämpften Markt Mitarbeiter entlassen. Dies kann auf dem Arbeitsmarkt einen Imageverlust des Unternehmens und bei den Mit-arbeitern starke individuelle Belastungen verursachen. Hier wird die Diskrepanz zwischen Mitarbeitern als **Human Ressourcen** und als **Bezugsgruppen** besonders deutlich. Dieses Spannungsfeld mindern **Outplacement-Maßnahmen**.

Strategische Integration der Personalfunktionen durch Werteorientierung

Damit die Ansprüche der Mitarbeiter mit den ökonomischen Interessen gleichwertig reflektiert und in Konzepte integriert werden, müssen **Mit-arbeiter als eine zentrale Bezugsgruppe** verstanden werden.[340] Erst dann können **wertebewusste Konzepte**[341] entwickelt werden. Dafür ist das von den Experten zukünftig als besonders wichtig eingeschätzte **360Þ-Konzept der Personalbeurteilung** ein Beispiel. Mitarbeiter werden in ihrem Bedürfnis nach Einflussnahme und damit in der Selbstein-schätzung ihrer Leistung ernst genommen.[342] Weitere Beispiele sind **ziel-gruppenorientierte** Angebote, die auf die spezifischen Ansprüche, Wert-vorstellungen und Interessen von Gruppen eingehen, der **Ausbau der Unternehmenserfolgsgerechtigkeit** und die **wachsende Verbreitung von Erfolgs- und Kapitalbeteiligung**.[343]

Die Werteorientierung ist nicht nur eine Grundlage für die Entwicklung von Konzepten der Personalfunktionen. Sie gilt auch als **Leitbild für das Verhalten** aller Mitarbeiter und muss deshalb **transparent** sein. Zur kri-tischen Überprüfung des eigenen Verhaltens an diesem Leitbild wird nach Meinung der Experten eine **Verhaltensbeurteilung** bedeutsa-mer.[344]

---

338 Vgl. Kapitel 5.2 Personalbeurteilung
339 Vgl. Kapitel 5.3 Entgeltgestaltung
340 Vgl. Kapitel 3.2 Förderung des internen Unternehmertums
341 Vgl. Kapitel 2.3 Gesellschaftliche Werte
342 Deutlich anders wird dieser Ansatz allerdings von Neuberger 2000 gesehen.
343 Vgl. Kapitel 5.3 Entgeltgestaltung
344 Vgl. Kapitel 5.2 Personalbeurteilung

Die zentralen Werte müssen in den einzelnen Funktonen und Instrumenten zum Ausdruck kommen. Dies wird am Beispiel der **Führungsgrundsätze**[345] illustriert. Diese beschreiben und normieren die Führungsbeziehungen zwischen Vorgesetzten und Mitarbeitern im Rahmen einer ziel- und werteorientierten Führungskonzeption. Häufig werden Prinzipien für laterale Kooperation einbezogen. Ziel ist die Förderung eines erwünschten Sozial- und Leistungsverhaltens. Bereits die Entwicklung von Grundsätzen selbst weckt in Mitarbeitern Erwartungen und ist deshalb wirksam. Werden diese enttäuscht, dann besteht die Gefahr von **Demotivation**. Um negative Einflüsse auf die Mitarbeitermotivation zu vermeiden, sollten Projekte, die auf Werte ausgerichtet sind, nicht zwischenzeitlich abgebrochen werden.

Die Umsetzung von Grundsätzen fordert die Selbstverpflichtung der Führungskräfte und Mitarbeiter auf diese Normen. Auch alle Personalfunktionen und -instrumente müssen auf diese Werte ausgerichtet werden. Fordern Grundsätze z. B. mitunternehmerisches Verhalten, dann sind Auswahl- und Beurteilungskriterien entsprechend festzulegen und die Personalentwicklung muss Sozial-, Gestaltungs- und Umsetzungskompetenz fördern. Ebenso muss gelebtes Mitunternehmertum honoriert werden.

> **Personalfunktionen müssen verstärkt als Personalprozesse für zentrale Zielgruppen entwickelt und umgesetzt werden**

Die Strategie »Förderung des Mitunternehmertums« hebt die Mitarbeiter als zentrale Bezugsgruppe des Unternehmens heraus. Deshalb muss besonders das Personalmanagement den spezifischen Wertvorstellungen und Interessen dieser Bezugsgruppe nachkommen. Mitarbeiter und Personalmanager haben eine **gemeinsame** Aufgabe: Sie sollen beide Leistung zur Erreichung der Unternehmensziele erbringen. **Kundenorientierung** im Personalmanagement konzentriert sich deshalb auf die Frage, **welchen Ansprüchen von Führungskräften und Mitarbeitern die Personalarbeit entsprechen soll und kann, damit diese** – im Sinne von »Arbeitsengagement aus freien Stücken«[346] oder »Organizational Citizenship Behavior«[347] – **aus eigenem Antrieb Leistung für das Unternehmen erbringen**.

---

345 Vgl. Wunderer 2000, S. 365ff.
346 Vgl. Müller/Bierhoff 1994
347 Vgl. Nerdinger 1998a und b; Bretz/Hertel/Moser 1998; Wunderer/Mittmann 1995

Die Prognosen der Experten deuten darauf hin, dass Kundenorientierung im Personalmanagement eine größere Rolle spielen wird:

- Die Eigenentwicklung von Instrumenten der **Personalentwicklung,** die maßgeschneiderte Lösungen erlaubt, steht im Vordergrund. Diese Feststellung lässt sich auf die anderen Personalfunktionen übertragen. Diese müssen insgesamt **verstärkt mit den Bedürfnissen und besonderen Belangen der Betroffenen abgestimmt** werden.

- Weiterhin wird eine **zielgruppenorientiertere Ausrichtung** des Personalmanagements gefordert.[348] Die Personalverantwortlichen können nicht auf alle individuellen Besonderheiten eingehen. Um dennoch spezifische Ansprüche berücksichtigen zu können, **sind möglichst homogene Gruppen zu bilden, auf die die Personalinstrumente abgestimmt sein sollen.** Solche Gruppen sind beispielsweise Hochschulabsolventen, Führungskräfte oberer Hierarchieebenen, Spezialisten, Nachwuchsführungskräfte oder ausführende Mitarbeiter.

Dies verlangt eine Abstimmung der Personalfunktionen auf die besonderen Bedürfnisse, Kompetenzen und Potentiale der jeweiligen Zielgruppen. Dafür ist zunächst eine Analyse der zielgruppenspezifischen Besonderheiten notwendig. Um diese Besonderheiten gezielt in alle Personalfunktionen integrieren zu können, muss eine **Prozessorientierung** angestrebt werden (vgl. Abbildung 75). Dabei stehen Spezialisten für bestimmte Zielgruppen im Vordergrund. Welche Gruppen dabei differenziert werden, lässt sich aus der Personalstrategie ableiten. Beispielsweise erwarten die Experten einen großen Handlungsbedarf bei Frauen sowie älteren und ausländischen Mitarbeitern.[352]

---

351 Vgl. Kapitel 4.2 Zielgruppenorientierung
352 Vgl. ebenda

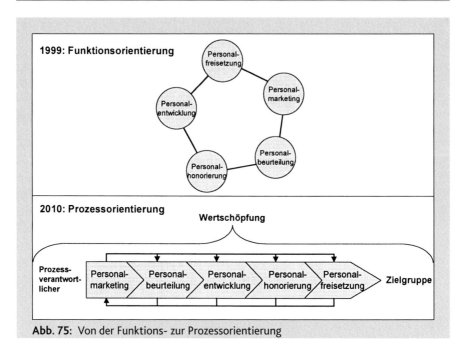

Abb. 75: Von der Funktions- zur Prozessorientierung

Die Adressaten der Personalfunktionen sollten bei der Entwicklung und Umsetzung der Konzepte **einbezogen** werden. Auf diese Weise erreichen die Funktionen besseren Anschluss an die tatsächlichen **Rahmenbedingungen** und größere **Akzeptanz** bei den Führungskräften und Mitarbeitern.

Abbildung 76 zeigt am Beispiel von Hochschulabgängern, wie ein solcher Prozess ausgerichtet werden kann.

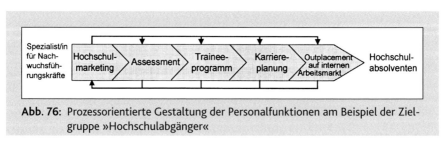

Abb. 76: Prozessorientierte Gestaltung der Personalfunktionen am Beispiel der Zielgruppe »Hochschulabgänger«

6 Steuerungsfunktionen 2010

Die Ergebnisse zu den Personalfunktionen 2010 zeigten die nötige strategische Ausrichtung aller Personalfunktionen auf die zentrale Bezugsgruppe »Mitarbeiter« auf.[350] **Steuerungsfunktionen** fördern die strategische Integration und unterstützen die prozessorientierten Personalfunktionen.

Diese Unterscheidung zwischen Personal- und Steuerungsfunktion lehnt sich *Porters* **Wertkette** an.[351] Die **Personalfunktionen** bezeichnen ganzheitliche Aufgaben im Wertschöpfungsprozess der Personalarbeit (primäre Funktionen). **Steuerungsfunktionen** leisten die zur Umsetzung der Personalfunktionen notwendige **Unterstützung** (vgl. Abbildung 77).

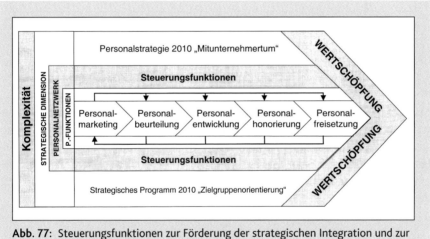

Abb. 77: Steuerungsfunktionen zur Förderung der strategischen Integration und zur Unterstützung der Prozessorientierung

Abbildung 78 zeigt, welche Steuerungsfunktionen die Personalexperten gegenwärtig und zukünftig als besonders wichtig einschätzen.[352]

---

350 Vgl. Kapitel 5.6 Folgerungen
351 Vgl. Porter 1999, S. 66ff.
352 Frage: »Bitte beurteilen Sie (…) die folgenden Personalfunktionen hinsichtlich ihrer heutigen und zukünftigen strategischen Bedeutung.«

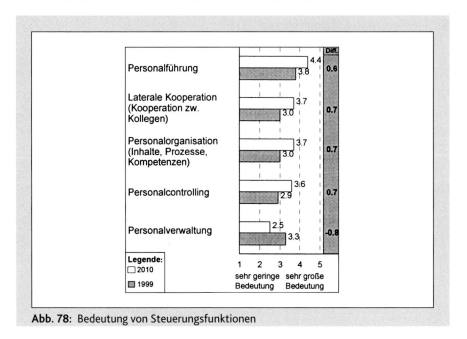

Abb. 78: Bedeutung von Steuerungsfunktionen

Die größte Bedeutung erhält weiterhin die **Personalführung** (Kapitel 6.1). Dies unterstreicht den Stellenwert der Führungskräfte für die Personalarbeit. Die Steuerungsfunktionen »**Laterale Kooperation**« (Kapitel 6.2), »**Personalorganisation**«[353] und »-**controlling**« (Kapitel 6.3) werden bedeutsamer. **Personalverwaltung** verzeichnet dagegen einen starken Bedeutungsverlust. Deshalb wurde diese Funktion nicht vertiefend abgefragt. Ihr starker Rückgang könnte in der Notwendigkeit begründet sein, die bürokratische Orientierung durch Marktorientierung zu ersetzen.

---

353 Vgl. Kapitel 7 Organisation 2010

6.1 Führung

6.1.1 Ergebnisthesen

62. **Dominanz von »Soft Factors« der strukturellen Führung**: Die »weichen Faktoren« struktureller Führung (z. B. Führungsphilosophie und -kultur) erlangen hohen Bedeutungszuwachs sowie die größte Bedeutung. Sie rangieren vor der persönlichen Einflussnahme durch Vorgesetzte und »harten Faktoren« struktureller Führung (z. B. Unternehmensorganisation und -strategie).

63. **»Leader« und »Net-Worker« als zentrale Führungsrollen**: Die heute dominierenden Rollen »Manager« und »Professional« verlieren zugunsten von »Leader« und »Net-Worker« an Relevanz. Führungskräfte sind also vermehrt gefordert, zu inspirieren, zu motivieren, Werte zu verändern, abteilungs- und organisationsübergreifend zu kooperieren, Dienstleistungs- und Schnittstellenmanagement zu betreiben.

64. **Defizite in der Führungsqualifikation**: Schweizerische Führungskräfte haben Nachholbedarf in der Führungsqualifikation. Gerade zentrale Führungsaufgaben, wie Visionen kommunizieren, Spaß an der Arbeit sichern, Vertrauen schaffen, Mitarbeiterpotentiale erkennen und fördern, werden als schlecht erfüllt eingeschätzt.

65. **Anerkennung als Schlüsselfaktor zur Führungsaufgabe »Demotivationsabbau und -prophylaxe«**: Mangelnde Anerkennung wird als zentraler Demotivator betrachtet. Inadäquate Arbeitsinhalte, mangelnde Kommunikation durch das Management, ungenügender Leistungserfolg und Organisationskultur sind weitere Demotivationspotentiale, an denen es zu arbeiten gilt.

66. **Veränderte Führungsbeziehungen**: Die gegenwärtig stark rational ausgerichteten Vorgesetzten-Mitarbeiter-Beziehungen mit relativ geringen Möglichkeiten zur Entscheidungsbeteiligung werden sich verändern: Mitarbeitende erhalten mehr Gelegenheit zur Entscheidungspartizipation, die Sozialbeziehungen werden stärker informell geprägt sein.

67. **Transformationale Führung als Führungsstil 2010**: Die durch Inspiration, Aufzeigen von Visionen, intellektuelle Anregung und Eingehen auf individuelle Besonderheiten charakterisierte transformationale Führung wird als Führungsstil der Zukunft bezeichnet. Sie

161

kann Sinn vermitteln und verspricht eine Harmonisierung individueller und unternehmerischer Interessen.

68. **Managing the Boss: Mitarbeitende übernehmen vermehrt Führungsrollen**: Bedeutung und Verbreitung einer zielorientierten Einflussnahme der Mitarbeiterinnen und Mitarbeiter auf ihre Vorgesetzten steigen bis 2010 auf ein mittleres Niveau an. Die Einflussnahme durch »inspirierende Vorschläge« wird dabei im Vordergrund stehen. Damit müssen Vorgesetzte und Mitarbeiter auch inspirieren (können).

69. **Virtualisierung verändert die Mitarbeiterführung**: Sie verlangt mehr strukturelle Führung und verändert die Anforderungen an Führungskräfte und Geführte. Die geringe persönliche Kommunikation und die dadurch erschwerte Vertrauensbildung werden als wesentliche Problemfelder betrachtet.

6.1.2 Einführung

Mit dem Begriff »Führung« verbindet man meist die Vorstellung, dass eine hierarchisch höhergestellte Person Einfluss auf eine oder mehrere nachrangige Person(en) ausübt. Diese Sichtweise blendet zwei Aspekte aus:

- **Strukturen** haben **verhaltenslenkende Wirkung**. Mitarbeiter handeln immer in Kontexten von beispielsweise Normen, Entlohnungs- und Bewertungssystemen, die auf ihr Verhalten einwirken.

- **Einflussbeziehungen** sind **polyzentrisch und wechselseitig**. »Jede Position in Organisationen (auch jede Führungsposition) ist sowohl Quelle wie Ziel einer großen Zahl von Einflusslinien, die quasi nach allen Seiten gehen: Man beeinflusst und wird beeinflusst von Vorgesetzte(n), Kollegen, Unterstellte(n), Stäben, Außenstehende(n) usw.«[354] Je flacher Hierarchien werden, desto stärker wird dieser Sachverhalt. Weil die Führungskraft zunehmend mit verschiedenen Einflüssen und konträren Erwartungen konfrontiert ist, verlangt Führung immer mehr eine Beschäftigung mit Paradoxien und Dilemmata, wie Vertrauen und Misstrauen, Nähe und Distanz, Härte und Verständnis, Sage- und Fragehaltung, Rationalität und Emotionalität, Flexibilisierung und Stabilität, Konkurrenz und Kooperation.

Versteht man Führung als »zielorientierte, wechselseitige und soziale Beeinflussung zur Erfüllung gemeinsamer Aufgaben in und mit einer

---

354 Neuberger 1995, S. 261

strukturierten Arbeitssituation«[355], dann werden beide Aspekte begrifflich einbezogen. Denn dann umfasst Führung eine **indirekte, strukturell-systemische Dimension** (»mit einer strukturierten Arbeitssituation«) und eine **direkte, personal-interaktive Dimension** (»in einer strukturierten Arbeitssituation«). Sie kann folglich auf zwei Arten ausgeübt werden:

- durch **Kontextgestaltung**: Mit der Gestaltung der Rahmenbedingungen durch Unternehmensleitung und Führungskräfte werden Handlungsspielräume abgesteckt und Aktivitäten kanalisiert. Zentrale Ansatzpunkte der strukturell-systemischen Führung sind **Kultur** (z. B. geteilte Werthaltungen, Menschenbilder, Unternehmens- und Führungsphilosophie), **Strategie** (z. B. Empowerment, Instrumente und Programme), **Organisation** (z. B. Arbeitsstrukturen und Kompetenzverteilung) sowie **qualitative Personalstruktur** (z. B. Auswahl und Entwicklung qualifizierter und motivierter Mitarbeiter).

- durch wechselseitige **Beziehungsgestaltung**: Auch im Rahmen umfassender strukturell-systemischer Führung hat die direkte persönliche Einfluss- und Beziehungsgestaltung zentrale Bedeutung. Sie hat die Aufgabe, die strukturellen Gestaltungsziele situativ und individuell für die einzelnen Mitarbeiter sowie für die Organisationseinheit in konstruktiver Weise umzusetzen. Sie soll dabei v. a. inspirieren, kommunizieren, interpretieren, integrieren, evaluieren, abstimmen, Prioritäten setzen, Entscheide für die Gruppe oder für Einzelne treffen, anerkennen und belohnen oder konstruktiv kritisieren und Konflikte lösen.

Diese bewusst wechselseitig konzipierte Einflussbeziehung schließt eine Beeinflussung des Vorgesetzten durch die Mitarbeitenden (»Managing the Boss«) explizit ein.

Diese Erweiterung des Alltagsverständnisses von Führung scheint gerade angesichts aktueller **Umweltentwicklungen** sinnvoll.

Wertewandel, Globalisierung, Virtualisierung, sinkende Beschäftigungssicherheit fordern zunehmend emotionale Intelligenz in der Führung, die auch motivgerecht beeinflusst und v. a. Sinn in der Arbeit und Spaß an der Tätigkeit sichert. Hierbei spielen fördernde Rahmenbedingungen und Arbeitskontexte eine zentrale Rolle, die motivierten Führungskräften und Mitarbeitern erlauben, ihre (unternehmerischen) Kompetenzen

---

355 Wunderer 2007, S. 4

einzusetzen. Unverzichtbar bleibt dabei die Führungskraft, die zunächst Motivationsbarrieren abbaut, dann fördernde Arbeits- und Beziehungsstrukturen für Mitarbeiter sichert, die Visionen vermittelt und inspirieren kann, Mitarbeitende individuell unterstützt und die sich nicht zuletzt um die Gestaltung, Interpretation und Weiterentwicklung mitunternehmerischer Werte kümmern kann und will.

Infolge von Werteströmungen (z. B. Bedeutungsverlust formaler Autorität), technologischem Fortschritt (leichter und schneller Zugriff zu Informationen), Veränderungen im Organisations- und Führungsverständnis (z. B. Betonung der Prinzipien Dezentralisierung, Eigenverantwortung und ergebnisorientierte Führung) sowie der erhöhten Mitarbeiterqualifikation werden Vorgesetzte zunehmend durch ihre Mitarbeitenden beeinflusst. Denn diese Entwicklungen reduzieren, modifizieren oder substituieren die formale Autoritätsgrundlage der Vorgesetzten und erweitern den Einflussbereich der Mitarbeiter. Eine an gemeinsamen Zielen orientierte Einflussnahme der Mitarbeitenden auf ihre Vorgesetzten leistet einen entscheidenden Wertschöpfungsbeitrag. Und sie ist eine Voraussetzung für mehr mitunternehmerisches Denken und Handeln der Mitarbeiter.

6.1.3 Einzelergebnisse

Im Bereich Mitarbeiterführung – der wichtigsten Steuerungsfunktion 2010 – wurde zunächst die Bedeutung der beiden Führungsdimensionen »strukturell vs. interaktiv« diskutiert[356], danach Führungsrollen und -aufgaben sowie Führungsstile. Den Abschluss bildeten die Themen »Führung in virtuellen Organisationen« und »Führung des Chefs«.

Ergebnisthese 62:	Dominanz von »Soft Factors« der strukturellen Führung

Weiche Faktoren struktureller Führung (wie Führungsphilosophie und -kultur), die bislang das Schlusslicht der Rangskala bildeten, erhalten nach Expertenmeinung hohen Bedeutungszuwachs (vgl. Abbildung 79).

---

356 Frage: »Bitte beurteilen Sie zunächst die folgenden Dimensionen der Führung hinsichtlich ihrer heutigen und zukünftigen Bedeutung. Bitte begründen Sie kurz die größte prognostizierte Veränderung bis zum Jahr 2010.«

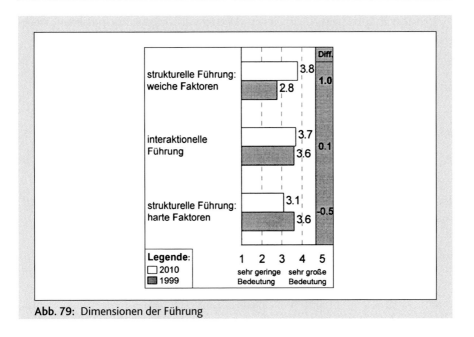

Abb. 79: Dimensionen der Führung

Als Begründung für diese Prognose werden zwei Argumente genannt:

- Aktuelle organisatorische Entwicklungen, wie breite Führungsspannen, vermehrte Dezentralisierung und verstärktes Empowerment der Mitarbeitenden erfordern einen Ausbau der weichen Struktursteuerung. So kann eine Unternehmens-, Führungs- und Kooperationskultur dafür sorgen, dass Mitarbeiterinnen und Mitarbeiter große Freiheitsgrade nicht zu egoistischen Zwecken missbrauchen, sondern im Sinne und zum Wohle der Organisation nutzen.

- Weiche Struktursteuerung kommt den Werthaltungen der Beschäftigten entgegen. Wie empirisch belegt ist, suchen diese vermehrt Sinn in ihrer Arbeit.[357]

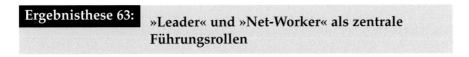

Ergebnisthese 63: »Leader« und »Net-Worker« als zentrale Führungsrollen

In der Literatur werden verschiedene Rollen und Aufgaben von Führungskräften diskutiert. Wir unterscheiden fünf Führungsrollen:

---

357 Vgl. Kapitel 2.3 Gesellschaftliche Werte

- **Leader**: inspirieren, motivieren, Werte verändern, kooperieren, delegieren

- **Manager**: planen, organisieren, evaluieren, koordinieren

- **Net-Worker**: abteilungs-/organisationsübergreifend kooperieren, Dienstleistungs- und Schnittstellenmanagement

- **Professional**: professionelle Fach-/Letztentscheidungen treffen

- **Impresario**: Infrastrukturgestaltung sowie Personalgewinnung, -auswahl und -entwicklung

Die Befragten sollten die Bedeutung dieser Rollen einschätzen[358] (vgl. Abbildung 80) und die zentralen Rollen vertieft betrachten[359].

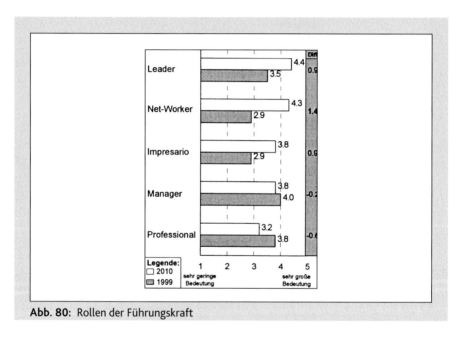

Abb. 80: Rollen der Führungskraft

Nach Expertenmeinung verlieren die heute dominierenden Rollen »Manager« und »Professional« zugunsten von »Leader« und »Net-Worker« an Relevanz. Der Bedeutungsanstieg des »**Leaders**« entspricht der

---

358 Frage: »Bitte beurteilen Sie die Bedeutung dieser einzelnen Rollen heute und im Jahr 2010.«

359 Frage: »Bitte betrachten Sie nun jene Rolle, die Ihrer Ansicht nach im Jahr 2010 die größte Bedeutung haben wird. Bitte nennen Sie je zwei mit dieser Rolle verbundene Kompetenzanforderungen und Problempotentiale.«

wachsenden Bedeutung weicher Struktursteuerung. Beide fordern ähnliche Funktionen: inspirieren, motivieren und Werte verändern. Der drastische Bedeutungszuwachs der Rolle »**Net-Worker**« lässt sich mit folgenden Faktoren erklären: Ausweitung des Informations- und Dienstleistungssektors, zunehmende Vernetzung der Organisationen, vermehrte Unternehmenssteuerung durch eine Kombination aus Markt (Wettbewerb) und sozialem Netzwerk (Kooperation)[360], neue Arbeitsformen, wie Gruppen- oder Projektarbeit, die vermehrt Dienstleistungs- und Schnittstellenmanagement erfordern.

Sozialkompetenz und vorausschauendes, visionäres Denken wurden als **Kompetenzanforderungen** der Rollen »Leader« und »Net-Worker« genannt. Zeitknappheit, Beschränkung durch Vorschriften und Regeln sowie die Schwierigkeit, Visionen und Werte zu vermitteln, sind die **Problempotentiale** des Leaders. Demgegenüber hat der Net-Worker insb. mit Besitzstandsdenken bzw. Ressortegoismen sowie mit geringer Toleranz und unzureichenden Freiräumen zu kämpfen.

Ergebnisthese 64: **Defizite in der Führungsqualifikation**

Jacobi[361] identifizierte Anfang der 90er Jahr 22 zentrale Führungsaufgaben für die Führungskraft des Jahres 2000. Unsere Experten beurteilten die zukünftige Bedeutung dieser Aufgaben sowie den aktuellen Erfüllungsgrad bei schweizerischen Führungskräften (vgl. Abbildung 81).[362]

Es ist eine direkte **Verbindung** zwischen den wichtigsten **Führungsaufgaben** und **Kontextbedingungen** erkennbar: Sinkende Beschäftigungssicherheit und abnehmende Loyalität der Mitarbeitenden erfordern vermehrt Vertrauensbildung. »Mitarbeiterpotentiale erkennen und fördern« wird bei drohendem Arbeitskräftemangel wichtiger. Die Aufgaben »Visionen kommunizieren« und »Spaß an der Arbeit sichern« korrespondieren eng mit der Rolle »Leader«.

---

360 Vgl. Kapitel 3.2 Förderung des internen Unternehmertums
361 Vgl. Jacobi 1991
362 Fragen: »In der Literatur werden verschiedene Führungsaufgaben unterschieden. Bitte wählen Sie jene fünf Aspekte aus, die Ihres Erachtens im Jahr 2010 die größte Bedeutung haben werden. Geben Sie weiterhin an, welche fünf von schweizerischen Führungskräften erfahrungsgemäß besonders gut und welche fünf besonders schlecht erfüllt werden.«

Größte Bedeutung 2010
• Vertrauen schaffen (67 %)
• Mitarbeiterpotentiale erkennen und fördern (46 %)
• Visionen kommunizieren (42 %)
• vernetztes Denken entwickeln (38 %)
• Spaß an der Arbeit sichern/coachen (je 33 %)
Erfüllungsgrad 2010
– Besonders schlecht erfüllt –
• Visionen kommunizieren/Menschen begeistern (je 41 %)
• Spaß an der Arbeit sichern/Freiräume nutzen (je 36 %)
• Vertrauen schaffen/aus Fehlern lernen/Wandel menschlich bewältigen/neue Wege gehen/Mitarbeiterpotentiale erkennen und fördern (je 32 %)
• alternative Lösungswege tolerieren (27 %)
• coachen (23 %)
– Besonders gut erfüllt –
• enge Kundenkontakte (59 %)
• delegieren (55 %)
• Herausforderungen annehmen/mit knappen Ressourcen umgehen (je 46 %)
• Risiken managen/Initiativen belohnen (je 41 %)
• alternative Lösungswege tolerieren (27 %)

Abb. 81: Relevanz und Erfüllung von Führungsaufgaben

Gleichzeitig sind gravierende **Defizite in der Führungsqualifikation** erkennbar: Vier von fünf als zentral eingeschätzte Führungsaufgaben werden nach Meinung der Befragten von schweizerischen Führungskräften schlecht erfüllt: Visionen kommunizieren, Spaß an der Arbeit sichern, Vertrauen schaffen, Mitarbeiterpotentiale erkennen und fördern.

Die besonders gut erfüllten Aufgaben, wie »enge Kundenkontakte«, »delegieren«, »Herausforderungen annehmen« oder »mit knappen Ressourcen umgehen« haben dagegen nachrangige Bedeutung. Nur zwischen 4 % und 17 % der Befragten zählen sie zu den fünf bedeutsamsten Führungsaufgaben der Zukunft.

Ergebnisthese 65: Anerkennung als Schlüsselfaktor zur Führungsaufgabe »Demotivationsabbau und -prophylaxe«

Mitarbeitermotivierung gilt als klassische Aufgabe der Führungskraft. Viel zu wenig thematisiert wird dagegen, dass prinzipiell motivierte Mitarbeiter durch verschiedene Faktoren demotiviert werden. Analyse, Vermeidung und Vorbeugung von Demotivation werden somit zu einer wichtigen Führungsaufgabe. Deshalb wurde nach den wichtigsten De-

Zentrale Demotivatoren – 1999
• mangelnde Anerkennung (74 %)
• schlechte persönliche Beziehung zum Vorgesetzten (52 %)
• fachlich inkompetenter Vorgesetzter (48 %)
• Arbeitsinhalt (z. B. nicht motivgerecht, unter-/überfordernd) (39 %)
• mangelnde Kommunikation durch das Management (35 %)

Zentrale Demotivatoren – 2010
• mangelnde Anerkennung (70 %)
• Arbeitsinhalt (z. B. nicht motivgerecht, unter-/überfordernd)/mangelnde Kommunikation durch das Management (je 39 %)
• ungenügender Leistungserfolg (eine Arbeit nicht angemessen ausführen können)/Organisationskultur (je 35 %)
• schlechte persönliche Beziehung zum Vorgesetzten (30 %)
• fachlich inkompetenter Vorgesetzter/Unternehmenspolitik und -organisation (je 26 %)

Abb. 82: Demotivatoren

motivatoren und damit den zentralen Ansatzpunkten von Demotivationsabbau und -prävention gefragt (vgl. Abbildung 82).[363]

Die Befunde deuten zunächst auf eine **hohe zeitliche Stabilität der zentralen Demotivatoren** hin. So befinden sich alle heute hoch eingestuften Faktoren auch unter den »Top five« des Jahres 2010, »**mangelnde Anerkennung**« rangiert beide Male auf dem **ersten Platz**. Gleichzeitig unterstreichen Veränderungen in der Rangskala (z. B. das Aufrücken des Aspektes »Arbeitsinhalt« von Platz vier auf zwei) sowie das Hinzutreten neuer Faktoren, wie »ungenügender Leistungserfolg« und »Organisationskultur«, dass Mitarbeitende vermehrt nach Sinn und Identifikationsmöglichkeiten in und mit ihrer Arbeit suchen.

Ergebnisthese 66:	Veränderte Führungsbeziehungen

Als »**Führungsstil**« bezeichnen wir spezifische, innerhalb von Bandbreiten und Führungskontexten konsistente und wiederkehrende Verhaltensmuster von Führungskräften.

---

363 Frage: »Bitte wählen Sie unter folgenden Aspekten jeweils jene fünf aus, die Ihrer Meinung nach gegenwärtig und zukünftig am stärksten demotivierend wirken.«

Den Ausgangspunkt unserer Analyse bildete eine Erweiterung einer klassischen Abfrage nach *Tannenbaum/Schmidt* (vgl. Abbildung 83).[364]

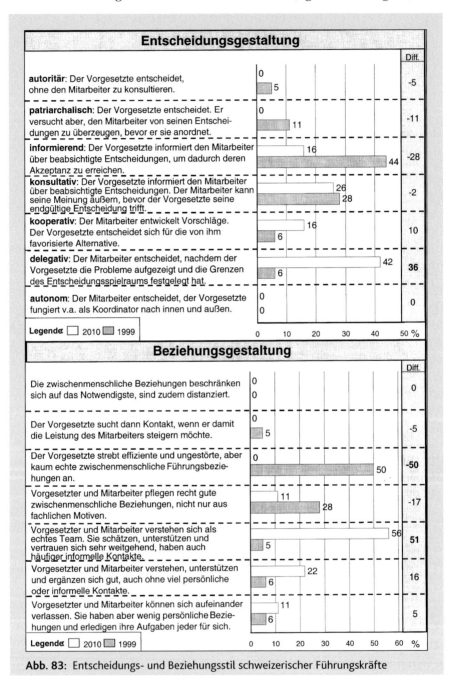

Abb. 83: Entscheidungs- und Beziehungsstil schweizerischer Führungskräfte

Die **Entscheidungspartizipation** in schweizerischen Unternehmen ist nach Meinung der Experten **gegenwärtig** noch **gering**. Es dominiert der »informierende«, gefolgt vom »konsultativen« Führungsstil. Für die **Zukunft** sagt ein Großteil der Befragten (42 %) eine markante Veränderung voraus: die **Vorherrschaft des delegativen Führungsstils**. Diese Einschätzung deckt sich nach diversen eigenen Untersuchungen mit den Wünschen reifer Mitarbeiter.

Die Führungsbeziehungen sind derzeit primär auf eine **effiziente** und **reibungslose Aufgabenerfüllung** ausgerichtet, erst dann folgen zwischenmenschliche Aspekte. Für die Zukunft werden deutlich **kooperativere Beziehungen mit informellen Anteilen** vorhergesagt.

Ergebnisthese 67:	**Transformationale Führung als Führungsstil 2010**

Die zweite Frage thematisierte drei Führungsstile, die in den letzten Jahren besondere Aufmerksamkeit erfahren haben:[365]

* **charismatische Führung**: die Persönlichkeit des Führers bewirkt hohe Identifikation, wirkt mitreißend, ist aktiv dynamisch

* **transaktionale Führung**: definiert Ziele/Aufgaben klar und operational, zeigt Mittel und Wege zur Erreichung persönlicher Ziele auf, praktiziert Management by Exception

* **transformationale Führung**: inspiriert, zeigt Visionen auf, regt intellektuell an, geht auf individuelle Besonderheiten der Geführten ein, Person des Führers und/oder aufgezeigte Vision aktivieren intrinsische Motive.

Es wird eine vermehrte Verbreitung aller drei Führungsstile prognostiziert (vgl. Abbildung 84)[366]. Der **transformationalen Führung** wird der

---

364 Frage: »Bitte geben Sie an, welcher Entscheidungs- und welcher Beziehungsstil zwischen Vorgesetzten und Mitarbeitern Ihrer Ansicht nach heute und im Jahr 2010 mehrheitlich in schweizerischen Unternehmen praktiziert wird.«; vgl. auch Tannenbaum/Schmidt 1958

365 Vgl. die differenzierte Beschreibung in Kapitel 3.2 Förderung des internen Unternehmertums sowie Wunderer 2000, S. 60ff. und S. 267ff.

366 Frage: »Bitte begründen Sie kurz die gegenwärtige und zukünftige Verbreitung dieser Führungsstile in schweizerischen Unternehmen. Bitte begründen Sie kurz die prognostizierte Entwicklung bis zum Jahr 2010.«

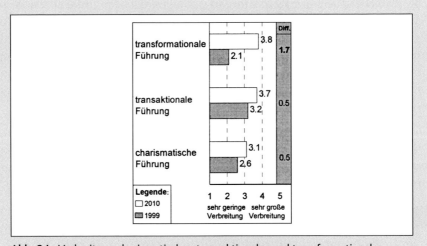

Abb. 84: Verbreitung charismatischer, transaktionaler und transformationaler
Führung

größte Bedeutungszuwachs sowie die weitaus **höchste Bedeutung** zugeschrieben. Als zentrale Gründe werden genannt:

- Sie spricht im Gegensatz zu transaktionaler Führung auch stark die
  emotionale Seite der Geführten an.

- Transformationale Führung versucht eine **Harmonisierung individueller und unternehmerischer Interessen** und damit auch eine Stär-
  kung und Motivation der Eigenverantwortung von Mitarbeitern.

- Der **Wertewandel** – insb. die vermehrte »Sinnsuche« – begünstigt die
  Verbreitung der transformationalen Führung.

Ergebnisthese 68: **Managing the Boss: Mitarbeitende übernehmen vermehrt Führungsrollen**

Führung wird nicht mehr als einseitige Top-down-Einflussbeziehung
verstanden. Wertewandel, technologischer Fortschritt, Veränderungen
im Organisations- und Führungsverständnis und erhöhte Qualifikation
der Mitarbeitenden fordern, dass Unterstellte vermehrt Einfluss auf ihre Vorgesetzten nehmen können und wollen. Deshalb wurde nach Bedeutung und Verbreitung der sog. »Führung des Chefs« (synonym: Führung von unten)[367] sowie nach der Verwendung von spezifischen Einflussstrategien[368] gefragt (vgl. Abbildung 85).

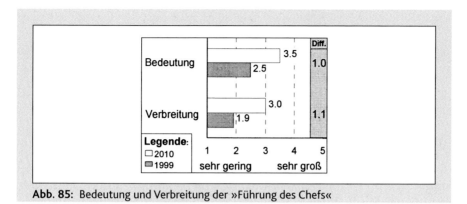

Abb. 85: Bedeutung und Verbreitung der »Führung des Chefs«

Die noch geringe **Bedeutung** und **Verbreitung** der »Führung von unten« wird **deutlich ansteigen**, insgesamt aber nur **mittlere Werte** erreichen. Dies könnte damit zusammenhängen, dass in der Schweiz – auch im Vergleich mit 60 anderen Ländern – die sog. »Machtdistanz«, d. h. die Betonung von Ungleichheit hinsichtlich Macht, Prestige und Status, immer noch relativ hoch eingeschätzt wird.[369]

Es wurden acht Einflussstrategien abgefragt: »rationale sachliche Argumentation«, »freundliches unterstützendes Verhalten«, »bestimmtes, ggfs. hartnäckiges Verhalten«, »Verhandeln, Eingehen von Tauschgeschäften«, »Koalitionsbildung mit Gleichgesinnten«, »höhere Instanzen einschalten«, »inspirierende Vorschläge unterbreiten« sowie »Tatsachen schaffen«.

Nach Ansicht der Befragten wird die Verbreitung der Strategie »**inspirierende Vorschläge**« **stark zunehmen**. Komplementär zur zentralen Führungsrolle »Leader« sowie zur zukünftig besonders wichtigen transformationalen Führung wird damit die Begeisterung und Inspiration des Chefs zur zentralen Geführtenaufgabe. Die »**Einschaltung höherer Instanzen**« wird dagegen nachrangig (vgl. Abbildung 86). Für diese Ver-

---

367 Fragen: »Bitte beurteilen Sie, welche Bedeutung eine Führung des Chefs durch die Mitarbeiter heute und im Jahr 2010 hat. Bitte schätzen Sie weiterhin, wie verbreitet die Führung des Chefs gegenwärtig und zukünftig in schweizerischen Unternehmen ist.«

368 Frage: »Bitte beurteilen Sie nun, welche der folgenden Einflussstrategien bei der Führung des Chefs gegenwärtig und zukünftig am häufigsten und welche am seltensten eingesetzt werden. Bitte begründen Sie kurz die prognostizierte Entwicklung bis zum Jahr 2010.«

369 Vgl. Weibler/Wunderer 1997; Weibler 1999

Häufigste Einflussstrategie	
1999	2010
rationale sachliche Argumentation (43 %)	inspirierende Vorschläge (43 %)
Seltenste Einflussstrategie	
1999	2010
inspirierende Vorschläge/Verhandeln, Eingehen von Tauschgeschäften (je 25 %)	höhere Instanzen einschalten (50 %)

Abb. 86: Einflussstrategien bei der »Führung des Chefs«

änderungen werden die zunehmende Eigenständigkeit der Mitarbeiter sowie veränderte Ansprüche und Erwartungen der Vorgesetzten verantwortlich gemacht.

| **Ergebnisthese 69:** | **Virtualisierung verändert die Mitarbeiterführung** |

Virtuelle Strukturen werden sich in schweizerischen Unternehmen zunehmend verbreiten. Dies wird auch Führungsbeziehungen beeinflussen. Wir haben deshalb nach zentralen Auswirkungen gefragt.[370] Die genannten Folgerungen lassen sich zu drei Punkten zusammenfassen:

- Die zunehmende Virtualisierung erfordert eine **stärkere Ausprägung der strukturellen Führung**. Klare Strukturen/Regeln sowie gemeinsame Werte werden noch wichtiger.

- Von den **Geführten** wird viel **Selbstständigkeit** und **Eigenverantwortung**, von den **Vorgesetzten** v. a. **Vertrauen** verlangt.

- Neue **Kommunikationsinstrumente** müssen beherrscht und genutzt werden.

Die zwei größten **Problempotentiale** liegen in fehlender persönlicher Kommunikation sowie in erschwerter Vertrauensbildung.

---

370 Fragen: »Die Virtualisierung von Organisationen ist ein vieldiskutiertes Thema. (…) Bitte skizzieren Sie stichwortartig die zentralen Folgerungen für die Mitarbeiterführung. Bitte nennen Sie die zwei größten Problempotentiale virtueller Strukturen im Rahmen der Mitarbeiterführung.«

6.2 Laterale Kooperation

6.2.1 Ergebnisthesen

70. Teamübergreifende Kooperation gewinnt erheblich an Bedeutung: Unternehmensexterne und -interne Entwicklungen (z. B. die Globalisierung, Virtualisierung und Dezentralisierung) verlangen zunehmend teamübergreifende Kooperation zwischen Organisationseinheiten.

71. Teamübergreifende Kooperation verbessert sich: Die besonders konfliktträchtige teamübergreifende Kooperation wird entschärft. Bei 12 von insgesamt 17 potentiellen Konfliktursachen wird sinkende Bedeutung prognostiziert – besonders bei der gegenwärtig noch geringen Bereitschaft zu kooperativem Verhalten. Andere Konfliktpotentiale bleiben oder verstärken sich. Letzteres gilt v. a. für die Anonymisierung der Arbeitsbeziehungen durch Virtualisierung.

72. Neue Steuerungsinstrumente lateraler Kooperation: Prozessorientierung und Instrumente zum Aufbau und zur Pflege einer Kooperationskultur werden wichtiger und verstärkt eingesetzt. Die heute noch zentrale hierarchische Konfliktlösung rückt in den Hintergrund.

6.2.2 Einführung

Mit dem Breitenwachstum von Organisationen wächst der Bedarf an **arbeitsteiliger Kooperation**. Viele Koordinationsaufgaben können nicht mehr allein durch Hierarchie effizient gelöst werden. Auch Mitarbeiter fordern zunehmend mehr Entscheidungs- und Handlungsfreiheit, mehr Kommunikation, Empathie und Vertrauen sowie konstruktiven Umgang mit Konflikten.[371] Verstärkt durch Technologie und Globalisierung werden **Netzwerkbeziehungen** und **Kooperation** in virtuellen Organisationen wichtig. Damit rücken Selbststeuerung und Kooperation **außerhalb von hierarchischen Beziehungen** in den Vordergrund.

»Laterale Kooperation« bezeichnet eine ziel- und konsensorientierte Zusammenarbeit zur arbeitsteiligen Erfüllung von stellenübergreifenden Aufgaben durch hierarchisch etwa gleichgestellte Organisationsmitglieder. Sie findet innerhalb und zwischen Teams, Divisionen, Un-

---

371 Vgl. Wunderer 2007, S. 480ff. sowie Kapitel 2.3 Gesellschaftliche Werte

ternehmungen sowie zwischen Mitgliedern der Unternehmung und des Unternehmensumfeldes statt und unterscheidet sich erheblich von vertikalen Führungsbeziehungen:[372]

- Da die Kooperationspartner hierarchisch gleichgestellt sind, können – anders als in Führungsbeziehungen – Konflikte nicht mittels Weisung gelöst werden. Erfolgreiche Zusammenarbeit setzt **wechselseitige Abstimmung** und **Konsensfindung** voraus.

- Bei der lateralen Kooperation fehlt eine **eindeutige Statusdifferenzierung**. Dies begünstigt »Rangkämpfe«.

- Während die kooperative Ausgestaltung der Führungsbeziehung gemeinhin als erstrebenswertes Ziel deklariert wird, werden auf lateraler Ebene **Differenzierungsregeln** wie »fordernde Konkurrenz« oder »individuelle Ergebnisverantwortung« zunehmend als Wegweiser zur Organisationseffizienz verstanden. Divisionale Organisationsformen, hausinterne Konkurrenzmarken oder Profit-Center-Organisation sind typische Beispiele hierfür.

- Im Vergleich zur lateralen Kooperation gelingt in der vertikalen Linie die Einigung auf gemeinsame Ziele meist auch leichter; dies nicht nur, weil Ziele nötigenfalls mittels Anweisung vorgegeben werden können, sondern auch, weil die Arbeitsziele des Mitarbeiters aus übergeordneten Zielen des Vorgesetzten abgeleitet und daher damit kompatibel sind. Im horizontalen Bereich entwickeln sich dagegen – gerade bei teamübergreifender Kooperation – »systemimmanent« **konfligierende Ziele**. So geraten z. B. Vertriebsabteilungen mit Forderungen nach breitem Sortiment, kurzen Lieferfristen und langen Zahlungszielen leicht in Zielkonflikte mit Produktions- oder Finanzabteilungen.

Laterale Kooperation stellt somit wesentlich höhere Anforderungen an die Kooperationspartner. Ihnen muss es gelingen, eine von **Vertrauen** und **Toleranz** geprägte **Kultur** aufzubauen, die einen konstruktiven Umgang mit Konflikten erlaubt, aber auch rationale und transparente Vereinbarungen (z. B. über Verrechnungspreise, Abnahmevereinbarungen oder Wertschöpfungs-Center-Organisation) zu finden. Wie empirische Befunde zeigen, bereitet die laterale Kooperation mit anderen Organisationseinheiten mehr Probleme als die Zusammenarbeit im Team und mit Vorgesetzten.[373]

---

372 Vgl. Wunderer 2007, S. 468ff.
373 Vgl. Wunderer 2007, S. 482f.

Laterale Kooperationspartner sind z. B. mit folgenden **Problemfeldern** konfrontiert:[374]

- Wachsende **Betriebsgrößen**, zunehmend horizontale Arbeitsteilung und umfassende Restrukturierungen führen zu organisationalem Breitenwachstum und häufigem Wechsel von Kooperationspartnern.

- Rationalisierungs- und **Leistungsdruck** sowie **rationalistische Führungskonzepte** und -**philosophien** fördern Konkurrenzverhalten. Sie behindern Vertrauensbildung und beschränken personale **Identifikation** mit Kollegen oder Vorgesetzten.

- Die – besonders mit der Virtualisierung einhergehende – zunehmende **Anonymisierung** erschwert die Beziehungsgestaltung.

- Zunehmender **Individualismus** und wachsende **Egozentrik** fördern die Entwicklung von »Ich-AGs« und beeinträchtigen den Aufbau einer kooperationsorientierten Konfliktkultur.

- Laterale Kooperationskonflikte werden oft »**totgeschwiegen**«, **umgeleitet** oder **verdrängt**. Dies führt z. B. zu sogenannten »Konfliktsparbüchern«, in denen gerade laterale Konflikte »hochverzinslich« und langfristig angelegt werden.

6.2.3 Einzelergebnisse

Laterale Kooperation erhält nach Expertenmeinung bis zum Jahr 2010 zunehmende Bedeutung (+ 0.7). Wir haben Formen, Konfliktpotentiale und Steuerungsansätze dieser Funktion zur Diskussion gestellt.

Ergebnisthese 70: Teamübergreifende Kooperation gewinnt erheblich an Bedeutung

Den Ausgangspunkt bildete eine Frage nach der Bedeutung der grundlegenden Kooperationsformen »teaminterne Kooperation« und »teamübergreifende Kooperation« (vgl. Abbildung 87).[375]

---

374 Vgl. Wunderer 2007, S. 488ff.
375 Frage: »Bitte beurteilen Sie die gegenwärtige und zukünftige Bedeutung der teaminternen Kooperation sowie der teamübergreifenden Kooperation.«

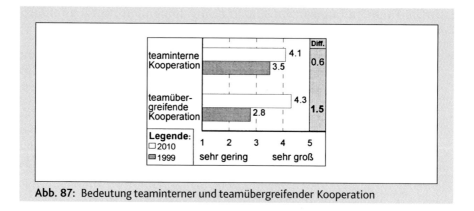

Abb. 87: Bedeutung teaminterner und teamübergreifender Kooperation

Für **beide Kooperationsformen** wird **zunehmende Bedeutung** prognostiziert. Besonders auffällig ist jedoch der **extreme Zuwachs** bei der **teamübergreifenden Kooperation** (+1.5). Dieser kann als Folge tiefgreifender Umfeld- und Unternehmensveränderungen gewertet werden: Globalisierung und Internationalisierung, Netzwerksteuerung, Dezentralisierung, Virtualisierung sowie die Verbreitung von Projektorganisation erhöhen den teamübergreifenden Kooperationsbedarf.

Ergebnisthese 71:	Teamübergreifende Kooperation verbessert sich

Die Personalexperten wurden auch gebeten, die gegenwärtige und zukünftige Relevanz klassischer Konfliktursachen zu beurteilen.[376]

Dabei zeigten sie sich bemerkenswert optimistisch (vgl. Abbildung 88): Bei **12** von 17 **Konfliktquellen** sehen sie zukünftig **weniger Probleme**. Insb. für die heute zentrale **mangelnde Bereitschaft zu kooperativem Verhalten** wird extrem sinkende Bedeutung (-1.9) prognostiziert. Beachtliche Bedeutungsverluste verzeichnen auch mangelnde Einsicht in die Notwendigkeit zur Kooperation (-0.8), einseitige Orientierung auf die eigene Organisationseinheit (-0.6), Konkurrenzgefühle zwischen Mitarbeitern verschiedener Organisationseinheiten (-0.5) sowie mangelnde Fähigkeit zu kooperativem Verhalten (-0.5).

Bestimmte Konfliktpotentiale bleiben oder **verstärken** sich trotzdem. Das betrifft besonders die **Anonymisierung der Arbeitsbeziehungen**

---

376 Frage: »Bitte bewerten Sie die folgenden Ursachen von teamübergreifenden Kooperationskonflikten hinsichtlich ihrer heutigen und zukünftigen Bedeutung.«

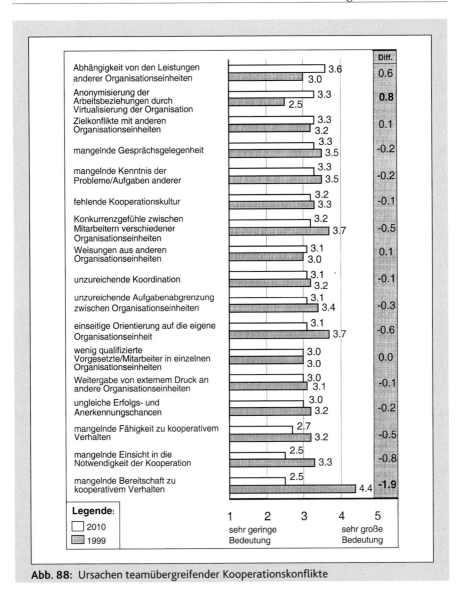

Abb. 88: Ursachen teamübergreifender Kooperationskonflikte

durch Virtualisierung der Organisation[377] (+0.8). Gleiches gilt für die Abhängigkeit von den Leistungen anderer Organisationseinheiten, Zielkonflikte mit und Weisungen aus anderen Organisationseinheiten sowie wenig qualifizierte Vorgesetzte und Mitarbeiter in einzelnen Organisationseinheiten.

---

377 Vgl. insb. Kapitel 2.1 Wirtschaft und Kommunikationstechnologie

Ergebnisthese 72: Neue Steuerungsinstrumente lateraler Kooperation

Durch adäquate Instrumente und Maßnahmen lassen sich viele Kooperationskonflikte vermeiden, mildern oder besser handhaben. Abbildung 89 zeigt, wie die Experten verschiedene Ansätze beurteilen.[378]

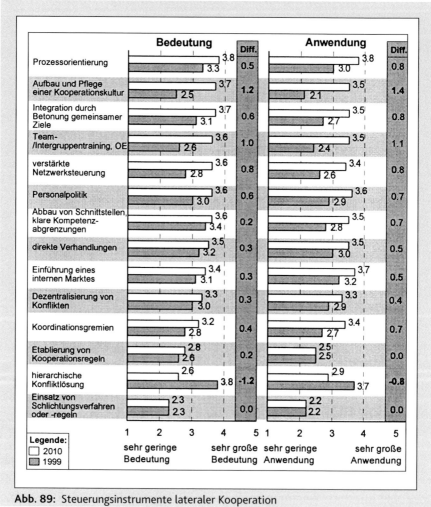

Abb. 89: Steuerungsinstrumente lateraler Kooperation

---

378 Frage: »Bitte beurteilen Sie folgende Steuerungsinstrumente lateraler Kooperation hinsichtlich ihrer Bedeutung und Anwendung in schweizerischen Unternehmen.«

Damit rücken bislang weniger bedeutsame und eingesetzte Instrumente, wie **Prozessorientierung, Aufbau und Pflege einer Kooperationskultur, Team- und Intergruppentraining** sowie **Personalpolitik** (z. B. Auswahl und Entwicklung kooperationsfähiger/-bereiter Mitarbeiter, Gratifikation bzw. Sanktionierung der Kooperation) in den **Vordergrund**. Gleichzeitig tritt – auch wegen vermehrter Selbststeuerung[379] – die **hierarchische Konfliktlösung** in den **Hintergrund**.

---

379 Vgl. Wunderer 2007, S. 489f.

6.3 Personalcontrolling

6.3.1 Ergebnisthesen

73. **Personalcontrolling wird institutionalisiert**: Die Experten prognostizieren beim institutionalisierten Personalcontrolling einen Zuwachs von 27% auf 54%. Dabei werden Personalmarketing sowie Anreiz-/Entgeltgestaltung am stärksten einbezogen. Deutlich stärker berücksichtigt werden die Funktionen »Personalentwicklung«, »Laterale Kooperation« und »Führung«.

74. **Zunehmende Integration mit anderen Controlling-Bereichen**: Bedeutung und Verbreitung einer systematischen Abstimmung mit anderen Controlling-Bereichen nehmen beträchtlich zu. Der größte Abstimmungsbedarf wird mit dem Finanzcontrolling erwartet. Abstimmungserschwernisse, wie unzureichendes Problembewusstsein und Ressortdenken, werden zunehmend abgebaut.

75. **Wachsende Verbreitung des strategischen Personalcontrollings**: Neben dem operativen wird v. a. das strategische Personalcontrolling zukünftig deutlich stärker eingesetzt. Vorrangig berücksichtigt werden Effizienz der Personalarbeit und Qualität der Personalstruktur. Vermehrt werden die Werte der Personalarbeit einbezogen.

76. **Wertschöpfungscontrolling – größere Bedeutung, verstärkt integrierte Messung**: Die Mehrzahl der Indikatoren zur Erfassung der Wertschöpfung verbucht Bedeutungszuwächse. Dabei werden Service- und Managementqualität des Personalmanagements sowie die Zufriedenheit der internen Kunden im Zentrum stehen. Bislang wenig verwendete Modelle zur integrierten Messung der Wertschöpfung (z. B. Balanced Scorecard, EFQM-Modell) werden vermehrt eingesetzt.

77. **Personalcontrolling evaluiert Mitunternehmertum**: Alle Aspekte des Mitunternehmertums, wie unternehmerische Schlüsselqualifikationen, Strategien oder Werte, werden zunehmend einbezogen. Die größten Zuwächse werden bei der qualitativen Personalstrukturgestaltung und bei Werten gesehen.

78. **Personalentwicklungs- und Führungscontrolling konzentriert sich auf »weiche Faktoren«**: Harte Faktoren bleiben relevant, werden aber zunehmend durch »Soft Factors« wie Personalentwicklungs-

kultur, -potentiale und -motivation sowie Führungsbeziehungen und -motivation ergänzt. Hier besteht aber noch erheblicher Operationalisierungsbedarf.

6.3.2 Einführung

Der Produktionsfaktor »menschliche Arbeit« und das Personalmanagement wurden bisher nicht hinreichend evaluiert. Gegenwärtig sehen sich die Personalverantwortlichen zunehmenden **Kostensenkungserfordernissen** gegenüber und müssen hohe Ausgaben für Personalprogramme rechtfertigen.[380] Dies erfordert ein Instrumentarium zur aussagekräftigen Messung von Kosten und Output im Personalbereich.

Dieser Trend unterstützt ein **eigenständiges Personalcontrolling**. Damit folgt das Personalmanagement einer Entwicklungstendenz im Unternehmenscontrolling: Für immer mehr Funktionsbereiche werden spezifische Controllingkonzepte entwickelt und eingeführt.

Bei der Ausgestaltung und Umsetzung entscheidet die jeweilige **Personalcontrolling-Philosophie**, welche Grundhaltungen als Maßstab gelten und welche Ziele verfolgt werden. Personalcontrolling unterscheidet sich von anderen Controlling-Bereichen insb. in folgenden Punkten:

* Personalcontrolling **fokussiert** die Personalarbeit, das menschliche Potential, Leistungs- sowie Arbeitsverhalten und -ergebnisse.

* Es konzentriert sich auch auf **arbeitsrelevante Aspekte** und auf **Arbeitsrollen** aller Mitarbeiter. Es werden deshalb nur **Ausschnitte** des Phänomens »Mensch und Arbeit« erfasst. Die Begrenzung bestimmt die Personalcontrolling-Philosophie. Sie entscheidet z. B., inwieweit neben **ökonomischen auch soziale** Aspekte berücksichtigt werden.

Je mehr Entwicklungen des Unternehmensumfelds und Wertfragen die Personalarbeit beeinflussen,[381] desto mehr muss das Personalcontrolling seinen Schwerpunkt vom **vergangenheitsbezogenen** Berichtswesen zu einer **antizipativen und qualitativen Steuerungsfunktion** verlagern. Dies erfordert neben der Kontrollfunktion strategische Lotsen-, Frühwarn-, Evaluations- und Integrationsfunktionen (vgl. Abbildung 90).

---

380 Vgl. Kapitel 3.3 Wertschöpfung des Personalmanagements
381 Vgl. Kapitel 2.3 Gesellschaftliche Werte

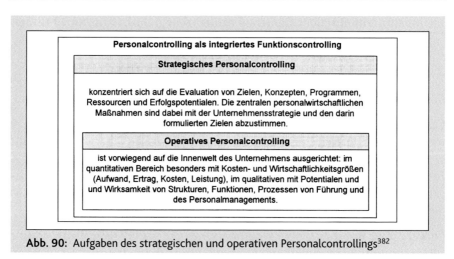

Abb. 90: Aufgaben des strategischen und operativen Personalcontrollings[382]

Personalcontrolling soll auch die unternehmensstrategische Bedeutung der Ressource »Personal« **transparent** machen und somit ihren unternehmerischen Wert begründen.[383] Dies ist nur mit Bezug auf die Beiträge anderer Funktionen möglich. **Integriertes Personalcontrolling** ist deshalb mit dem Unternehmenscontrolling abzustimmen.

6.3.3 Einzelergebnisse

Im Rahmen der Expertenbefragung wurde über Verbreitung, Einsatzbereiche, Abstimmung mit anderen Controlling-Feldern sowie ausgewählte Schwerpunkte der Steuerungsfunktion Personalcontrolling diskutiert.

Ergebnisthese 73: **Personalcontrolling wird institutionalisiert**

Nach Einschätzung der Befragten[384] beläuft sich der Anteil der Organisationen mit einem institutionalisierten Personalcontrolling **gegenwärtig** auf durchschnittlich **27 %**. Bis zum Jahr 2010 wird mit einem **Anstieg** auf **54 %** gerechnet. Hierfür dürften zwei Faktoren verantwort-

---

382 Vgl. Wunderer 2007, S. 419f.
383 Vgl. Kapitel 3.3 Wertschöpfung des Personalmanagements
384 Fragen: »Bitte schätzen Sie, in wie viel Prozent der schweizerischen Groß-/Mittelunternehmen und öffentlichen Verwaltungen ein institutionalisiertes Personalcontrolling existiert. Bitte beurteilen Sie, inwieweit dabei folgende Bereiche berücksichtigt werden.«

lich sein: Das Personalmanagement wird einerseits weiter mit Kostensenkungserfordernissen konfrontiert.[385] Andererseits hat es vermehrt strategische Aufgaben zu übernehmen.[386] Dies erfordert Instrumente zur aussagekräftigen Messung der Wertschöpfung im Personalbereich sowie ein proaktives Steuerungskonzept zur Informationsgenerierung, Kontrolle und Koordination von Personalmanagementaktivitäten. Abbildung 91 zeigt die Berücksichtigung verschiedener Aktivitätsfelder des Personalmanagements im Rahmen des Personalcontrollings.

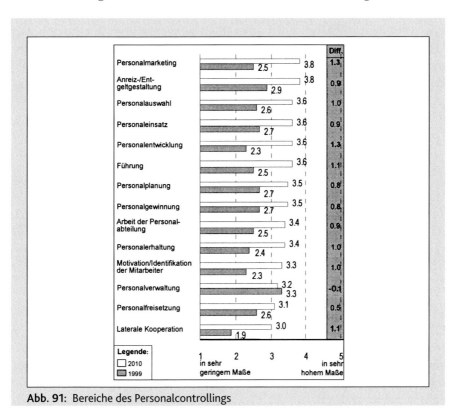

Abb. 91: Bereiche des Personalcontrollings

Mit Ausnahme der Personalverwaltung werden für alle Aufgabenbereiche beachtliche Zuwächse vorhergesagt. Die höchsten Steigerungen (>1.0) erfahren strategisch besonders bedeutsame Funktionen, wie Personalmarketing, Personalentwicklung und Führung. Aber auch laterale Kooperation wird zukünftig erheblich stärker einbezogen.

---

385 Vgl. Wunderer 2007, S. 418
386 Vgl. Kapitel 3.1 Unternehmensstrategische Integration

Ergebnisthese 74: Zunehmende Integration mit anderen Controlling-Bereichen

Personalcontrolling ist i. d. R. in andere Controllingfunktionen einge-
bettet und muss seine Aktivitäten damit koordinieren. Dazu wurden Bedeutung und Verbreitung einer systematischen Abstimmung des Personalcontrollings mit anderen Controlling-Bereichen[387] sowie die Relevanz
potentieller Abstimmungshemmnisse[388] beurteilt.

Wie Abbildung 92 zeigt, wird – parallel zur vermehrten Integration von
Unternehmens- und Personalstrategie[389] – eine **systematische Abstimmung** des Personalcontrollings mit anderen Controlling-Bereichen als
zunehmend wichtiger und **verbreiteter** eingeschätzt.

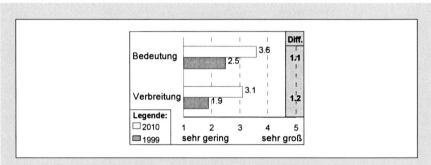

Abb. 92: Abstimmung des Personalcontrollings mit anderen Controlling-Bereichen

Das Personalcontrolling muss über Kontakte zum zentralen Unterneh-
mens-Controlling und zum dezentralen Controlling der anderen Bereiche sichern, dass die Aktivitäten innerhalb des Personalmanagements
mit der Gesamtplanung des Unternehmens kompatibel sind und für
eine ausreichende Berücksichtigung des Faktors »Personal« in den
Kalkülen anderer Bereiche sorgen. Besonders großer Abstimmungs-

---

387 Fragen: »Welche Bedeutung und Verbreitung hat eine systematische Abstimmung des
Personalcontrollings mit anderen Controlling-Bereichen gegenwärtig und zukünftig
in schweizerischen Groß- und Mittelunternehmen? Bitte beurteilen Sie den Abstimmungsbedarf des Personalcontrollings mit folgenden Controlling-Bereichen im Jahr
2010.«
388 Frage: »Bitte beurteilen Sie, inwieweit folgende Faktoren die Abstimmung zwischen
Personalcontrolling und anderen Controlling-Bereichen gegenwärtig und zukünftig
erschweren.«
389 Vgl. Kapitel 3.1 Unternehmensstrategische Integration

bedarf wird zukünftig mit dem Finanzcontrolling erwartet (vgl. Abbildung 93).

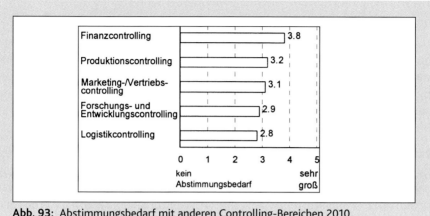

Abb. 93: Abstimmungsbedarf mit anderen Controlling-Bereichen 2010

Bei der Bedeutung von Abstimmungsproblemen zeigten sich die Befragten – ähnlich wie bei der Entwicklung von Kooperationskonflikten[390] – recht optimistisch. Allen vier zur Diskussion gestellten **Problempotentialen** wird **rückläufige Bedeutung** bescheinigt (vgl. Abbildung 94). So wird mit einem reiferen Entwicklungsgrad des Personalwesens, mit geringerem Ressortdenken, einer weniger einseitigen Ausrichtung des oberen Managements sowie mit wachsendem Problembewusstsein gerechnet.

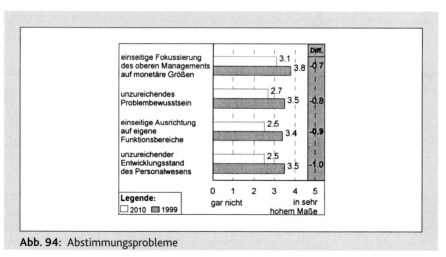

Abb. 94: Abstimmungsprobleme

---

390 Vgl. Kapitel 6.2 Laterale Kooperation

Ergebnisthese 75: Wachsende Verbreitung des strategischen Personalcontrollings

Strategisches Personalcontrolling evaluiert besonders die Frage »Tun wir die richtigen Dinge?« Es konzentriert sich dabei auf Ziele, Konzepte, Programme, Ressourcen und Erfolgspotentiale. **Operatives Personalcontrolling** konzentriert sich auf die Frage »Tun wir die Dinge richtig?«. Es beschäftigt sich v. a. mit Kosten- und Wirtschaftlichkeitsgrößen sowie mit der Qualität und Wirksamkeit von Prozessen, Funktionen und Strukturen von Führung und Personalmanagement.

Nach Ansicht der Befragten gelangt das **operative Personalcontrolling gegenwärtig in mittlerem,** das **strategische Personalcontrolling** sogar nur **in geringem Maße** zur Anwendung.[391] Unter dem Einfluss der prognostizierten strategischen Neuausrichtung des HRM[392] wird bis zum Jahr 2010 mit einer deutlich **wachsenden Verbreitung des strategischen Personalcontrollings** gerechnet (vgl. Abbildung 95).

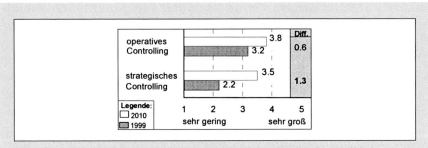

Abb. 95: Verbreitung des operativen und strategischen Personalcontrollings

Zurzeit sind **Personalinstrumente** und die **Organisation der Personalarbeit** die am stärksten berücksichtigten Inhalte des strategischen Personalcontrollings (vgl. Abbildung 96).[393] Unter dem verstärkten Kosten- und Leistungsdruck sowie den erhöhten Anforderungen an die Mitarbeitenden rücken die **Effizienz der Personalarbeit** und die **Qualität der**

---

391 Frage: »Bitte beurteilen Sie zunächst die gegenwärtige und zukünftige Verbreitung von strategischem und operativem Personalcontrolling in schweizerischen Unternehmen.«

392 Vgl. Kapitel 3.1 Unternehmensstrategische Integration

393 Frage: »Bitte beurteilen Sie, inwieweit im Rahmen des strategischen Personalcontrollings folgende Inhalte gegenwärtig und zukünftig berücksichtigt werden.«

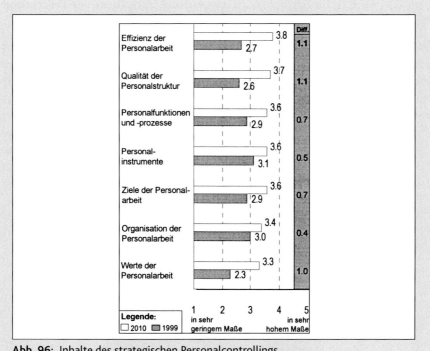

Abb. 96: Inhalte des strategischen Personalcontrollings

Personalstruktur zukünftig in den Vordergrund. Deutlich mehr Gewicht (+1.0) erhalten ferner die **Werte der Personalarbeit**.

Als **größte Probleme** strategischen Personalcontrollings[394] werden **kurzfristiges Denken, ungenügende Qualifikation** der Verantwortlichen, **Mängel bei der Zielformulierung** und der **Integration des Personalcontrollings** sowie **mangelndes Problembewusstsein** genannt.

Ergebnisthese 76:	Wertschöpfungscontrolling – größere Bedeutung, verstärkt integrierte Messung

Wie bereits aufgezeigt, muss das Personalmanagement seinen Beitrag zur unternehmerischen Wertschöpfung vermehrt transparent machen.[395]

---

394 Frage: »Bitte nennen Sie die zwei größten Probleme des strategischen Personalcontrollings.«

395 Vgl. Kapitel 3.3 Wertschöpfung des Personalmanagements

Deshalb sollten die Befragten die Bedeutung verschiedener **Wertschöpfungsindikatoren** beurteilen.[396]

Wie Abbildung 97 zeigt, verzeichnen mit Ausnahme der Fluktuations- und Fehlzeitenraten alle untersuchten Indikatoren zur Messung der Wertschöpfung **wachsende Bedeutung**. Dabei erreicht die **Managementqualität** des Personalmanagements die weitaus **höchste Zuwachsrate** (+1.2). Hier wird ein Defizit der heute vorherrschenden Serviceorientierung des Personalmanagements deutlich. Dass der **Zufriedenheit der internen Kunden** (einschließlich Mitarbeiter) zukünftig vermehrte Bedeutung beigemessen wird, lässt sich mit dem erwarteten Ausbau der marktorientierten Wertschöpfungs-Center-Organisation begründen.[397]

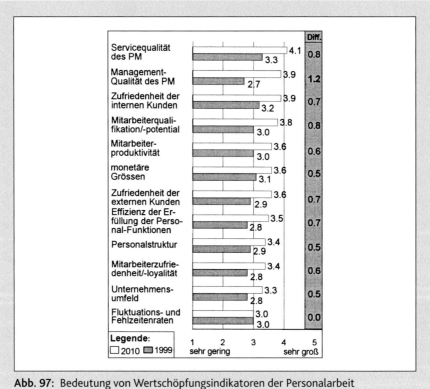

Abb. 97: Bedeutung von Wertschöpfungsindikatoren der Personalarbeit

---

396 Frage: »Bitte beurteilen Sie (…), welche Bedeutung folgende Indikatoren bei der Messung der Wertschöpfung des Personalmanagements gegenwärtig und zukünftig haben.«
397 Vgl. Kapitel 7.2 Die Personalabteilung als Wertschöpfungs-Center

Zur Messung der Wertschöpfung im Personalmanagement können neben Einzelindikatoren auch integrierte Bewertungsansätze, wie z. B. die Balanced Scorecard, Modelle für Umfassendes Qualitätsmanagement oder Business Excellence-Modelle, verwendet werden.[398] Abbildung 98 zeigt die Einschätzung der Befragten zur gegenwärtigen und zukünftigen Verbreitung.[399]

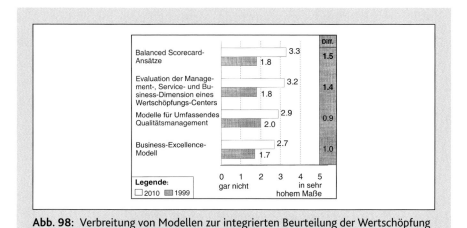

Abb. 98: Verbreitung von Modellen zur integrierten Beurteilung der Wertschöpfung des Personalmanagements

Demnach werden alle – bislang wenig verwendeten Ansätze – zukünftig deutlich stärker eingesetzt, insgesamt aber nur mittlere Verbreitung finden.

Ergebnisthese 10: **Personalcontrolling evaluiert Mitunternehmertum**

Da der Förderung des Mitunternehmertums zentrale strategische Bedeutung beigemessen wird,[400] müssen die Elemente dieses Konzeptes regelmäßig und systematisch evaluiert werden. Wir fragten deshalb, inwieweit dies in der Schweiz heute und im Jahr 2010 geschieht.

Nach Einschätzung der Befragten[401] wird das Konzept »Mitunterneh-

---

398 Vgl. Wunderer/Jaritz 2007, S. 353ff.
399 Frage: »Bitte beurteilen Sie (…), inwieweit folgende Modelle zur integrierten Beurteilung der Wertschöpfung des Personalmanagements in schweizerischen Groß-/Mittelunternehmen und öffentlichen Verwaltungen gegenwärtig und zukünftig eingesetzt werden.«
400 Vgl. Kapitel 3 Strategie 2010
401 Frage: »Bitte beurteilen Sie, inwieweit folgende Aspekte des Mitunternehmertums heute und zukünftig Gegenstand des Personalcontrollings in schweizerischen Groß-/Mittelunternehmen und öffentlichen Verwaltungen sind.«

mertum« gegenwärtig nur selten einem Controlling unterzogen (vgl. Abbildung 99). Für die Zukunft wird für alle Aspekte eine z. T. deutlich höhere Evaluation vorhergesagt. Die größte Aufmerksamkeit wird die **Gestaltung der qualitativen Personalstruktur** durch Auswahl und Entwicklung unternehmerisch kompetenter Mitarbeiter erfahren. Eine hohe Zuwachsrate verbuchen auch hier **Werte**, konkretisiert z. B. über Handlungsspielraum/-verantwortung, Vertrauen oder Innovation.

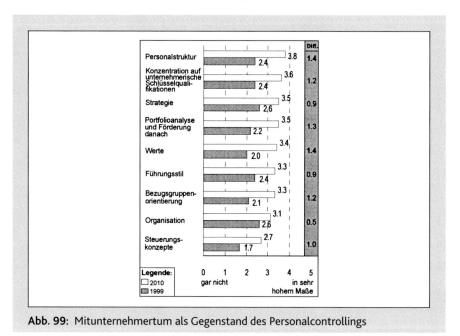

Abb. 99: Mitunternehmertum als Gegenstand des Personalcontrollings

Ergebnisthese 78: **Personalentwicklungs- und Führungscontrolling konzentriert sich auf »weiche Faktoren«**

Da Personalentwicklung und Führung zukünftig deutlich stärker evaluiert werden,[402] sollten die Personalfachleute auch die Bedeutung verschiedener Evaluationsbereiche beurteilen.[403]

---

402 Vgl. Ergebnisthese 73

403 Fragen: »Bitte beurteilen Sie, welche Bedeutung folgende Aspekte im Rahmen eines Personalentwicklungscontrollings gegenwärtig und zukünftig haben. Bitte beurteilen Sie, welche Bedeutung die folgenden Aspekte im Rahmen eines Führungscontrollings gegenwärtig und zukünftig haben.«

Wie bei vielen vorab diskutierten Themen wird überall wachsender Handlungsbedarf gesehen. Neben harten, mit Ergebnissen belegbaren Faktoren, wie z.B. Ergebnisveränderungen am Arbeitsplatz, Wissenszuwachs oder Personalentwicklungsorganisation, rücken zunehmend »weiche Faktoren«, wie Personalentwicklungskultur (+1.4), -potentiale (+1.0) und -motivation (+0.9), Einstellungsveränderungen (+0.8), Führungsbeziehungen (+0.8) und -motivation (+1.0) in den Vordergrund (vgl. Abbildung 100). Die Operationalisierung dieser Faktoren ist eine zentrale Herausforderung.

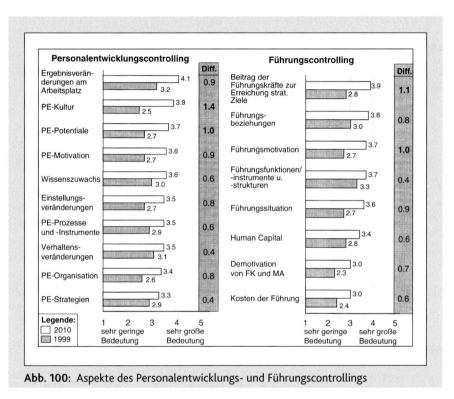

Abb. 100: Aspekte des Personalentwicklungs- und Führungscontrollings

Die **Personalbeurteilung** durch Vorgesetzte bleibt das **wichtigste Controlling-Instrument** (1999: 3.8, 2010: 3.9) des Führungscontrollings.[404] Zugleich **werden Vorgesetztenbeurteilung** (1999: 2.2, 2010: 3.6), **Self-Controlling** (1999: 2.4, 2010: 3.5) und **Beurteilung durch interne Kunden** (1999: 2.3, 2010: 3.4) wichtiger.

---

404 Frage: »Bitte beurteilen Sie die heutige und zukünftige Bedeutung folgender Ansätze und Instrumente im Rahmen eines Führungscontrollings.«

6.4 Folgerungen

Steuerungsfunktionen sollen die Personalfunktionen bei ihrer strategischen Integration und Prozessorientierung unterstützen. Die Experten setzen dazu folgende Schwerpunkte:

Die Führungskraft muss ihr Team zu Leistung motivieren und dessen Interessen bei Kooperationspartnern vertreten

Die wichtigsten Aufgaben der Führungskräfte sind dabei:

- Die Führungskraft soll Mitarbeiter im Sinne eines »Leaders« inspirieren, begeistern und zu Leistung anregen. Außerdem soll sie Aufgaben, aber auch Führungsverantwortung delegieren und Selbstorganisation ermöglichen. Entscheidend ist, dass sie durch Nutzung ihres Gestaltungsspielraums und durch offene Kommunikation **Demotivation** vermeidet und Mitarbeitern **optimale Voraussetzungen zur Leistungserbringung** bietet.

- Bei zunehmender interner Netzwerksteuerung wird die Führungsrolle »Net-Worker« wichtiger. Die Führungskraft muss über Team- und Abteilungsgrenzen hinweg kooperieren, Schnittstellen zu »Kooperationsbrücken« verändern und den Kontakt zu internen wie auch externen Kunden pflegen, v.a. über direkte Kommunikation. Bei zunehmenden Distanzen in global tätigen und zunehmend virtuell geführten Unternehmen sind unterstützende **Kommunikationsinstrumente** zu nutzen. Die Führungskraft muss auch ein Gleichgewicht zwischen Mitarbeiter- und Kundenkontakt finden.

Laterale Kooperation erfordert Konfliktbereitschaft und -kanalisierung

Die Rolle als »Net-Worker« zielt auch auf laterale Kooperation. Führungskräfte sollen Kontakte zu Kooperationspartnern vertrauensfördernd aufbauen, pflegen und vertiefen. Konflikte müssen möglichst **frühzeitig** zur Sprache gebracht und konstruktiv gehandhabt werden.

Die Beteiligten müssen lernen, andere Positionen **ernst** zu nehmen. Sie müssen zu einer begründeten Auseinandersetzung mit ungewohnten Wertvorstellungen, Bedürfnissen, Ansprüchen, Interessen, Erfahrungen und Fachkompetenzen bereit sein. Ein Rückgriff auf das Mittel »Weisung« zur lateralen Konfliktlösung muss die Ausnahme sein.

Grenzen einer Förderung der Konfliktbereitschaft liegen in unnötigen Diskussionen über Ursachen und Hintergründe von Meinungsverschiedenheiten. Deshalb ist die Austragung von Konflikten zu fördern, aber auch zu **kanalisieren**. Liegen die Differenzen zwischen den Beteiligten zu weit auseinander, kann ein **neutraler Dritter** hinzugezogen werden, der die Diskussion wieder in **sachgemäße** Bahnen leitet.

Die Experten erwarten einen **Rückgang der meisten Konfliktpotentiale**. Auch bei sachgemäßer Kooperation wird aber nie völlige Harmonie im Denken und Handeln erreicht werden. Die Beteiligten müssen deshalb sensibel und frühzeitig **Konfliktpotentiale** aufspüren. Auf individueller Ebene liegen diese z. B. in mangelnder Bereitschaft zur besseren Zusammenarbeit und mangelnder Einsicht in deren Notwendigkeit.[405]

Personalcontrolling muss die Wertschöpfung des Personalmanagements ermitteln

Die Experten schätzen das Personalcontrolling als bedeutende zukünftige Steuerungsfunktion ein mit einem Schwerpunkt auf der **Institutionalisierung** und **Integration** mit anderen Controllingfunktionen. Als zunehmend bedeutsam eingeschätzt wird das **Wertschöpfungscontrolling**. Aufgabe ist es hier, bei möglichst vielen personalrelevanten Aktivitäten des Unternehmens und v. a. bei den Personalfunktionen zu prüfen, welchen **Beitrag** diese **zur Wertschöpfung** für die zentralen Bezugsgruppen leisten. Demnach ist das Personalcontrolling zunehmend **strategisch** auszurichten.

Reflexion und Beeinflussung von Kulturen bzw. Werten

Unternehmenskultur konzentriert sich auf Wertesteuerung.[406] Deren zunehmende Bedeutung beeinflusst alle drei Steuerungsfunktionen, »Führung«, »laterale Kooperation« und »Controlling«. Bei flacheren Hierarchien, vermehrt virtualisierten Organisationen und qualifizierteren Mitarbeitern haben Führungskräfte kaum mehr die Möglichkeit, das Verhalten der Mitarbeiter hierarchisch über **Positionsautorität** zu steu-

---

405 Vgl. Wunderer 2007, S. 482f.
406 Vgl. Wunderer 2007, S. 154f.

ern. Vielmehr müssen Mitarbeiter vom **Sinn** ihrer Leistungserbringung überzeugt sein oder werden.

Führungskräfte müssen Mitarbeiter in ihren individuellen Werthaltungen ansprechen, was auch Gefahren in sich birgt: Besonders wenn Unternehmen in **multikulturellen** Märkten mit unterschiedlichen Werthaltungen konfrontiert sind, laufen sie bei **einseitiger Anpassung** an Wertvorstellungen ihrer Mitarbeiter Gefahr, die eigene **Firmenidentität** zu verlieren. Weiterhin zu prüfen, inwieweit Werte der Unternehmung mit denen der Mitarbeiter in Einklang gebracht werden können. Deshalb setzt eine glaubwürdige Steuerung über Werte bzw. Kultur eine bewusste Reflexion und Begründung der unternehmensspezifischen Kultur voraus.

Glaubwürdigkeit erfordert, dass die geteilten Werte ausdrücklich kommuniziert und gelebt werden. Ziel ist, dass sich alle Betroffenen mit diesen Werten auseinandersetzen und ihren Zielen und Handlungen als **Leitfaden** und **Diskussionsbasis** zugrunde legen (können). Die **weichen Führungsfaktoren** gründen in **geteilten Werten** und müssen von den Beteiligten immer wieder neu in der **Situation interpretiert** werden:

- **Geteilte Werte**: Im Rahmen der Steuerungsfunktion »Führung« erwarten die Experten von Vorgesetzten transformationale Führung und von Mitarbeitern die Entwicklung von **inspirierenden** Vorschlägen.[407] Diese Aktivitäten sind immer von bestimmten Wertvorstellungen getragen.

- **Situative Interpretation**: Zur Übertragung dieser geteilten Werte in die jeweilige Arbeitssituation müssen Führungskräfte und Mitarbeiter die zentralen Unternehmenswerte kennen und diese durch kritische Überprüfung in der jeweiligen Arbeitssituation artikulieren können. Ziel ist, den Sinn der jeweiligen Tätigkeit im Kontext gemeinsam geteilter Werte transparent zu machen.

Wie dies konkret bewerkstelligt werden kann, lässt sich exemplarisch am Beispiel der ABB Schweiz zeigen. Dort werden in regelmäßigen Abständen Gruppen von rund 50 Mitarbeitern dazu angeregt, in sog. »Dark Rooms« (vgl. Abbildung 101) über die bestehenden Werte und Normen des Unternehmens nachzudenken, sie niederzuschreiben und an der Entwicklung in Richtung des Soll-Zustandes mitzuarbeiten.

---

407 Vgl. Kapitel 6.1 Führung

Analyse- und Reflexionsinstrument »Dark Rooms«

Setting:
Ein Bistrotisch, zwei Stühle, zwei Gläser Wein, eine Kerze, Salznüsse

Aufgabe:
Ein sehr guter Freund von Dir wird demnächst in die ABB eintreten, und er möchte es dort zu etwas bringen. Er fragt Dich um Rat, worauf er achten soll, wenn er hier beginnt zu arbeiten. Welche Empfehlungen gibst Du ihm?

Abb. 101: Werte und Wertereflexion bei der ABB Schweiz

Stete Evaluation der Werte wird eine wichtige zukünftige Aufgabe für das Personalcontrolling. In diesem Sinn unterstreichen die Experten die Bedeutung der weichen Faktoren im Rahmen des Controllings. Dazu muss erst eine **Bewertungsgrundlage** entwickelt werden, die selbst auf den zentralen Unternehmenswerten gründet. Gemeint ist die **Bindung** an eine **Controlling-Philosophie**. Diese grundlegenden Werthaltungen sind dann im **situativen Kontext** des Arbeitsumfeldes zu interpretieren.

7 Organisation 2010

Die **Aufbau- und Ablauforganisation** des Personalmanagements ist eine **Steuerungsfunktion**. Je nachdem, ob sie zentral oder dezentral organisiert wird, und wie die Personalkompetenzen zwischen den Personalspezialisten und den Fachfunktionen verteilt sind, erhält die Personalarbeit eine andere aufbauorganisatorische Gewichtung.[408] Deshalb kann die Personalstrategie durch gezielte Organisationsgestaltung unterstützt werden. Diese ist nicht nur autonom gestaltbar. Sie wird auch durch das unternehmensexterne und -interne Umfeld bestimmt, beispielsweise durch die technologische Entwicklung oder die Unternehmenskultur. Deshalb wird das Personalmanagement auch mit **organisatorischen Wandlungsprozessen** konfrontiert, denen es seine Strategien und Maßnahmen anpassen muss (vgl. Abbildung 102).

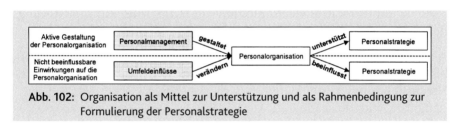

Abb. 102: Organisation als Mittel zur Unterstützung und als Rahmenbedingung zur Formulierung der Personalstrategie

Organisation ist Mittel zur Unterstützung der Personalstrategie

Das Personalmanagement muss hier zwei Anforderungen genügen:

- Der Personalbereich muss sich aktiv an der Gestaltung und Umsetzung neuer Managementkonzepte beteiligen.

- Im Rahmen zunehmender Flexibilisierung von Organisationen werden interne Dienstleistungsfunktionen intensiv auf Wirtschaftlichkeit durchleuchtet. »Als zentrale oder dezentrale Funktion erbringt die Personalabteilung interne Dienstleistungen, die i. d. R. über Kostenumlage finanziert werden. Als klassischer Gemeinkostenbereich wird die Personalfunktion deshalb bei Reorganisations- und Rationalisierungsprozessen regelmäßig zum Ziel kritischer Analysen und vermehrt nach ihrem **Wertschöpfungsbeitrag** gefragt. Zur Wahrneh-

---

408 Vgl. Scholz 2000, S. 191ff., vgl. Wunderer/Kuhn 1993, S. 189ff.

mung der anspruchsvollen Aufgaben des Personalmanagements reicht ein Selbstverständnis als interne Verwaltungs- und Administrationsfunktion nicht mehr aus. Die systematische Kunden- und Qualitätsorientierung sowie die Beurteilung von Leistungen nach ihrem Wertschöpfungsbeitrag müssen auch im Gedankengut interner Dienstleister verankert werden.«[409]

Rahmenbedingungen der Organisationsgestaltung

Die Organisation der betrieblichen Personalarbeit wird von unternehmensinternen und -externen Faktoren beeinflusst. Die Befragten sollten die Relevanz unterschiedlicher Einflüsse für die zukünftige Organisation des Personalmanagements bewerten (vgl. Abbildung 103)[410] sowie die größten organisationalen Veränderungen skizzieren.[411]

Den diskutierten Faktoren wird zumindest **mittlere, teilweise hohe Bedeutung** bescheinigt. Als besonders relevant bewerten die Experten neue **Kommunikationstechnologien** und die **Internationalisierung**. Beide forcieren die **Virtualisierung der Organisation**.

Als **größte Veränderung** in der Organisation des Personalmanagements bis 2010 erwarten die Befragten v. a. ein **Outsourcing bestimmter Serviceleistungen**, dank dessen sich das HRM stärker strategischen Aufgaben widmen kann.

In diesem Kapitel geht es zunächst um grundsätzliche Überlegungen zur Organisation des Personalmanagements (vgl. Kapitel 7.1). Danach steht das Wertschöpfungs-Center-Konzept als spezifische Organisationsform der Personalabteilung im Vordergrund (vgl. Kapitel 7.2).

---

409 Wunderer/v. Arx 2002, S. 26 (Hervorhebung d.V.); vgl. Kapitel 7.2 Die Personalabteilung als Wertschöpfungs-Center

410 Frage: »Bitte beurteilen Sie, inwieweit folgende Faktoren Einfluss auf die zukünftige Organisation des Personalmanagements haben werden.«

411 Frage: »Bitte skizzieren Sie kurz die zwei nach Ihrer Meinung größten Veränderungen in der Organisation des Personalmanagements bis zum Jahr 2010.«

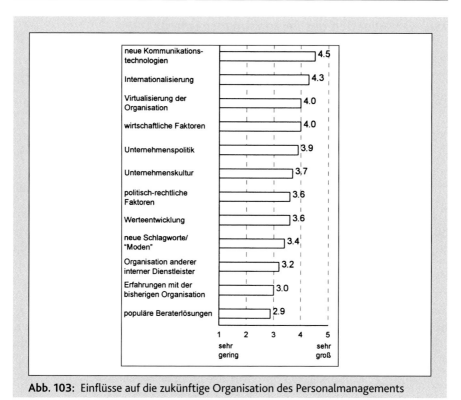

Abb. 103: Einflüsse auf die zukünftige Organisation des Personalmanagements

7.1 Organisation des Personalmanagements

7.1.1 Ergebnisthesen

79. **Neuverteilung der Personalarbeit**: Unternehmensleitungen und Führungskräfte werden vermehrt mit Aufgaben des Personalmanagements betraut. Die zentralen Personalabteilungen arbeiten zunehmend an strategischen Fragestellungen mit, die dezentralen übernehmen verstärkt zentrale Personalfunktionen. Dagegen zeigen sich bei den externen Dienstleistern keine wesentlichen Veränderungen.

80. **Aufstieg für das Personalressort**: Der oberste Personalverantwortliche ist 2010 häufiger in der Unternehmensleitung vertreten. Diese Entwicklung korrespondiert mit der prognostizierten strategischen Neupositionierung des Personalmanagements und der zunehmenden Integration von Unternehmens- und Personalstrategie.

81. **Service-Center prägen die standortübergreifende Organisation**: Die zentrale Erfüllung von Personaldienstleistungen durch Service-Center verzeichnet große Zuwachsraten in Bedeutung und Verbreitung.

82. **Personalabteilung 2010 – weniger Beschäftigte, zunehmende Dezentralisierung**: Mit vermehrter Delegation von Personalmanagementaufgaben wird die Mitarbeiterzahl der Personalabteilungen reduziert. Zugleich wird mehr dezentralisiert. 2010 dominiert eine Kombination aus Zentralisierung und Dezentralisierung.

7.1.2 Einführung

Die **Organisation** des Personalmanagements steht im Kontext von **Kultur** und **Personalstrategie**. Sie muss deshalb im Zusammenhang mit kulturellen bzw. wertbezogenen und strategischen Fragen gestaltet werden. Die zentrale Frage lautet: **Welche Werte (Bewertungsmaßstab) soll wer (Träger) für wen (Kunden) schaffen** (vgl. Abbildung 104)?

Werte und Wertschöpfung als Bewertungsmaßstab der Personalarbeit

Die Begriffe »Wert« und »Wertschöpfung« werden in der wirtschaftswissenschaftlichen Literatur sehr unterschiedlich verwendet.[412] Ziele der

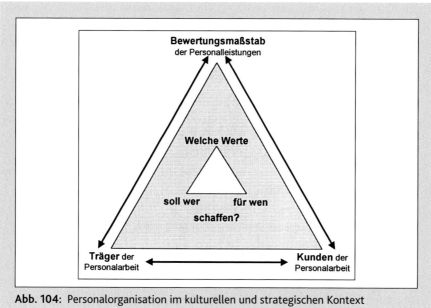

Abb. 104: Personalorganisation im kulturellen und strategischen Kontext

Wertschöpfungsrechnung sind v. a. Wirtschaftlichkeits- und Produktivitätsmessung, Betriebsgrößen- und Wachstumsanalyse sowie Informationen für fiskalische Abgaben. Als Entstehungsrechnung konzentriert sie sich auf den **Leistungsaspekt**, als Verteilungsrechnung dagegen auf den **Sozialaspekt**.

Will man einzelne Organisationseinheiten, wie die Personalabteilung, als Wertschöpfungseinheit verstehen, dann liegt deren strategische Aufgabe darin, als »**Unternehmen im Unternehmen**« Wettbewerbsvorteile aufzubauen. Diese entstehen im Wesentlichen aus dem Wert, den eine Organisation für ihre internen oder externen Kunden erzielen kann, bei dem Erträge die Kosten des Wertschöpfungsprozesses übersteigen.[413]

Nach Zielgrößen differenziert lassen sich v. a. folgende Formen von Organisationen der **Personalabteilung** unterscheiden:

- **Cost-Center:**[414] Im Auftrag der Geschäftsleitung hat die Personalabteilung eine definierte Leistung zu erbringen. Dafür erhält sie ein bestimmtes Budget, das über die interne Gemeinkostenumlage finanziert wird. Weil hier die Leistung selbst nicht verändert werden sollte und

412 Ausführlich diskutiert wird dieses Thema in: Wunderer/Jaritz 1999
413 Vgl. Porter 1999
414 Vgl. Wunderer/v. Arx 2002, S. 258ff.; vgl. Scholz 2000, S. 197f.

die Kunden zur Abnahme verpflichtet sind, muss das Personalmanagement möglichst geringe Kosten verursachen. Deshalb ist der Bewertungsmaßstab der Personalarbeit die **Kostenabweichung** im Rahmen der Plankostenrechnung. Außerdem können **Benchmarks** mit vergleichbaren Kostenstellen oder Cost-Centern durchgeführt werden.

- **Revenue-Center:**[415] Der zentrale Personalbereich erbringt prinzipiell marktfähige Leistungen und individuell für Kunden erarbeitete Lösungen. Diese werden ausschließlich auf dem internen Markt zu Verrechnungspreisen abgesetzt. Zugleich können für die internen Bezugsgruppen Richtlinien zum Zukauf externer Personaldienstleistungen festgelegt werden.

- **Profit-Center:**[416] Das Personalmanagement erstellt in dieser Organisationsform marktfähige Leistungen. Mit Ausnahme erfolgskritischer Maßnahmen können diese auch extern angeboten werden. Die Nachfrage bestimmt, welche Leistungen erbracht werden, und Marktpreise dienen als Richtgröße für die Verrechnung. Das Personalmanagement ist dabei als Subunternehmen mit einer eigenen Erfolgsrechnung zu verstehen. Bewertungsmaßstab ist deshalb der erwirtschaftete **Gewinn**.

In der Diskussion um die organisatorische Gestaltung solcher Einheiten wird der Begriff »Profit-Center« bevorzugt. Bezüglich Führungs- und Personalfunktionen ist dieser jedoch zu eng und zu speziell, denn er konzentriert sich eindeutig auf die monetäre Seite der Wertschöpfung und geht meist nur von Gewinnmaximierung aus. Wie aber die Diskussion um Wertewandel oder transformationale Führungsstile zeigt, ist gerade im Bereich von Führung und Personalmanagement der Wertbegriff auch qualitativ zu sehen.

Wertschöpfung in diesem Zusammenhang heißt auch, **Werte als zentrale Steuerungsgrößen** (»unsichtbare Führungskräfte«) zu verstehen, die den Kern der Unternehmens- und Führungskultur definieren. Werte sind eine zentrale Grundlage der Motivation von Mitarbeitern; sie bilden die Basis für Lebens- und Arbeitssinn, die Beurteilung der Attraktivität von Arbeitsinhalten, Arbeitsplatz- oder Arbeits- und Führungsbeziehungen.

Wertschöpfung drückt sich somit qualitativ aus in mehr Lebens-, insb. Arbeits- und Beziehungsqualität für die Mitarbeiter, aber auch für andere Bezugsgruppen. Für die Ermittlung der Beziehungsqualität eignen

---

415 Vgl. Wunderer/v. Arx 2002, S. 259f.
416 Vgl. Wunderer/v. Arx 2002, S. 258ff.; vgl. Scholz 2000, S. 198f.

sich Indikatoren für Dienstleistungs-/Servicequalität, wie beispielsweise Eingehen auf individuelle Wünsche, Bearbeitungsschnelligkeit, Beratungs- und Produktqualität oder zeitliche Dienstleistungsbereitschaft.

Diese Definition von »Wertschöpfung« liegt dem Wertschöpfungs-Center-Ansatz zugrunde,[417] der weit über das Profit-Center hinaus reicht. Da sich Personalmanagement nicht auf monetäre Ziele beschränken kann, sondern Wertschöpfung auch qualitativ versteht, beinhaltet dieser Ansatz – neben einer monetären **Business-Dimension** – auch eine **Service- und Management-Dimension**. Unter dem (mit-)unternehmerischen Konzept kann sich letztlich jeder Mitarbeiter als eine – die kleinste – Wertschöpfungseinheit verstehen. Deshalb kann jede organisatorische Führungsgruppe als Wertschöpfungs-Center verstanden werden. In diese erweiterte Wertschöpfungsrechnung gehen hier neben den klassischen Kosten- bzw. Erfolgsgrößen auch die Zufriedenheit von Mitarbeitern und anderen wesentlichen Bezugsgruppen ein.

Träger der Personalarbeit

Bei der Verteilung der Personalarbeit sind zwei grundlegende Entscheidungen zu treffen:[418]

- Wie wird die **Personalabteilung** organisiert? Hier geht es beispielsweise darum, ob Tochtergesellschaften eigene autonome Personalstellen erhalten und/oder die Personalarbeit zentral gesteuert wird.

- Wie wird die Personalarbeit zwischen der **Personalabteilung** und **anderen Bereichen** (Unternehmensleitung, Linie und andere Stabsstellen) bzw. **externen Dienstleistern** (z. B. Beratern) verteilt? *D. Ulrich* schreibt dabei Unternehmensleitung und Führungskräften eine tragende Rolle zu: »They are answerable to shareholders for creating economic value, to customers for creating product or service value, and to employees for creating workplace value. It follows that they should lead the way in fully integrating HR into the company's real work. Indeed, to do so, they must become HR champions themselves. They must acknowledge that competitive success is a function of organizational excellence. More important, they must hold HR accountable for delivering it.«[419] Zu den Trägern der Personalarbeit zählen schließlich

---

417 Vgl. Wunderer/v. Arx 2002; vgl. Kapitel 7.2 Die Personalabteilung als Wertschöpfungs-Center
418 Vgl. Wunderer/Kuhn 1993, S. 189ff.; vgl. Scholz 2000, S. 193ff.
419 Ulrich 1998, S. 30

alle Mitarbeiter ohne Führungsfunktion. Diese sind in vermehrtem Maße gefordert und bereit, Verantwortung für eigene und unternehmerische Belange – z. B. im Rahmen der Selbstentwicklung[420] – zu übernehmen.

Es lassen sich fünf idealtypische Formen und Entwicklungsschritte der Personalorganisation unterscheiden (vgl. Abbildung 105).

Kunden der Personalarbeit

Entscheidend für die Ausrichtung der Organisation von Personalarbeit sind die Kunden. Dazu zählen »Stammkunden«, wie Mitarbeiter, Führungskräfte und Geschäftsleitung. Diese werden durch weitere Gruppen ergänzt. So sind bei geplanten Auslandsentsendungen neben den Entsendungskandidaten deren Angehörige als Kunden zu berücksichtigen.

Zentral ist die Frage, welchen **Nutzen** die Kunden **erwarten**[421]. Durch intensive Analyse der Arbeitssituation der Kunden können auch Bedürfnisse erkannt werden, die der Kunde selbst noch **nicht wahrgenommen** hat. So haben Führungskräfte nicht die Zeit, um ein Beurteilungs- und Entwicklungsinstrument für ihre Mitarbeiter zu entwickeln, obwohl ein systematisches Vorgehen diese Führungsaufgabe erleichtern würde.

7.1.3 Einzelergebnisse

Wir befragten die Experten zu Trägern der Personalarbeit, hierarchischer Einbindung des Personalressorts, standortübergreifender Organisation des Personalmanagements sowie der Organisation der Personalabteilung.

Ergebnisthese 79: Neuverteilung der Personalarbeit

Die Aufgaben- und Kompetenzverteilung zwischen Unternehmensleitung, Führungskräften, zentraler und dezentraler Personalabteilung sowie externen Dienstleistern wird sich wie folgt entwickeln:[422]

---

420 Vgl. Kapitel 5.4 Personalentwicklung
421 Vgl. Scholz 2000, S. 200
422 Frage:»Bitte beurteilen Sie, wie sich die Zuständigkeit für folgende Personalfunktionen bis zum Jahr 2010 entwickeln wird.«

Organisations-formen	Aufgabenverteilung	
	Führungskräfte	**Personalabteilung**
Traditionelles Modell	Vorgesetzte • Einstellungen • Entlohnung • Führung (Anweisungen)	**Betriebliches Sozialwesen** • Kantine • Sozialversicherung u.ä.
Funktionale Personal-organisation	Vorgesetzte • Führung • Mitwirkung bei den Personalfunktionen	**Personalabteilung** • Personalbetreuung • Personalversetzung und -einsatz • Personalbeschaffung • Personalaus- und -weiterbildung • Entgeltfestsetzung • Entgeltabrechnung • Sozialwesen • Personalplanung und -statistik • Personalpolitik
Personal-referenten-system	Vorgesetzte • Führung • enge Kooperation mit Personalreferenten	**Personalreferenten** • Personalbetreuung, -versetzung, -beschaffung, -entwicklung • Entgeltfestsetzung • Beratung bei Führungsproblemen **Zentrale Dienste** • Entgeltabrechnung • Sozialwesen • Bildungsadministration • Personalplanung und -statistik • Personalpolitik
Personal-moderations-system	Vorgesetzte Führung in Verbindung mit Personalauswahl, -entwicklung, -betreuung usw. einschließlich Gestaltung der Arbeitsorganisation und Teamarbeit	**Personalreferenten** • Unterstützung der Vorgesetzen bei Erfüllung der Personalaufgaben • Berater der Vor-gesetzten/der Unternehmens-bereiche • Teamentwickler **Zentrale Dienste** wie bei Personal-referentensystem
Integrations-modell	Vorgesetzte • weitgehend selbstständige Erfüllung aller Personal- und Führungsaufgaben • direkter Zugriff auf Informationssysteme • Berücksichtigung von Personalfragen bei allen Entscheidungen • Mitwirkung bei Personal-politik	**Zentrale Informationsdienste** • Pflege der Personalinformations-systeme • Bildungsadministration • zentrale Sozialfragen • Personalmoderator als Methoden-spezialisten und Berater **Personalleitung:** • Personalcontrolling • Führungskräftepolitik • strategische Personalpolitik
Grad der Zentralisation der Personalarbeit	**Einfluss von Linienvorgesetzten/ Nicht-Personalspezialisten**	**Einfluss von Personalspezialisten (i.d.R. Personalabteilung)**

Abb. 105: Aufgabenverteilung zwischen Personalverantwortlichen und Führungs-kräften[423]

• **Unternehmensleitung und Führungskräfte** werden danach ver-mehrt Personalmanagementaufgaben übernehmen (vgl. Abbildung 106).

---

423 Vgl. Domsch/Gerpott 1992, Sp. 1938; vgl. Paschen 1988, S. 238

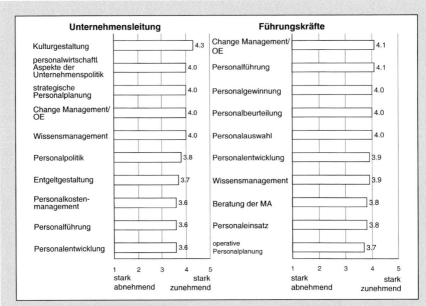

Abb. 106: Entwicklungstendenzen in der Zuständigkeit für Personalfunktionen 2010

Kulturgestaltung wird als **Chefsache** eingeschätzt. Obwohl **Change Management** eine der bedeutendsten Aufgaben der Unternehmensleitung ist, soll diese weit mehr von den Führungskräften umgesetzt und verantwortet werden. Als bedeutsamste Steuerungs- bzw. Personalfunktion werden Personalführung und -entwicklung zunehmend auch von der Unternehmensleitung mitgestaltet.

• Die **zentrale Personalabteilung** wird – korrespondierend zur strategischen Neuorientierung des Personalmanagements[424] – stärker in **strategische Aufgaben** eingebunden, insb. in strategische Personalplanung, Beratung der Unternehmensleitung und Personalpolitik. Aber auch Personalinformation/Wissensmanagement, Entgeltgestaltung, Personalentwicklung und -controlling, Personalkostenmanagement, Kulturgestaltung, Entwicklung von Führungs- und Personalmanagementinstrumenten, Beratung der Führungskräfte, Sozialleistungsgestaltung und Personalgewinnung verzeichnen wachsende Bedeutung.

• Die **dezentralen Personalabteilungen** werden vermehrt für strategisch bedeutsame **Personalfunktionen**[425], wie Personalgewinnung, -

---

424 Vgl. Kapitel 3.1 Unternehmensstrategische Integration
425 Vgl. Kapitel 5 Personalfunktionen 2010

auswahl und -entwicklung, zuständig sein. Zudem werden sie zunehmend an folgenden Themen mitarbeiten: Personalinformation/Wissensmanagement, Personaleinsatz/-bewegungen, Beratung der Führungskräfte, operative Personalplanung, Personalbeurteilung und Personalkostenmanagement.

- **Externe Dienstleister** werden in durchwegs **gleichbleibendem Maße** mit Aufgaben der Personalarbeit betraut. Selbst der bevorzugte Outsourcing-Bereich »Personalverwaltung« verzeichnet gleichbleibende Tendenz, obwohl Outsourcing als wichtigste Veränderung bei der Organisation des Personalmanagements bezeichnet wurde.

Besonders **zentrale sowie komplexe Aufgabenfelder** werden zunehmend auf **mehrere Träger** verteilt. Dies gilt v. a. für:

- **Kulturgestaltung** (Träger: Unternehmens-/Geschäftsleitung, zentrale Personalabteilung, Führungskräfte)

- **Change Management/OE** (Träger: Unternehmens-/Geschäftsleitung, zentrale Personalabteilung, Führungskräfte)

- **Personalinformation/Wissensmanagement** (Träger: Unternehmens-/Geschäftsleitung, zentrale und dezentrale Personalabteilung, Führungskräfte) und

- **Personalentwicklung** (Träger: zentrale und dezentrale Personalabteilung, Führungskräfte).

Ergebnisthese 80: **Aufstieg für das Personalressort**

Wenngleich die hierarchische Eingliederung des HRM-Bereichs von verschiedenen Faktoren, wie z. B. der Unternehmensgröße, dem Internationalisierungsgrad, der Branche, dem allgemeinen Zentralisationsgrad des Unternehmens, dem Qualifikationsniveau der Mitarbeitenden oder dem Anteil der Personalkosten an den Gesamtkosten, abhängt, kann sie als wichtiger Indikator für den Stellenwert der Personalfunktion im Unternehmen gewertet werden.[426] Die Befragten sollten die Situation in schweizerischen Mittel- und Großunternehmen einschätzen.[427]

---

426 Vgl. Thom/Zaugg 1999, S. 12
427 Frage: »Nun geht es um die hierarchische Eingliederung des Personalressorts in schweizerischen Mittel- und Großunternehmen heute und im Jahr 2010. Bitte wählen Sie unter den folgenden Konstellationen die jeweils häufigste und seltenste aus.«

Die Mehrheit der Befragten sieht das Personalressort gegenwärtig vorwiegend unterhalb der Unternehmensleitung angesiedelt (vgl. Abbildung 107). Für die Zukunft werden **große Veränderungen** erwartet. Denn über die Hälfte der befragten Personalverantwortlichen glaubt, dass die gegenwärtig seltenste Konstellation – der **oberste Personalverantwortliche ist Mitglied der Unternehmensleitung – zukünftig am häufigsten vertreten** sein wird. Diese Vorhersage ist wohl auch Ausdruck und Folge der erwarteten strategischen Neupositionierung des HRM sowie der stärkeren Integration von Personal- und Unternehmensstrategie.[428]

Hierarchische Integration der	Häufigkeitsverteilung			
Personalverantwortlichen	1999		2010	
	häufigste Konstellation	seltenste Konstellation	häufigste Konstellation	seltenste Konstellation
• Oberster Personalverantwortlicher ist Mitglied der Unternehmensleitung	20 %	**54 %**	**59 %**	7 %
• Personalleitung untersteht dem Vorsitzenden der Unternehmensleitung	30 %	0 %	29 %	0 %
• Personalleitung untersteht einem Mitglied der Unternehmensleitung	**45 %**	0 %	6 %	13 %
• Personalleitung untersteht der Unternehmensleitung als Ganzes	0 %	23 %	6 %	13 %
• Personalleitung untersteht einer Instanz unterhalb der Unternehmensleitung	5 %	23 %	0 %	67 %

Abb. 107: Hierarchische Eingliederung des Personalbereichs

Ergebnisthese 81: **Service-Center prägen die standortübergreifende Organisation**

Mit der Internationalisierung der Unternehmen wird die standortübergreifende Organisation des Personalmanagements wichtiger. Dazu wurden Ansätze und Probleme dieser Organisation beurteilt (vgl. Abbildung 108).[429]

428 Vgl. Kapitel 3.1 Unternehmensstrategische Integration
429 Fragen: »Bitte beurteilen Sie, wie bedeutsam und wie verbreitet folgende Ansätze einer standortübergreifenden Organisation des Personalmanagements in schweizerischen Mittel- und Großunternehmen gegenwärtig und zukünftig sind. Bitte nennen Sie die zwei größten Problempotentiale bei der standortübergreifenden Organisation des Personalmanagements.«

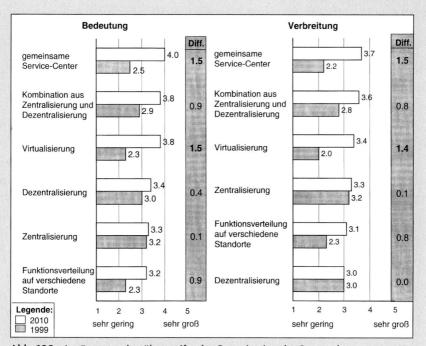

Abb. 108: Ansätze standortübergreifender Organisation des Personalmanagements

Die Zusammenfassung ausgewählter Personaldienstleistungen in sog. Service-Centern (z. B. als Call-Center oder Employee Assistant Programs) tritt in den Vordergrund. Dies verspricht eine einheitliche, effiziente und effektive Abwicklung bestimmter Aufgaben der Personalarbeit. Auch der Ausbau virtueller Strukturen kann große Zuwächse in Bedeutung (+1.5) und Verbreitung (+1.4) verbuchen. Allerdings wird auch im Jahr 2010 nur mit einem mittleren Verbreitungsgrad (3.4) gerechnet – vermutlich auch, weil erfolgreiche Virtualisierung hohe Anforderungen (beispielsweise eine ausgeprägte Vertrauenskultur[430]) stellt und mit Gefahren (z. B. Anonymisierung) verbunden ist.

Auf unsere Frage, wo die größten **Problempotentiale** einer standortübergreifenden Organisation gesehen werden, nannten die Experten **Kommunikations- und Koordinationsprobleme** sowie – auf internationaler Ebene – **kulturelle und gesetzliche Unterschiede**.

---

430 Vgl. Scholz 2000, S. 211

| **Ergebnisthese 82:** | Personalabteilung 2010 – weniger Beschäftigte, zunehmende Dezentralisierung |

Hier interessierte, ob und inwieweit sich Beschäftigtenzahl und Funktionen der Personalabteilung mit vermehrter Aufgabenteilung zwischen verschiedenen Trägern des Personalmanagements verringern werden.[431] Weiterhin wurde der De-/Zentralisierungsgrad der Personalabteilung diskutiert.[432]

Nach Ansicht der Befragten wird bis zum Jahr 2010 die **Zahl von Beschäftigten** in den **Personalabteilungen in mittlerem Maße** (3.1) **abnehmen**. Funktionen und Aufgaben werden dagegen weniger stark reduziert (2.6).

Zentralisierung vs. Dezentralisierung	Häufigkeits-verteilung		Differenz
	1999	**2010**	
stark zentralisiert	17 %	9 %	-8 %
eher zentralisiert	22 %	9 %	**13 %**
teils-teils	**48 %**	**55 %**	7 %
eher dezentralisiert	13 %	18 %	5 %
stark dezentralisiert	0 %	9 %	**9 %**

Abb. 109: De-/Zentralisierungsgrad der Personalabteilung

Weiterhin wird ein leichter **Trend in Richtung Dezentralisierung** der Personalabteilung festgestellt (vgl. Abbildung 109).

Über die Hälfte der Befragten schätzt, dass 2010 eine **Kombination aus Zentralisierung und Dezentralisierung** dominieren wird, da weitere Effizienzsteigerungen nur durch eine Kompetenzverteilung auf dezentrale Bereiche möglich sind: Zentralisierung verspricht Kostenreduktion und die Bündelung von Know how. Dezentralisierung ermöglicht flexibles, kundengerechtes Handeln.

---

431 Frage: »Bitte beurteilen Sie, inwieweit die Personalabteilungen in schweizerischen Mittel- und Großunternehmen bis zum Jahre 2010 zugunsten von Delegation und Outsourcing funktional und personell reduziert werden.«

432 Frage: »Bitte beurteilen Sie den gegenwärtigen und zukünftigen De-/Zentralisierungsgrad der Personalabteilung in schweizerischen Mittel- und Großunternehmen.«

7.2 Die Personalabteilung als Wertschöpfungs-Center (WSC)

7.2.1 Ergebnisthesen

83. **Management- und Business-Dimension gewinnen stark an Bedeutung**: Im Einklang mit der erwarteten strategischen Neuorientierung des Personalmanagements und vermehrter interner Marktsteuerung rücken die bislang weniger bedeutsamen WSC-Bausteine »Management-« und »Business-Dimension« in den Vordergrund. 2010 haben alle drei Dimensionen des Wertschöpfungs-Centers hohe Bedeutung.

84. **Qualitätsindikatoren 2010 – Innovation, Implementation und Kompetenz**: Während Innovation und Implementation die Managementqualität der Personalabteilung messen, indiziert Kompetenz die Servicequalität. Bei der Managementqualität zeigt sich Nachholbedarf: Gerade der bedeutsame Indikator »Innovation« wird in schweizerischen Unternehmen unzureichend erfüllt.

85. **Stärken des Wertschöpfungs-Centers gewinnen an Bedeutung**: Sämtliche Stärken des WSC-Ansatzes können beachtliche Bedeutungszunahmen verbuchen. Die Personalabteilung avanciert über das WSC-Konzept zur unternehmensinternen Beratungsabteilung. Bei den Realisierungsbarrieren zeigen sich nur geringe Veränderungen.

86. **Stark zunehmende Verbreitung des Wertschöpfungs-Centers**: Der gegenwärtige Verbreitungsgrad in schweizerischen Unternehmen von schätzungsweise 15 % wird bis 2010 auf 45 % anwachsen. Die Wertschöpfungs-Center werden zunehmend als Profit-Center und rechtlich selbstständige Einheiten (z. B. als AG oder GmbH) geführt.

7.2.2 Einführung

Das **Wertschöpfungs-Center-Konzept**[433] ist ein integrierter Ansatz zur Steigerung der Service-, Kunden- und Wertschöpfungsorientierung des Personalbereichs. Übergeordnetes Ziel ist eine **unternehmerische** Gestaltung des internen Dienstleisters »Personal«, wobei Qualität, Dienstleistung, Wirtschaftlichkeit und Wertschöpfung Orientierungspunkte

---

433 Vgl. Wunderer 1989, 1992a, 1992b, 1993; Wunderer/v. Arx/Jaritz 1998a, S. 278-283, 1998b, S. 346-350; Wunderer/v. Arx 1998a, S. 53-57, 1998b, S. 34-42; Wunderer/v. Arx 2002

213

sind. Die zugrundeliegende Gestaltungsphilosophie basiert auf einem **unternehmerischen** und **kundenorientierten** Selbstverständnis, auf der Steuerung über internen Markt und soziale Netzwerke sowie auf unternehmerischem Verhalten der Beteiligten. Entscheidend ist, dass über **Kosten-**, **Effizienz-** und **Qualitätscontrolling** hohe Fix- bzw. Gemeinkostenblöcke im Personalbereich abgebaut werden sollen.

Die Personalabteilung kann auf vier Arten zur Steigerung der Wertschöpfung für die zentralen Bezugsgruppen des Unternehmens beitragen:[434]

- Senkung des Wertverzehrs

- Optimierung bereichsinterner Erstellungs- und Beratungsprozesse

- Verbesserung der Effektivität der erbrachten Leistungen und

- innerbetriebliche Verrechnung von Leistung.

Dieses Zielbündel kann realisiert werden, wenn die Personalabteilung im Sinn des Wertschöpfungs-Centers als eine **strategische Geschäftseinheit** verstanden wird. Diese verfügt in ihrem Aufbau über sämtliche zur Aufgabenerfüllung benötigten Funktionen, wie Personalforschung, -entwicklung, -marketing, -erhaltung, -administration und Managementsysteme.[435]

Gesteuert wird das WSC »Personal« über **drei Dimensionen**, die Management-, Service- und Business-Dimension (vgl. Abbildung 110).

1. Innerhalb der **Management-Dimension** wird die Strategie- und Effektivitätsorientierung konsequent realisiert. Der unternehmerische Personalbereich analysiert hier die interne Marktsituation, plant das Programm- und Dienstleistungsangebot, evaluiert den **Nutzen** der erbrachten Leistungen und entwickelt Führungskonzepte zur Realisierung der übergeordneten Unternehmensstrategie.

2. Dienstleistungs- und Qualitätsorientierung bilden die Grundlage der **Service-Dimension**. Diese erfordert von den Mitarbeitern im Personalbereich eine **kundenorientierte** Dienstleistungs-, Marketing- und Beratungskompetenz sowie ein verändertes Selbstverständnis als spezialisierter interner Anbieter von Serviceleistungen. Über die Service-Dimension wird ein Nutzenbeitrag durch höhere Effizienz, Optimie-

---

434 Vgl. Wunderer/v. Arx 2002, S. 47
435 Vgl. Wunderer/v. Arx 2002, S. 49f.

Wertschöpfungs-Center	
Management- und Service-Dimension	**Business-Dimension**
mit nicht-monetärer Evaluation des Nutzens	mit monetärer Evaluation des Nutzens
Management- und Servicebereitschaft	**Cost-Center** Kosten-und Kostenvergleichsgrößen als Steuerungsinstrument
Management- und Serviceumfang	**Revenue-Center** Leistungs- und Leistungsvergleichsgrößen als Steuerungsinstrument
Management- und Servicequalität	**Profit-Center** Erfolgs- und Erfolgsvergleichsgrößen als Steuerungsinstrument
Controlling-Dimension	
Management-Dimension	**Managementqualität** (v.a. Innovation, Planung Umsetzung) Messung durch Abschätzung und Analysen
Service-Dimension	**Zufriedenheit, Loyalität** (von Mitarbeitern und Kunden) Messung durch Kunden- und Mitarbeiter-Befragungen
Business-Dimension	**Wirtschaftlichkeit** Messung durch Kosten-, Leistungs- und Erfolgsbewertung

Abb. 110: Grundstruktur und Evaluationskriterien des Wertschöpfungs-Centers

rung der Servicequalität sowie durch bedürfnis- und bedarfsgerechte, innovative, flexible, professionelle und problemlösungsorientierte Unterstützung der wesentlichen **Bezugsgruppen** geleistet.

3. Wirtschaftlichkeits- und Wertschöpfungsorientierung wird über die **Business-Dimension** angestrebt. Sie fokussiert den **finanziellen und kostenanalytischen Aspekt** – namentlich das monetäre Führungssystem sowie das Kostenmanagement des Personalbereichs. Die Business-Dimension orientiert sich dabei an den traditionellen Größen des Rechnungswesens, wie Kosten, Aufwand, Ertrag, Deckungsbeitrag, Wirtschaftlichkeit und Rentabilität.[436]

Diese Dreiteilung ist **nicht unabhängig** voneinander zu verstehen. So darf die Management-Dimension nicht von Kostenüberlegungen unabhängig entscheiden. Im Zentrum stehen aber unternehmenssichernde Leistungen, die auch ohne Nachfrage realisiert werden müssen. Weil ihre Leistungen jedoch **längerfristig** ausgerichtet sind, sind sie oft schwer finanziell zu ermitteln. Ziel ist dennoch, diese Wertschöpfung – ggfs. zu einem späteren Zeitpunkt – transparent zu machen, z. B. nach der Umsetzung von strategischen Programmen. Dies geschieht, indem sie ent-

---

436 Vgl. Wunderer/v. Arx 2002, S. 19f.

weder als direkter Nutzen für die Kunden »Unternehmensleitung«, »Führungskräfte« oder »Mitarbeiter« oder auch in Kostengrößen erfasst werden. Das **Controlling** ist deshalb von der Business-, über die Service- bis zur Management-Dimension mit einem **zunehmenden Analyseaufwand** und **Interpretationsspielraum** verbunden (vgl. Abbildung 111).

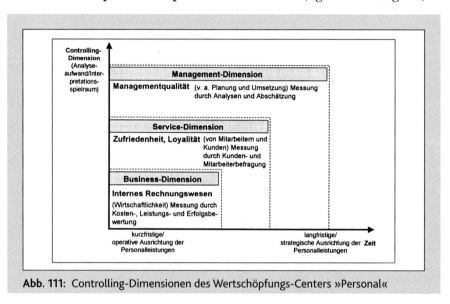

Abb. 111: Controlling-Dimensionen des Wertschöpfungs-Centers »Personal«

7.2.3 Einzelergebnisse

Im Rahmen der empirischen Erhebung wurden Dimensionen, Qualitätsindikatoren, Stärken und Realisierungsbarrieren sowie die Verbreitung des Wertschöpfungs-Center-Konzeptes in der Praxis untersucht.

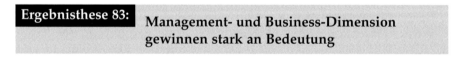

Ergebnisthese 83: Management- und Business-Dimension gewinnen stark an Bedeutung

Die Befragten sollten die praktische Relevanz der drei Dimensionen des Wertschöpfungs-Centers beurteilen (vgl. Abbildung 112).[437]

---

437 Frage: »Bitte beurteilen Sie die gegenwärtige und zukünftige Bedeutung der drei Bausteine Management-, Service- und Business-Dimension in schweizerischen Mittel- und Großunternehmen.«

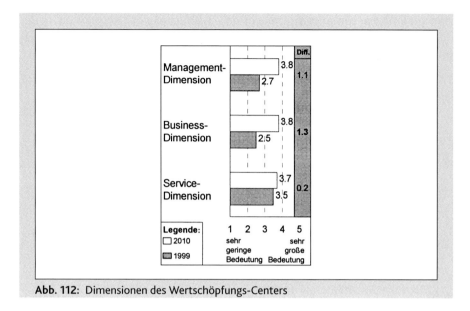

Abb. 112: Dimensionen des Wertschöpfungs-Centers

Allen drei Bausteinen des Wertschöpfungs-Centers wird zukünftig hohe Bedeutung bescheinigt. Besondere Zuwachsraten zeigen Management- und Business-Dimension. Diese Vorhersage dürfte auch in Zusammenhang mit der erwarteten Entwicklung des Personalmanagements in Richtung »Prospektor« und »Risikostreuer«[438] sowie der prognostizierten verstärkten internen Marksteuerung[439] stehen.

Ergebnisthese 84: Qualitätsindikatoren 2010 – Innovation, Implementation und Kompetenz

Hier wurden Indikatoren zur Messung von Qualität und Erfolg in der Management- und der Service-Dimension diskutiert. Beurteilt werden sollte, welche Indikatoren die größte Bedeutung für die Messung von **Management- und Servicequalität** haben[440] und wie diese in schweize-

---

438 Vgl. Kapitel 3.1 Unternehmensstrategische Integration
439 Vgl. Kapitel 3.2 Förderung des internen Unternehmertums
440 Fragen: »Nachfolgend sind verschiedene Indikatoren für Managementqualität genannt. Bitte geben Sie an, welche zwei aus Ihrer Sicht und welche zwei aus Sicht der Unternehmensleitung gegenwärtig und zukünftig die größte Bedeutung haben. Nachfolgend sind verschiedene Indikatoren für Servicequalität (…) genannt. Bitte geben Sie an, welche zwei aus Ihrer Sicht und welche zwei aus der Sicht der Linie gegenwärtig und zukünftig die größte Bedeutung haben.«

rischen Unternehmen erfüllt werden[441]. Abbildung 113 zeigt, welche Bedeutung verschiedenen Indikatoren der **Managementqualität** beigemessen wird.

Eigene Sicht der Personalverantwortlichen – Häufigkeitsverteilung –	
1999	**2010**
• Implementation (50 %)	• Implementation (50 %)
• Innovation (46 %)	• Innovation (50 %)
• Konflikthandhabung (37 %)	• Koordination (25 %)
• Planung (29 %)	• Planung (21 %)
• Koordination (25 %)	• Konflikthandhabung (21 %)
• Evaluation (0 %)	• Evaluation (12 %)
• Repräsentation (0 %)	• Repräsentation (12 %)
Sicht der Unternehmensleitung – Häufigkeitsverteilung –	
1999	**2010**
• Koordination (52 %)	• Innovation (50 %)
• Implementation (40 %)	• Implementation (41 %)
• Planung (40 %)	• Planung (36 %)
• Innovation (36 %)	• Koordination (23 %)
• Konflikthandhabung (8 %)	• Evaluation (18 %)
• Repräsentation (8 %)	• Konflikthandhabung (14 %)
• Evaluation (4 %)	• Repräsentation (9 %)

Abb. 113: Indikatoren der Managementqualität – Bedeutung

Die Befragten halten also die Indikatoren »**Innovation**« (neue Konzepte, Instrumente, Regeln) und »**Implementation**« (beratende, aktive Mitwirkung bei der Umsetzung) gegenwärtig wie auch zukünftig für die wichtigsten Größen zur Messung der **Managementqualität**. Deren Relevanz wird zunehmend von den Unternehmensleitungen erkannt. **Koordination** und **Planung** werden als besonders **gut erfüllt** angesehen. Als **schlecht erfüllt** gelten **Konflikthandhabung** sowie das besonders wichtige Kriterium »**Innovation**«.

Bei der **Servicequalität** wird dem Indikator »**Kompetenz**« (d. h. Fähigkeiten, Fertigkeiten und Professionalität des Personalbereichs) herausragende Bedeutung zugeschrieben (vgl. Abbildung 114). Erklärbar ist die hohe Rangierung der Kompetenz auch als Folge des geringen Rei-

---

441 Frage: »Bitte beurteilen Sie, welche zwei dieser Indikatoren in schweizerischen Unternehmen besonders gut und welche besonders schlecht erfüllt werden.«

Eigene Sicht der Personalverantwortlichen – Häufigkeitsverteilung –	
1999	**2010**
• Verlässlichkeit (71 %)	• **Kompetenz (77 %)**
• Kompetenz (62 %)	• Verlässlichkeit (37 %)
• Verständnis für spezielle Bedürfnisse, Flexibilität, Kundenorientierung (25 %)	• Kommunikation (33 %)
• Reagibilität (12 %)	• Verständnis für spezielle Bedürfnisse, Flexibilität, Kundenorientierung (29 %)
• Kommunikation (12 %)	• Reagibilität (8 %)
• Auftreten (8 %)	• Kontakt (4 %)
• Kontakt (0 %)	• Auftreten (0 %)
Sicht der Linie – Häufigkeitsverteilung –	
1999	**2010**
• **Kompetenz (50 %)**	• **Kompetenz (61 %)**
• Verlässlichkeit (46 %)	• Verständnis (43 %)
• Reagibilität (37 %)	• Reagibilität (39 %)
• Verständnis für spezielle Bedürfnisse, Flexibilität, Kundenorientierung (33 %)	• Verlässlichkeit (35 %)
• Kontakt (8 %)	• Kommunikation (13 %)
• Auftreten (8 %)	• Kontakt (0 %)
• Kommunikation (8 %)	• Auftreten (0 %)

Abb. 114: Indikatoren der Servicequalität – Bedeutung

fegrades der Personalarbeit durch dafür kaum vorgebildete und daran wenig interessierte Führungskräfte und Unternehmensleitungen.

Nach Ansicht der Befragten wird für die **Linie** Verständnis für spezielle **Bedürfnisse, Flexibilität und Kundenorientierung wichtiger**. Als besonders **gut erfüllt** gelten die Indikatoren »**Verlässlichkeit**« und »**Auftreten**«, als besonders **schlecht erfüllt** »**Reagibilität**« und »**Kommunikation**« (i. S. von Informationsbereitschaft und -fähigkeit).

Ergebnisthese 85: Stärken des Wertschöpfungs-Centers
gewinnen an Bedeutung

Die Befragten sollten hier spezifische Stärken und Realisierungsbarrieren des WSC beurteilen (vgl. Abbildung 115).[442]

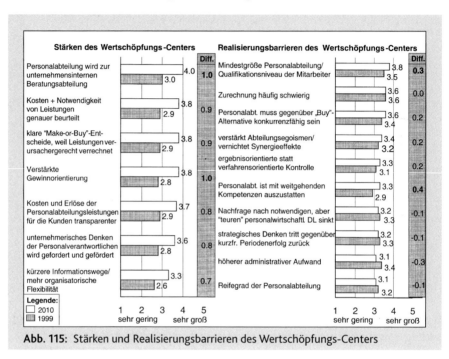

Abb. 115: Stärken und Realisierungsbarrieren des Wertschöpfungs-Centers

Alle zur Bewertung gestellten **Stärken** verzeichnen **große Bedeutungszuwächse** (≥ 0.7). Wegen des zunehmenden Kosten- und Leistungsdrucks auf das institutionelle Personalmanagement spielen ökonomische Überlegungen eine zentrale Rolle. Die Entwicklung der Personalabteilung zur unternehmensinternen Beratungs- und Servicestelle erhöht die Attraktivität des Aufgabenfeldes und damit die Chance, unternehmerisch orientierte Mitarbeiterinnen und Mitarbeiter zu gewinnen. Deutlich **geringere Veränderungen** werden bei den **Realisierungsbarrieren** erwartet. Den größten Zuwachs (+0.4) verzeichnet die Kompetenzausstattung der Personalabteilung. Mindestan-

---

442 Frage: »Bitte beurteilen Sie (...) Stärken und Realisierungsbarrieren des Wertschöpfungs-Centers (WSC) hinsichtlich ihrer heutigen und zukünftigen Bedeutung.«

forderungen hinsichtlich der Größe der Personalabteilung und dem Qualifikationsniveau der Mitarbeiter, Zurechnungsprobleme und Konkurrenzdruck auf die Personalabteilung werden die Realisierung am stärksten beeinträchtigen. Vier von zehn potentiellen Barrieren verlieren leicht an Bedeutung.

Ergebnisthese 86: **Stark zunehmende Verbreitung des Wertschöpfungs-Centers**

Schließlich wurde nach der Verbreitung des Wertschöpfungs-Center-Ansatzes in der Schweiz gefragt.[443]

Der **gegenwärtige Verbreitungsgrad** wird mit durchschnittlich **15 %** beziffert. Diese Einschätzung stimmt recht gut mit Prognosewerten aus den Jahren 90/91 überein. Damals wurde erwartet, dass im Jahr 2000 19 % der schweizerischen Mittel- und Großbetriebe das Personalressort als Wertschöpfungs-Center organisiert haben.[444]

Bis 2010 wird mit einem erheblichen **Verbreitungszuwachs** (+27 %) **auf 42 %** gerechnet. Diese Wertschöpfungs-Center werden dann zunehmend als Profit-Center oder rechtlich selbstständig geführt (vgl. Abbildung 116).

Formen des Wertschöpfungs-Centers	Mittelwerte		Differenz
	1999	2010	
• Profit-Center	21 %	34 %	13 %
• Rechtlich selbstständig	10 %	25 %	15 %

Abb. 116: Verbreitung des Wertschöpfungs-Centers

---

443 Fragen: »Bitte schätzen Sie zunächst, in wie viel Prozent der schweizerischen Mittel- und Großunternehmen die Personalabteilung oder zentrale Funktionen (z. B. Weiterbildung) gegenwärtig und zukünftig als Wertschöpfungs-Center geführt werden. Bitte schätzen Sie weiter, wie viel Prozent dieser Wertschöpfungs-Center als Profit-Center und rechtlich selbstständig (als GmbH oder AG, z. B. Weiterbildungs-GmbH) geführt werden.«

444 Vgl. Wunderer/Kuhn 1992, S. 133

7.3 Folgerungen

Entscheidungen zur organisatorischen Gestaltung der Personalarbeit müssen Überlegungen zu mindestens drei Fragen vorausgehen:

- Welche Dienstleistungen und Produkte sollen wir anbieten?

- Wer sind die Träger der Personalarbeit – die Personalabteilung, Führungskräfte, Geschäftsleitung, alle Mitarbeiter und externe Anbieter?

- Wer sind die Kunden/Zielgruppen, deren Bedürfnisse die Personalabteilung decken soll, und welchen Nutzen erwarten sie?

Die zukünftigen **Anforderungen an die Personalabteilung** lassen sich aufgrund der vorliegenden Daten auf drei Aspekte zurückführen:

- Die Personalabteilung muss sich weit über ihre Administrationsaufgaben hinaus strategisch ausrichten.[445]

- Für die Personalarbeit sind auch alle Führungskräfte und Mitarbeiter verantwortlich.[446]

- Die Personalabteilung muss ihren Beitrag zur Wertschöpfung des Unternehmens steigern und transparent machen.[447]

Dazu muss die Personalabteilung zunehmend als **strategische Geschäftseinheit** verstanden werden. Die Experten prognostizieren deshalb eine starke Zunahme der Bedeutung des **Wertschöpfungs-Center-Ansatzes**, der drei Dimensionen unterscheidet:[448]

- **Management-Dimension**: Nach Meinung der Experten wird diese Dimension stark an Bedeutung zunehmen. Grund hierfür ist, dass die Personalabteilung ihre Arbeit stärker **strategisch** ausrichten und unternehmenssichernde Leistungen um- und durchsetzen muss. Dies korrespondiert mit den zukünftig zentralen Rollen des Personalmanagements »Strategischer Partner der Geschäftsleitung« und »Change Agent«. Um eine strategische Integration aller Personalfunktionen zu erreichen, muss in dieser Dimension Verantwortung für alle Strategien

---

445 Vgl. Kapitel 3.1 Unternehmensstrategische Integration
446 Vgl. Kapitel 3.2 Förderung des internen Unternehmertums
447 Vgl. Kapitel 3.3 Wertschöpfung des Personalmanagements
448 Vgl. Kapitel 7.2 Personalabteilung als Wertschöpfungs-Center; vgl. Kapitel 7.1 Organisation des Personalmanagements

der **Personalfunktionen** übernommen werden. Weil die Personalarbeit neben den Personalverantwortlichen auch von weiteren Trägern, z.B. Führungskräften, erfüllt werden, sind über die Personalfunktionen hinaus auch **Steuerungsfunktionen** zu gestalten und weiterzuentwickeln. Für den Erfolg der strategischen Arbeit wird entscheidend sein, ob das **Personalcontrolling** so ausgestaltet werden kann, dass es der **Unternehmensleitung** als Frühwarnsystem Schwachstellen sichtbar macht und den Personalverantwortlichen und Führungskräften im Sinn eines Wissensmanagement Nutzen stiftet.

- **Service-Dimension**: Der Stellenwert der Service-Dimension wird durch Ergebnisse zu den Personalfunktionen 2010 unterstrichen. Dort wurde die wachsende Bedeutung einer **Prozessorganisation** festgestellt. Damit die Bedürfnisse und Wertvorstellungen der **Personalkunden** stärker berücksichtigt werden, muss Personalarbeit in Prozessen gestaltet und dabei auf **Zielgruppen** ausgerichtet werden.

- **Business-Dimension**: Sie verzeichnet nach Ansicht der Experten den größten Bedeutungszuwachs. Ihr Ziel ist, **unternehmerisches Denken und Handeln zu fördern** sowie **Transparenz** in den Kosten und Erträgen zu erhalten. Diese Dimension ist eng mit dem **Personalcontrolling** verbunden. Zu entscheiden ist, ob diese Dimension als Cost-, Revenue- oder Profit-Center gestaltet werden soll.

Zwischen der Management- und Service-Dimension können grundlegende Konflikte auftreten. Denn in der Service-Dimension geht es um die Befriedigung von Kundenbedürfnissen; Personalverantwortliche haben hier im Interesse ihrer unmittelbaren Kunden – i.d.R. Mitarbeiter und Führungskräfte – zu agieren. In der Management-Dimension stehen dagegen unternehmenssichernde Aufgaben im Vordergrund; hierfür ist entscheidend, über die funktionalen Grenzen der Personalabteilung hinaus unternehmensübergreifend zu denken und zu handeln. Weil die Management-Dimension die langfristigen Unternehmensziele fokussiert, die Service-Dimension dagegen die Interessen der direkten Kunden im Blick hat, können erhebliche Interessenkonflikte entstehen. Darum ist zu überlegen, diese Dimensionen organisatorisch zu trennen.

8 Personalmanager/innen 2010

Das Personalmanagement ist stark durch Umfeldeinflüsse – insb. Entwicklungen am Arbeitsmarkt und Tendenzen zur Globalisierung und Virtualisierung – bestimmt.[449] In diesem Umfeld wird eine Personalstrategie wichtig, die unternehmensstrategisch integriert ist, unternehmerisches Verhalten fördert, die Wertschöpfung des Personalmanagements transparent macht und Personalprogramme nach Zielgruppen ausrichtet.[450] Dabei wird eine Prozessorientierung im Rahmen von Wertschöpfungs-Centern wichtiger (vgl. Abbildung 117).[451]

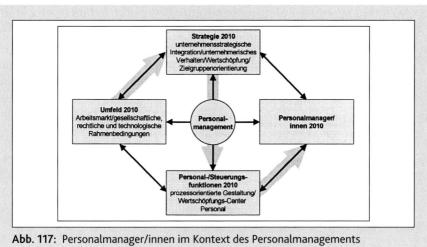

Abb. 117: Personalmanager/innen im Kontext des Personalmanagements

Die **Personalverantwortlichen** wurden bisher noch nicht thematisiert. Weil Umfeld, Strategie, Personal- und Steuerungsfunktionen besondere **Anforderungen** an sie stellen (vgl. Kapitel 8.1) genügen bisherige Fähigkeiten von Personalverantwortlichen den zukünftigen Anforderungen nicht mehr. Dazu stellt sich auch die Frage, welche **Berufsbiographien** für die Personalarbeit notwendig werden (vgl. Kapitel 8.2).

---

449 Vgl. Kapitel 2 Umfeld 2010
450 Vgl. Kapitel 3 Strategie 2010; vgl. Kapitel 4 Programme 2010
451 Vgl. Kapitel 5 Personalfunktionen 2010; vgl. Kapitel 6 Steuerungsfunktionen 2010

8.1 Rollen und Kompetenzen von Personalmanagern

8.1.1 Ergebnisthesen

87. **Neue Rollenschwerpunkte – strategischer Partner und Change Agent**: Personalstrategische und -organisatorische Entwicklungen erfordern zunehmend die Ausrichtung des HRM auf die Unternehmensstrategie und die Gestaltung von Veränderungen. Gleichwohl behalten traditionelle HRM-Aufgaben, wie Mitarbeiterbetreuung und Administration, auch 2010 ihre Berechtigung.

88. **Herausforderungen im HRM durch neue Rollen**: »Strategischer Partner der Geschäftsleitung« und »Change Agent« sind komplexe Rollen, die sowohl fachfremde Kenntnisse und Erfahrungen (z. B. Business Know how und Prozessmanagementwissen) als auch extrafunktionale Kompetenzen (z. B. Umsetzungs- und Sozialkompetenz) erfordern. In der Gewinnung und Förderung entsprechend qualifizierter und motivierter Personen liegt eine zentrale Aufgabe für die Personalabteilung. Es sind noch diverse Barrieren zu überwinden, wie unzureichende Akzeptanz des HRM durch die Geschäftsleitung oder fehlende Ressourcen.

89. **Defizite in der unternehmerischen Kompetenz der Personalverantwortlichen**: Die HRM-Aufgabe »unternehmerisch agieren«, wird besondere Bedeutung erlangen. Über die Hälfte der Befragten zählt sie aber zugleich zu den fünf Aufgaben, die schweizerische Personalverantwortliche besonders schlecht realisieren.

90. **Personalauswahl und Anreizgestaltung fördern die unternehmerische Ausrichtung besonders**: Diese Faktoren werden noch vor Personalentwicklung und Kulturgestaltung rangiert.

8.1.2 Einführung

Rollen von Personalmanagern drücken die an ihre Position gestellten Erwartungen aus. Dabei ist die Position jener Ort, »der durch eine Person zu besetzen und auszufüllen ist. Die Beziehungen, die eine Position zu den anderen Positionen (...) hat, sind auf zumindest zwei Dimensionen zu bestimmen«[452]:

---

452 Neuberger 1995, S. 83

- auf einer hierarchischen Dimension und

- auf einer funktionalen Dimension, bei der es um den Beitrag zur Zielerreichung oder Aufgabenerfüllung geht.

In diesem Kapitel wird analysiert, welches die zentralen Rollen von **Personalverantwortlichen** sind, welche Aufgaben sie dabei zu erfüllen haben und welche Kompetenzen dazu vorausgesetzt werden. Die bisherigen Ergebnisse fordern eine stärkere strategische Ausrichtung des Personalmanagements,[453] unterstützen Personalentwicklung und wertbewusste Führung[454] und betonen die Bedeutung des Change Managements für alle Träger der Personalarbeit[455] und der Kostenreduktion[456]. Diese Einschätzungen werden durch die **vier Rollen des Personalmanagements** nach *D. Ulrich*[457] gestützt (vgl. Abbildung 118).

Rolle	Aktivitäten	Ergebnis	Wertschöpfung	Messgrößen
• **Strategischer Partner der Geschäftsleitung**: Management der strategischen Human Ressourcen	Ausrichtung der Human Ressourcen auf die Geschäftsstrategie	vollzogene Strategie	Sicherung des Leistungspotentials der Humanressourcen durch die optimale Gestaltung des Personalsystems, z.B. in den Gestaltungsfeldern Personalgewinnung und Anreizsysteme	Messgrößen der Produktivität der Human Ressourcen, Potential und Prozessindikatoren, Unternehmenseffizienz
• **Change Agent**: Management der Transformation und der Veränderung	Sicherstellung der Kapazitäten für Veränderungen	Schaffung einer neuen Organisation zur Steigerung der Effektivität	Sicherung der Organisationsentwicklung, Unterstützung der Wandlungsprozesse in den Linien	Messgrößen der Unternehmenskultur, des Betriebsklimas und der aktiven und passiven Veränderungsbereitschaft und -fähigkeit der Mitarbeiter
• **Mitarbeiter-Helfer**: Management der Mitarbeitermitwirkung	Wahrnehmung und Reaktion auf die Mitarbeiter, Bereitstellung von Ressourcen für die Mitarbeiter	erhöhte Mitarbeitermotivation und -qualifikation	Sicherung der Motivation und Zufriedenheit der Mitarbeiter durch die Unterstützung in allen Phasen des Führungsprozesses	Ergebnisgrößen wie Mitarbeiterzufriedenheit und -loyalität
• **administrativer Experte**: Management der Unternehmensinfrastruktur	Reengineering der Organisation, Bereitstellung von Dienstleistungen	effiziente Infrastruktur, Effizienz der Prozesse	effiziente Prozessgestaltung, Sicherung der Dienstleistungsqualität und der Kosteneffizienz	Effizienzgrößen der Personalmanagementprozesse, Qualitätsindikatoren der Servicebereitschaft

Abb. 118: Die Rollen von Personalmanager(inne)n[458]

---

453 Vgl. Kapitel 3 Strategie 2010
454 Vgl. Kapitel 5 Personalfunktionen 2010; vgl. Kapitel 6 Steuerungsfunktionen 2010
455 Vgl. Kapitel 7.1 Organisation des Personalmanagements
456 Vgl. Kapitel 3.3 Wertschöpfung des Personalmanagements
457 Vgl. Ulrich 1996
458 Vgl. Ulrich 1996; Wunderer/Jaritz 2007, S. 76; vgl. Wunderer/v. Arx 2002, S. 31

8.1.3 Einzelergebnisse

Mit den bereits skizzierten Veränderungen im Personalmanagement werden sich die Rollen- und Aufgabenschwerpunkte der Personalmanagerinnen und -manager verlagern. Deshalb wurden Rollenerwartungen, Aufgaben, Kompetenzanforderungen und Förderungsmöglichkeiten an bzw. für Personalverantwortliche diskutiert.

Ergebnisthese 87:	Neue Rollenschwerpunkte – strategischer Partner und Change Agent

Die Befragten sollten die vier vorgestellten HRM-Rollen nach *D. Ulrich* aus eigener Sicht beurteilen[459] sowie von der Unternehmensleitung, von Führungskräften und Mitarbeitern beurteilen lassen[460] (vgl. Abbildung 119).

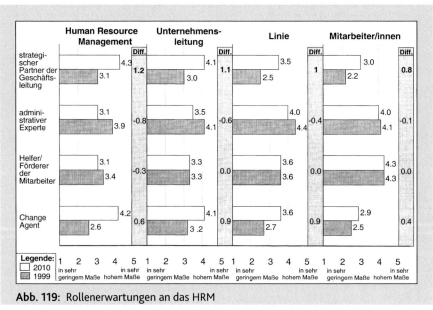

Abb. 119: Rollenerwartungen an das HRM

---

459 Frage: »Bitte beurteilen Sie (…), inwieweit das HRM diese Rollenerwartungen an sich selbst stellt.«

460 Fragen: »Bitte lassen Sie (…) beurteilen (bzw. beurteilen Sie ersatzweise selbst), in welchem Maße Vertreter der Unternehmensleitung, Linie und Mitarbeiter diese Rollenerwartungen an das HRM richten. Bitte lassen Sie die Einschätzung für das Jahr 2010 kurz begründen (bzw. begründen Sie sie ersatzweise selbst).«

Die Ergebnisse lassen sich wie folgt verdichten:

- Obwohl die Forderung nach unternehmerischem Denken und strategischer Orientierung des Personalressorts seit Jahren diskutiert wird, steht die tradierte Rolle des **administrativen Experten gegenwärtig immer noch im Vordergrund**. Unsere Frage nach den Gründen[461] wurde so beantwortet: Da sich die Stellenbesetzung bisher meist am Anforderungsprofil des »administrativen Experten« orientiert hat, verfügen viele Personalverantwortliche nicht über die Kompetenzen für die Rollen »strategischer Partner« und »Change Agent«. Zudem bleibt Administration notwendige Grundlast (Kommentar: »Jemand muss es ja machen«), und das HRM verfügt über das Know how.

- Aus **Sicht des HRM** sowie der **Unternehmensleitungen** rücken **zukünftig** die Rollen »**strategischer Partner der Geschäftsleitung**« und »**Change Agent**« in den Mittelpunkt. Diese Prognose ist die Konsequenz der Befunde zu »Personalstrategie« und »Organisation«, insb. verstärkter unternehmerischer Ausrichtung, vermehrter Übernahme risikobehafteter und prospektiver Aktivitäten des HRM, besserer Abstimmung von Unternehmens- und Personalstrategie[462], veränderter Verteilung von Personalmanagementaufgaben sowie höherer hierarchischer Eingliederung des Personalressorts[463].

- Für **Linie** und **Mitarbeiter** bleiben die Rollen »**administrativer Experte**« bzw. »**Helfer/Förderer der Mitarbeiter**« wichtig. Die Linie ist weiter auf die Entlastung von administrativen Aufgaben sowie auf das Expertenwissen des HRM angewiesen. Führungskräfte erwarten zunehmend intensive Unterstützung bei Veränderungsprozessen (Change Management). Für Mitarbeiter sind Personalmanager weiterhin Anlaufstelle, Karriereberater, Coach und Promotor. Unterstützung und Begleitung bei Veränderungen sowie Erhalt und Förderung der Arbeitsmarktfähigkeit spielen dabei eine besondere Rolle.

---

461 Frage: »Der unternehmerischen Ausrichtung des Personalressorts wurde in vorangegangenen Fragebogenrunden wachsende Bedeutung bescheinigt. Gleichzeitig hat Runde 2 gezeigt, dass unter vier Rollen des Personalbereichs (…) gegenwärtig noch die Rolle des »administrativen Experten« dominiert, d.h. die Personalabteilung vorwiegend Verwaltungsaufgaben übernimmt. Was sind Ihrer Meinung nach die drei wichtigsten Gründe hierfür?«
462 Vgl. Kapitel 3.1 Unternehmensstrategische Integration
463 Vgl. Kapitel 7.1 Organisation des Personalmanagements

Ergebnisthese 88: Herausforderungen im HRM durch neue Rollen

Die zukünftig besonders relevanten Rollen »strategischer Partner der Geschäftsleitung« und »Change Agent« wurden in verschiedenen Fragen[464] näher beleuchtet. Abbildung 120 zeigt, welche Aufgabenfelder, Zuständigkeitsbereiche, personalen Voraussetzungen und Problemfelder nach Ansicht der Befragten mit diesen Rollen verbunden sind.

Dimen-sionen \ Rollen	strategischer Partner der Geschäftsleitung	Change Agent
Aufgaben-felder	• Antizipation von Zukunftsszenarien (v.a. zukünftiger Anforderungen im HRM) • Mitentwickeln und -umsetzen der Unternehmens-/Geschäftsstrategie • strategische Ausrichtung der HRM-Instrumente • Förderung der Mitarbeiter zu Mitunternehmern	• frühzeitiges Erkennen von Trends und Entwicklung geeigneter Maßnahmen • mit HRM-Aktivitäten Veränderungen in der Berufswelt bewältigbar machen • Mitgestaltung, Beratung und Controlling von Veränderungsprozessen • Kulturmanagement
Primäre Zuständig-keitsbereiche	• strategische Personalplanung und Personalrekrutierung • Kulturgestaltung • Gestaltung von Vergütungssystemen	• Kulturgestaltung • Organisationsentwicklung • Förderung der Mitarbeiteridentifikation und -motivation
Wichtigste Fähigkeiten	• analytische Fähigkeiten • Weitsicht • ganzheitliches vernetztes Denken • Business Know how	• Sozialkompetenz (insb. Kommunikations- und Integrationsfähigkeit) • Kenntnisse/Fähigkeiten im Prozessmanagement • Umsetzungskompetenz • Selbstvertrauen, Widerstandsfähigkeit, Durchsetzungskraft
Besondere Schwierig-keiten	• unzureichende Fachkompetenz und Business-Erfahrung der HR-Manager • unzureichende Akzeptanz des HRM durch Geschäftsleitung • unzureichende Einbindung des HRM in strategische Prozesse	• zu wenig Akzeptanz und Unterstützung durch die Linie • fehlende Ressourcen (insb. Zeit) • unzureichende Kompetenzen der HR-Manager

Abb. 120: Besonderheiten der Rollen »strategischer Partner der Geschäftsleitung« und »Change Agent«

Es wird deutlich, dass es sich um **anspruchsvolle Rollen** handelt. Verlangt werden neben fachfremden Qualifikationen, z. B. Business Know how oder Kenntnisse und Fähigkeiten im Prozessmanagement, auch

---

464 Fragen: »Nennen Sie bitte die wichtigsten mit diesen Rollen verbundenen Aufgaben. Bitte geben Sie an, für welche drei zentralen Funktionen/Prozesse die Personalabteilung in den Rollen ›strategischer Partner der Geschäftsleitung‹ und ›Change Agent‹ primär zuständig ist. Bitte nennen Sie nun die (…) wichtigsten Fähigkeiten von Personalverantwortlichen in den Rollen ›strategischer Partner der Geschäftsleitung‹ und ›Change Agent‹. Wo sehen Sie besondere Schwierigkeiten bei der Umsetzung dieser beiden Rollen von Personalverantwortlichen?«

schwer veränderbare – weil eng mit Persönlichkeitsstrukturen verbundene – Qualifikationen, wie Sozialkompetenz, Selbstvertrauen oder Durchsetzungskraft. **Zentrale Voraussetzungen zur erfolgreichen Realisierung dieser Rollen** zur strategischen Neuausrichtung des Personalmanagements – nämlich Akzeptanz, strategische Integration und Ressourcen – sind noch **nicht ausreichend vorhanden.**

Ergebnisthese 89: **Defizite in der unternehmerischen Kompetenz der Personalverantwortlichen**

Die Befragten sollten auch Bedeutung und Erfüllung verschiedener HRM-Aufgaben im Jahr 2010 beurteilen (vgl. Abbildung 121).[465]

Größte Bedeutung 2010
• unternehmerisch agieren/Mitarbeiterpotentiale erkennen und fördern/Wandel menschlich bewältigen und gestalten (je 52 %)
• vernetztes Denken entwickeln/Visionen kommunizieren/Vertrauen schaffen (je 32 %)
• Menschen begeistern, inspirieren (28 %)
• coachen/mit knappen Ressourcen umgehen (24 %)
• Initiativen belohnen/Widersprüche im Gleichgewicht halten (je 20 %)
Erfüllungsgrad 2010
– Besonders schlecht erfüllt –
• unternehmerisch agieren (56 %)
• Visionen kommunizieren (44 %)
• Menschen begeistern, inspirieren (36 %)
• neue Wege gehen/alternative Lösungswege tolerieren/Freiräume nutzen (je 32 %)
• Kreativität stimulieren (28 %)
– Besonders gut erfüllt –
• Linie administrativ entlasten (68 %)
• Mitarbeitern helfen (64 %)
• Vertrauen schaffen (44 %)
• mit knappen Ressourcen umgehen/delegieren (an Linie und Mitarbeiter) (je 40 %)
• enge Kundenkontakte pflegen (32 %)

Abb. 121: Relevanz und Erfüllung von Personalmanagementaufgaben

465 Frage: »Bitte wählen Sie unter folgenden Aspekten jene fünf aus, die Ihres Erachtens im Jahr 2010 die größte Bedeutung haben werden. Geben Sie weiterhin an, welche fünf von schweizerischen Personalverantwortlichen erfahrungsgemäß besonders gut und welche fünf besonders schlecht erfüllt werden.«

Die Ergebnisse bestätigen die Thesen zu den Rollen des HRM: Die als zentral eingeschätzten Aufgaben »unternehmerisch agieren«, »vernetztes Denken entwickeln« und »Visionen kommunizieren« stehen in enger Verbindung mit der Rolle des **strategischen Partners der Geschäftsleitung**. Die Aufgaben »Wandel menschlich bewältigen und gestalten«, »Vertrauen schaffen«, »Menschen begeistern, inspirieren« und »Widersprüche im Gleichgewicht halten« lassen sich dem **Change Agent** zuordnen. Dass Aufgaben wie »Mitarbeiterpotentiale erkennen und fördern«, »coachen« und »mit knappen Ressourcen umgehen« zu den zukünftig wichtigsten fünf gezählt werden, zeigt, dass auch die Rollen **»Helfer und Berater der Mitarbeiter«** und **»administrativer Experte«** bedeutsam bleiben.

Bei den **neuen Rollen** »strategischer Partner« und »Change Agent« besteht aber nach Ansicht der Befragten noch erheblicher **Lernbedarf**. So werden damit verbundene wichtige Funktionen – allen voran »unternehmerisch agieren«, »Visionen kommunizieren« und »Menschen begeistern, inspirieren« – als schlecht erfüllt eingestuft. Dagegen erhalten die klassischen Aufgabenfelder des administrativen Experten und Helfers besonders gute Bewertungen.

Weiterhin zeigen sich **Parallelen zur Bewertung der Führungskräfte**.[466] So werden bei Führungskräften wie bei Personalverantwortlichen die Aufgaben »Visionen kommunizieren«, »Menschen begeistern«, »Freiräume nutzen«, »neue Wege gehen« und »alternative Lösungswege tolerieren« als besonders schlecht erfüllt eingeschätzt. Als gut erfüllt gelten dagegen »enge Kundenkontakte«, »delegieren« sowie »mit knappen Ressourcen umgehen«. Insgesamt geben sich die **Personalverantwortlichen** jedoch eine etwas **bessere Bewertung** als den Führungskräften. Während bei letzteren vier der fünf zentralen Aufgaben zugleich zu den schlechter erfüllten gezählt werden, schneiden die HR-Manager bei zwei der wichtigsten Aufgaben besonders gut ab: »Vertrauen schaffen« und »mit knappen Ressourcen umgehen«.

Ergebnisthese 90:	Personalauswahl und Anreizgestaltung fördern die unternehmerische Ausrichtung besonders

Die Förderung internen Unternehmertums bei Personalverantwortlichen wird als zentrale strategische Herausforderung für die Personal-

---

466 Vgl. Kapitel 6.1 Führung

abteilung eingeschätzt.[467] Jedoch wird gerade die Funktion »unternehmerisch agieren« als zentrale Schwachstelle der Personalverantwortlichen gewertet. Die Befragten sollten deshalb noch Maßnahmen auf ihre Eignung zur Förderung des unternehmerischen Denkens und Handelns von Personalmanagern beurteilen (vgl. Abbildung 122).[468]

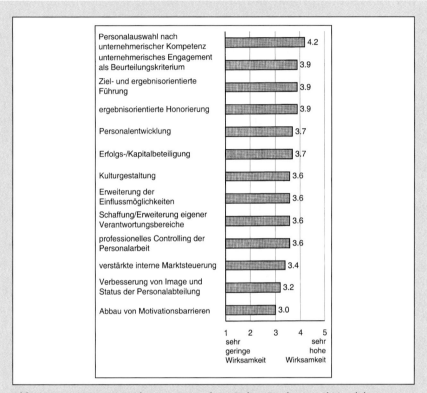

Abb. 122: Ansätze zur Förderung unternehmerischen Denkens und Handelns von Personalmanagern

Allen vorgeschlagenen Maßnahmen wird zumindest mittlere Wirksamkeit zugeschrieben. Auffällig ist zweierlei:

• Obwohl der Personalentwicklung unter allen Personalfunktionen die größte strategische Bedeutung beigemessen wird,[469] wird in diesem

467 Vgl. Kapitel 3 Strategie 2010
468 Frage: »Bitte beurteilen Sie, inwieweit mit folgenden Maßnahmen das unternehmerische Denken und Handeln von Personalmanagern nachhaltig gefördert werden kann.«
469 Vgl. Kapitel 5 Personalfunktionen 2010

speziellen Fall die gezielte **Personalauswahl** nach unternehmerischer Qualifikation und Motivation **deutlich höher** (+0.5) **gewichtet als** die **Entwicklung** entsprechender Kompetenzen, v. a. wohl weil extra-funktionale unternehmerische Kompetenzen nur begrenzt entwickelbar sind.

• Der **Gestaltung primär extrinsischer Anreize** – angefangen von der Verankerung des Kriteriums »unternehmerisches Engagement« in Beurteilungssystemen – wird **hohe Bedeutung** zugeschrieben. So wird der »ergebnisorientierten Honorierung« größere Funktionalität zur Förderung internen Unternehmertums bescheinigt als den mehr intrinsisch motivierenden Maßnahmen »bewusstseinsbildende Kulturgestaltung«, »Erweiterung der Einflussmöglichkeiten« oder »Schaffung/Erweiterung eigener Verantwortungsbereiche«. Da der HR-Bereich traditionsgemäß zu den schlechter bezahlten betrieblichen Funktionen zählt,[470] die Entgeltgestaltung aber ein zentraler Gradmesser von Anerkennung und Wertschätzung ist, wird hier wohl Nachholbedarf gesehen. Andererseits wird das Gehaltsniveau nicht als zentral für die Attraktivität von HRM-Positionen gesehen.

---

470 Vgl. Schettgen 1996, S. 339

234

8.2 Karriere im Human Resource Management

8.2.1 Ergebnisthesen

91. **Das Personalressort gewinnt an Attraktivität**: Qualität der Personalverantwortlichen, Tätigkeitsschwerpunkte, -niveau und -breite sowie Entwicklungsmöglichkeiten beeinflussen die Attraktivität von HRM-Positionen am Arbeitsmarkt am stärksten.

92. **Stellenbesetzung im HRM 2010 erfolgt intern wie extern**: Die unternehmensinterne Stellenbesetzung wird ihre Vormachtstellung verlieren. Zukünftig wird ein ausgewogenes Verhältnis zwischen interner und externer Besetzung bestehen. Bei interner Besetzung werden mehr Personen aus anderen Funktionen rekrutiert.

93. **Verbesserte Karrierechancen für Quereinsteiger**: Die obersten Personalverantwortlichen werden auch zukünftig überwiegend aus dem Personalbereich stammen. Allerdings werden oberste HRM-Positionen zunehmend aus anderen Funktionsbereichen – insb. dem Marketing – besetzt.

8.2.2 Einführung

Unter **Karriere** wird der unternehmensinterne und -externe Wechsel von Positionen und Aufgaben – also nicht nur hierarchischer Aufstieg – verstanden.[471]

Die historische Entwicklung der Berufswege von Personalverantwortlichen lässt sich in groben Zügen wie folgt charakterisieren: Einer Tätigkeit im Personalbereich ging **traditionell** – etwa bis zu den 60er Jahren – eine anderweitige Ausbildung oder Funktion, beispielsweise im Rechnungswesen, im Vertrieb, aber auch in Stabsstellen oder im Militär voraus. Personalwirtschaftliche Kompetenz wurde zumeist in Form einer kurzfristigen Ausbildung erworben. In den 70er Jahren kam es zu einer funktionalen und hierarchischen Aufwertung der Personalarbeit.[472] Damit ging eine erhebliche Spezialisierung des Wissens in Personalfragen (**Professionalisierung**) einher, verbunden mit speziellen Laufbahnen im Personalbereich.[473]

---

471 Vgl. Berthel 1995, S. 289ff.
472 Vgl. Kapitel 3.1 Unternehmensstrategische Integration
473 Vgl. Wächter 1987, S. 143ff.

Weil Personalmanagementaufgaben auf Unternehmensleitung, Führungskräfte und Mitarbeiter übertragen werden,[474] wird auch die Professionalisierung relativiert.

Bereits vor zehn Jahren ermittelte eine Studie von *Heidrick & Struggles* Anforderungsprofile des Personalmanagements.[475] Danach hatte die Forderung nach unternehmerischem Denken und Handeln bereits vor einem Jahrzehnt große Bedeutung. Umso dringender scheint jetzt aber die **Umsetzung** der Forderung, dass ein Berufsweg nicht nur im Personalbereich (»Röhrenkarriere«) verläuft, sondern einen **Wechsel** in unterschiedliche Funktionen (z. B. Marketing oder Vertrieb) und Kulturen einschließt.[476]

8.2.3 Einzelergebnisse

Im Rahmen der empirischen Untersuchung wurden die Attraktivität des Arbeitsplatzes »Personalabteilung«, die Stellenbesetzung sowie Karrierewege im Human Resource Management zur Diskussion gestellt.

Ergebnisthese 91: **Das Personalressort gewinnt an Attraktivität**

Zukünftig werden im HRM mehr polyvalent qualifizierte, unternehmerisch orientierte Mitarbeitende gebraucht. Da die relevanten Kompetenzen nur teilweise und bei entsprechenden Potentialen entwickelt werden können, werden Personalgewinnung und -auswahl besonders wichtig. Um geeignete Personen für das Personalressort zu gewinnen, müssen HRM-Positionen auch interessant sein. Dazu wurde gefragt, inwieweit verschiedene Faktoren Einfluss auf die Attraktivität von Positionen in der Personalabteilung nehmen[477] und wie ausgeprägt diese ist.[478]

Die **Attraktivität** von Tätigkeiten im HR-Bereich wird am stärksten durch die **Qualität der Personalverantwortlichen** bestimmt (vgl. Abbildung 123). Deren Qualität beeinflusst Inhalte und Niveau der Tätig-

---

474 Vgl. Kapitel 7 Organisation 2010
475 Vgl. Heidrick & Struggles International Inc. 1990, S. 23
476 Vgl. Wunderer/Kuhn 1993, S. 212f.
477 Frage: »Bitte beurteilen Sie, inwieweit folgende Faktoren die Attraktivität von Tätigkeiten in der Personalabteilung beeinflussen.«
478 Frage: »Bitte beurteilen Sie die gegenwärtige und zukünftige Attraktivität von Positionen in der Personalabteilung. Bitte begründen Sie kurz die prognostizierte Entwicklung bis zum Jahr 2010.«

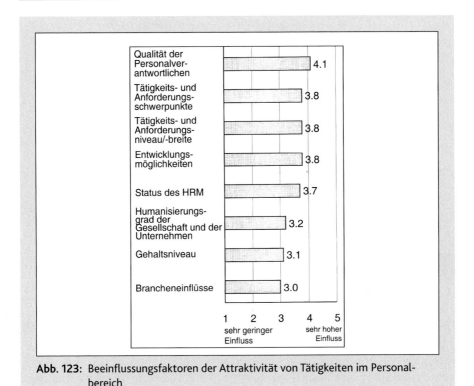

Abb. 123: Beeinflussungsfaktoren der Attraktivität von Tätigkeiten im Personalbereich

keiten wie auch die Entwicklungsperspektiven. Wenn analytische Fähigkeiten, Weitsicht, ganzheitliches unternehmerisches Denken und Handeln sowie Business Know how innerhalb des Personalressorts gering ausgeprägt sind, können kurzfristig auch keine strategischen Aufgaben übertragen und kaum Positionen auf Geschäftsleitungsebene angeboten werden. Entscheidend sind dabei die ranghöchsten Personalverantwortlichen, da sie die Ausgestaltung der Personalarbeit – auch als Vorbild – entscheidend prägen.

Eine Beschäftigung in der Personalabteilung ist nach Ansicht der Experten **gegenwärtig** nur **in mittlerem Maße attraktiv** (vgl. Abbildung 124). Zukünftig werden **Attraktivitätssteigerungen** – insb. am internen Arbeitsmarkt – erwartet. Begründet wird dies mit der **wachsenden Bedeutung des HRM,** mit **interessanteren Inhalten, anspruchsvolleren Aufgaben** und **Einbindung in die Unternehmensstrategie.**

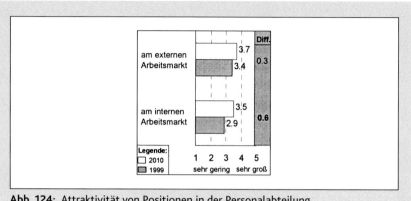

Abb. 124: Attraktivität von Positionen in der Personalabteilung

Ergebnisthese 92: Stellenbesetzung im HRM 2010 erfolgt intern wie extern

Die **heute** noch dominierende **interne Besetzungsstrategie wird nach** Meinung der Befragten[479] **zukünftig** von einer »**Mischstrategie**« abgelöst. Offensichtlich reicht das interne Potential nicht aus, um den wachsenden qualitativen Bedarf zu decken. Auch die Rekrutierung aus dem Human Resource Bereich wird abnehmen, da Linien- und Businesserfahrung im HRM wichtiger wird (vgl. Abbildung 125).

Stellenbesetzungsstrategien	Häufigkeits-verteilung		Differenz
	1999	2010	
• unternehmensinterne Stellenbesetzung dominiert. Dabei			
– werden v. a. Personen aus dem Personalbereich bevorzugt	50 %	9 %	-41 %
– werden v. a. Personen aus anderen Funktionen bevorzugt	9 %	27 %	18 %
• unternehmensinterne und -externe Stellenbesetzung sind etwa gleichrangig	27 %	54 %	27 %
• unternehmensexterne Stellenbesetzung dominiert	14 %	9 %	-5 %

Abb. 125: Stellenbesetzungsstrategie im Personalbereich

---

479 Frage: »Bitte beurteilen Sie die gegenwärtige und zukünftige Stellenbesetzungsstrategie im Personalbereich. Bitte begründen Sie kurz die prognostizierte Entwicklung bis zum Jahr 2010.«

238

Ergebnisthese 93: Verbesserte Karrierechancen für Quereinsteiger

Nach einer Untersuchung von 1990 stammten 57 % der obersten Personalverantwortlichen der größten deutschen Unternehmen aus dem Personalbereich und nur 43 % aus anderen Unternehmensfunktionen.[480] Nach Ansicht der Befragten[481] stehen auch in der Schweiz weiterhin »Kaminkarrieren« im Vordergrund, allerdings mit sinkender Tendenz (vgl. Abbildung 126).

Funktionsbereiche	Mittelwerte		
	1999	2010	Differenz
• Personalbereich	65 %	52 %	−13
• andere Unternehmensfunktionen	35 %	48 %	13

Abb. 126: Herkunft des obersten Personalverantwortlichen

Beschäftigte anderer Funktionsbereiche erhalten so vermehrt Chancen auf Karrieren im HRM. Dabei zeichnet sich eine weitere Veränderung ab: Kommen die »Quereinsteiger« **gegenwärtig** in erster Linie aus **anderen internen Dienstleistungsbereichen** (73 % der Nennungen), so werden sie **2010** vorrangig aus dem **Marketing** (70 %), dem **Vertrieb/Verkauf** (39 %) sowie dem Bereich **Controlling/Finanzen** (39 %) stammen.

---

480 Vgl. Heidrick & Struggles Inc. 1990, S. 26f.
481 Fragen: »Bitte beurteilen Sie, wie viel Prozent der obersten Personalverantwortlichen in schweizerischen Mittel- und Großunternehmen gegenwärtig und zukünftig aus dem Personalbereich und wie viel Prozent aus anderen Unternehmensfunktionen kommen. Bitte beurteilen Sie, welche ›anderen Unternehmensfunktionen‹ dabei die Hauptrolle spielen. Bitte wählen Sie im Folgenden die zwei wichtigsten Funktionsbereiche aus.«

8.3 Folgerungen

Die Experten fordern verstärkt die Rolle des »**strategischen Partners der Geschäftsleitung**« und des »**Change Agent**«. Obwohl administrative Aufgaben weiter zu ihrem Tätigkeitsportfolio dazugehören werden, ist eine **unternehmerische Orientierung** für die Experten die wichtigste Anforderung an alle Personalmanager.

Weil das Personalmanagement zunehmend von Führungskräften und der Unternehmensleitung übernommen wird, müssen die Personalverantwortlichen stärker **Strukturen gestalten** und **entwickeln**, die eine wertschöpfungsorientierte Personalarbeit solcher Träger sichert. Personalmanager müssen sich deshalb immer mehr als **Strukturgestalter** verstehen, weniger als Berater einzelner Mitarbeiter. Dies erfordert Einfluss auf leistungsfördernde Rahmenbedingungen, z. B. über Organisation. Erforderlich sind hierfür Gestaltungsvorschläge zu Folgerungen von Virtualisierung und Globalisierung auf die einzelnen Arbeitsplätze. Entscheidend ist aber v. a. die Fähigkeit zur **Konzipierung** und **Umsetzung innovativer Maßnahmen**.

Die Experten erwarten zunehmend Personalmanager, die als **Quereinsteiger** aus Funktionen wie Marketing, Vertrieb und Finanz- und Rechnungswesen in die Personalabteilung eintreten und die Kompetenz zu **kunden-** und **ertragsorientiertem** Denken und Handeln schon mitbringen. Der Anteil der Quereinsteiger wird zunehmen. Diese Prognose weist auf einen **personellen Wandel** in der Personalabteilung hin: Die nötigen Fähigkeiten von Personalmanagern können weniger entwickelt, sondern müssen eingebracht oder in anderen Bereichen erfahren werden.

Nach Meinung der Experten fördert die konsequente Forderung nach unternehmerischer Orientierung im Personalmanagement auch das Image der Personalverantwortlichen auf dem Arbeitsmarkt. Personalmanager müssen ihr traditionelles Rollenspektrum – »Administrator« und »Helfer« – erweitern, sich selbst als Unternehmer verstehen und unternehmenssichernde Aufgaben wie auch Kundenwünsche vorbildlich und wertschöpfend erfüllen und neue Märkte erschließen können. Fordern, fördern und umsetzen sind dafür drei zentrale Maximen.

9 Herausforderungen 2010

Die Ergebnisse dieser Studie zeigen u.E. fünf Herausforderungen: **Interner und externer Arbeitsmarkt, Informationstechnologie, internes Unternehmertum**, die Beeinflussung von Werten und die Reflexion von Spannungsfeldern.

1. Herausforderung:	Interner/externer Arbeitsmarkt

Der Arbeitsmarkt ist durch zunehmende Anforderungen an die Qualifikation der Arbeitskraft, deren kurzfristige Verfügbarkeit und häufige Positionswechsel charakterisiert. Dies zeigt sich im Meinungsbild der Experten über **Anbieter** und **Nachfrager**.

- **Arbeitskraft-Nachfrager**

- Als Arbeitskraft-Nachfrager treten Unternehmen und Führungskräfte oder Teams an den Arbeitsmarkt. Bedeutsam sind dabei folgende Aspekte:

  – Die unternehmerischen Schlüsselkompetenzen »Sozial-«, »Gestaltungs-« und »Umsetzungskompetenz« werden unverzichtbare Auswahlkriterien, da verstärkt unternehmerisch orientierte Mitarbeiter gebraucht werden.
  – Schweizerische Manager haben Nachholbedarf in der Führungsqualifikation. Zentrale Führungsaufgaben werden schlecht erfüllt, insb.: Visionen kommunizieren, Spaß an der Arbeit sichern, Vertrauen schaffen, Mitarbeiterpotentiale erkennen und fördern.
  – Die Experten wollen sich wegen zunehmendem »War for Talents« nicht auf den externen Arbeitsmarkt verlassen, sondern den Bedarf an Human Ressourcen mehr durch Personalentwicklung decken.
  – Da Personalentwicklung und -einsatz noch wichtiger werden, wird auch die Potentialbeurteilung erheblich bedeutsamer.

- **Arbeitskraft-Anbieter**

  Arbeitskraft-Anbieter sind nicht nur Arbeitslose oder Stellenwechsler. Auch Führungskräfte und Mitarbeiter müssen sich als Anbieter ihrer Arbeitskraft verstehen, weil sie zunehmend mit Positions- oder Stellenwechseln rechnen müssen:

- Weil die Beschäftigungssicherheit abnimmt, müssen Mitarbeitende nicht nur mobil und flexibel einsetzbar sein, sondern zugleich vermehrt für ihre Arbeitsmarktfähigkeit sorgen.
- Sie müssen auch mehr Verantwortung für ihre Entwicklung übernehmen. Verbreitung und Akzeptanz der Selbstentwicklung steigen bei individualisierten Arbeitsinhalten, Anforderungsänderungen und sinkender Beschäftigungssicherheit stark an.
- Die Lernmotivation wird bei Mitarbeitern ausführender Ebene und bei oberen Führungskräften als förderungsbedürftig eingeschätzt. Immer mehr Arbeitnehmer folgen hedonistischen Prinzipien, indem sie arbeiten, um zu leben – nicht umgekehrt. Und sie wollen mehr Balance zwischen Beruf und anderen Lebensbereichen.
- Dagegen fordern unternehmerisch orientierte Mitarbeiter Entfaltungsspielraum, Weiterbildung und Aufgabenvielfalt. Diese Aspekte werden für die Personalgewinnung bedeutsamer.

2. Herausforderung: **Informationstechnologie**

Die technologische Entwicklung fordert das Personalmanagement:

- Der rasche technologische Fortschritt verkürzt die Halbwertszeit des Wissens und zwingt die Beschäftigten zu permanenter Weiterbildung.

- Die mit modernen Kommunikationstechnologien verbundene Virtualisierung der Arbeitsplätze eröffnet **Chancen**. Sie bietet Möglichkeiten zur Flexibilisierung des Arbeitsortes und zur Individualisierung der Arbeitszeit (z. B. über Call-Center oder Employee Assistant Programs).

- Virtualisierung ist auch mit **Gefahren** verbunden. Sie fordert eine Intensivierung der strukturellen Führung und verändert die Anforderungen an Führungskräfte und Geführte. Erschwerte persönliche Kommunikation und Vertrauensbildung sind wichtige Problemfelder.

3. Herausforderung: **internes Unternehmertum**

Zurzeit dominiert die Anpassung von Organisation und Personal an veränderte Rahmenbedingungen über Kostensenkung, Rationalisierung und Flexibilisierung. Es werden aber zunehmend Chancen zur Förderung internen Unternehmertums geboten – dies über folgende vier Schwerpunkte:

- **Neue Steuerungskonzepte**

Die heute noch dominierenden Steuerungskonzepte »Hierarchie« und »Bürokratie« werden im kommenden Jahrzehnt zugunsten von »Markt« und »sozialem Netzwerk« auf ein mittleres Maß reduziert. Damit verbessern sich auch die strukturellen Bedingungen für internes Unternehmertum.

- **Unternehmerische Organisation: Wertschöpfungs-Center Personal**

Die Experten erwarten eine stark wachsende Verbreitung des Wertschöpfungs-Center-Konzeptes. Dieses wird zunehmend als Profit-Center und rechtlich selbstständige Einheit (z. B. als AG oder GmbH) realisiert. Denn juristisch abgesicherte Autonomie fördert den notwendigen Wandel zu mehr unternehmerischem Verhalten. Diese Entwicklung muss auch über die Personalstrategie, den Ausbau der Management- und Business-Dimension, die Steuerungsfunktion »Personalcontrolling« sowie die Personalfunktionen vollzogen werden.

Die Ausrichtung auf kundenorientierte Dienstleistung (Service-Dimension), unternehmenssichernde Leistung (Management-Dimension) sowie interne Marktsteuerung (Business-Dimension) verlangt eine umfassende Neuausrichtung des Personalmanagements.

Während Innovation und Implementation zunehmend die Managementqualität der Personalabteilung messen, indiziert Kompetenz, d. h. Fähigkeiten, Fertigkeiten sowie Professionalität, die Servicequalität. Bei der Managementqualität zeigt sich Nachholbedarf, da gerade der Indikator »Innovation« in schweizerischen Unternehmen unzureichend erfüllt wird.

- **Personalcontrolling**

Mit zunehmender strategischer Ausrichtung des Personalmanagements muss es seinen Beitrag zur Wertschöpfung des Unternehmens vermehrt transparent machen. Die Personalexperten erwarten einen erheblichen Anstieg des institutionalisierten Personalcontrollings. Die Controllingaktivitäten werden insb. bei Personalmarketing, Personalentwicklung, lateraler Kooperation, Führung und Wertesteuerung stark zunehmen.

- **Prozessorientierte Gestaltung der Personalfunktionen**

Zur Umsetzung der Personalstrategie müssen die Personalfunktionen an den Bedürfnissen der zentralen HRM-Kunden, insb. der Geschäftsleitung, Führungskräfte und Mitarbeiter, ausgerichtet sowie in kundenorientierten Prozessen gestaltet werden:

– Obwohl im Zuge aktueller Werteströmungen immaterielle Anreize die stärkste Motivationswirkung versprechen, bleibt die Entgeltgestaltung für alle Mitarbeitergruppen wichtig. Mit verstärkter Leistungsgerechtigkeit wird bei allen Arbeitnehmergruppen der leistungsabhängige Teil der Entlohnung zunehmen.
– Erfolgs- und Kapitalbeteiligung finden generell vermehrt Anwendung. Führungskräfte partizipieren aber auch zukünftig am stärksten an Unternehmenserfolg und -kapital.
– Steigende Ansprüche der Mitarbeiter und höhere Arbeitsanforderungen verlangen lern- und motivationsfördernde Gestaltung der Arbeitssituation sowie Abbau von demotivierenden Faktoren.

4. Herausforderung: Beeinflussung von Werten

Die Auseinandersetzung mit Wertfragen wird für das Personalmanagement wegen unterschiedlicher Umwelteinflüsse wichtiger:

• Aufgrund des Wertewandels ändern sich die Einstellungen von Führungskräften und Mitarbeitern gegenüber ihrer Arbeit. Die einseitige Ausrichtung auf den Beruf nimmt generell ab.

• Durch zunehmende Globalisierung müssen sich Unternehmen mit unterschiedlichen Kulturen und Werten auseinandersetzen.

• Durch die Verflachung von Hierarchien wird die Führungsbeziehung zwischen Führungskraft und Mitarbeiter weniger durch Weisungsbefugnisse als durch Vertrauen bestimmt.

Die Werthaltungen der Organisationsmitglieder können auf zwei Arten beeinflusst werden:

• **Strukturelle Beeinflussung von Werten**

Die »weichen Faktoren« struktureller Führung, insb. Werte, werden bedeutender. Die Experten schätzen diese als wichtiger ein als direkte, interaktive Führung und »harte Faktoren« struktureller Führung (z. B. Unternehmensorganisation und -strategie). Damit erlangt die Pflege und Gestaltung der Unternehmenskultur, z. B. über Slogans, Leitsätze, Rituale, symbolische Handlungen, Arbeitsgestaltung, Logos etc., an Bedeutung. Wichtig ist hierbei eine systematische Abstimmung der einzelnen Gestaltungsbemühungen.

• Personelle Beeinflussung von Werten

Die inspirierende, individualisierte und emotional ansprechende Beeinflussung wird in der vertikalen Führungsbeziehung zwischen Vorgesetzten und Mitarbeitern wie auch in der lateralen Kooperation wichtiger. Die heute dominierenden Rollen »Manager« und »Professional« verlieren zugunsten von »Leader« und »Net-Worker« an Relevanz:

– Transformationale, werteverändernde Führung fördert unternehmerisches Denken und Handeln der Beschäftigten. Sie vermag Sinn zu vermitteln und verspricht eine Harmonisierung individueller und unternehmerischer Interessen.

– Die wechselseitige teamübergreifende Kooperation zwischen Organisationseinheiten wird wichtiger. Obwohl die Experten eine Verbesserung der lateralen Kooperation erwarten, bleiben bestimmte Konfliktpotentiale bestehen oder verstärken sich. Dies gilt besonders für die Anonymisierung der Arbeitsbeziehungen durch Virtualisierung der Organisation. Bislang weniger verwendete Instrumente, wie Prozessorientierung oder Instrumente zum Aufbau und zur Pflege einer Kooperationskultur werden verstärkt eingesetzt. Dagegen rückt die noch vorherrschende hierarchische Konfliktlösung in den Hintergrund.

Die Auseinandersetzung mit diesen Wertfragen fordert eine Reflexion von Spannungsfeldern.

5. Herausforderung: **Reflexion von Spannungsfeldern**

Damit Werte beeinflusst werden können, müssen sie verstanden werden, zumal sich Widersprüchlichkeiten im Umfeld des Personalmanagements zeigen. **Spannungsfelder**, wie »Beruf – Familie/Freizeit« und »Erwerbstätige – Erwerbslose« sowie die Integration pluralistischer, konfligierender Werte bestimmen die zukünftigen Rahmenbedingungen:

• Begünstigt durch die allgemeine Bedeutungszunahme weicher Steuerungsformen (Unternehmenskultur) sowie durch mehr ausländische Führungskräfte und Spezialisten wird die Integration divergierender (multi-)kultureller Werte zunehmend zur Führungs- und HRM-Aufgabe.

• Im Rahmen der Personalbeurteilung wird vermehrt auch die Art und Weise beurteilt, durch welches Verhalten Ergebnisse erreicht wurden.

Nach den Experten erhalten die Beurteilung des Mitarbeiter-, Kollegen- und Vorgesetztenverhaltens größere Aufmerksamkeit.

- Nicht erfüllte Erwartungen bergen Demotivationspotentiale. Heute wie morgen wird mangelnde Anerkennung als bedeutsamer Demotivator eingeschätzt. Inadäquate Arbeitsinhalte, mangelnde Kommunikation durch das Management, ungenügender Leistungserfolg und Organisationskultur sind weitere Demotivatoren, an denen es zu arbeiten gilt.

10 Personalmanagement – Wohin gehst Du?

Personalmanagement – »Wie denkst und lebst Du?«

Sind wir Personalexperten unverbesserliche Optimisten? Brauchen wir rosarote Brillen für die Tagesarbeit? Erklärt sich das aus der Helferrolle? Oder müssen wir uns im Portfolio *Schumpeters* »zur Minorität von Leuten mit einer schärfern Intelligenz und einer beweglichen Phantasie« zählen, die immer neue Kombinationen sehen und entwickeln, aber schließlich »Tagträumer« bleiben? Gehören wir damit zu selten zur »noch geringeren Minorität, die handelt«, also dem unternehmerischen Typus? *Schumpeters* Antwort zur Charakterisierung des unternehmerisch wirtschaftenden Menschen ist eindeutig: »Die neuen Kombinationen kann man immer haben, aber das Unentbehrliche und das Entscheidende ist die Tat und die Kraft zur Tat.«[482]

Schon vor 25 Jahren von uns mit durchgeführte Analysen zum Stand der Personalarbeit und Personalleiter in Großunternehmen[483] erbrachten tendenziell ähnliche Resultate. Sie lauteten: Die Zeit der Personaladministration geht zu Ende, das strategische Personalmanagement nimmt den ihm gebührenden Platz ein. Die tägliche Arbeit konzentriert sich auf die wirklich zentralen Personalfunktionen und -instrumente. Und soziale Intelligenz, soziale Verantwortung, soziale Sensitivität sowie soziale Prägungsfähigkeit sind die vier wichtigsten Anforderungen an Führungskräfte im Personalwesen.[484]

1982 führte die Schweizer Gesellschaft für Personalfragen schon eine schweizweite Untersuchung zum Personalwesen durch.[485] Damals wurde ein Polaritätsprofil der Personalverantwortlichen ermittelt – auch aus Sicht von internen Kunden und der Geschäftsleitung. 26 % der damaligen Personalchefs wurden dabei als Unternehmer charakterisiert. Allerdings gab es daneben auch einen beachtlichen Anteil an »Beamten« (23 %), »Schauspielern« (12 %) und »Politikern« (18 %).

Bei unserer ähnlichen Frage im Jahre 1999 zum Anteil der unternehmerischen Führungskräfte im Personalmanagement mit einem anderen An-

---

482 Schumpeter 1912, S. 174f.
483 Vgl. Remer/Wunderer 1979
484 Vgl. ebenda, S. 178
485 Vgl. Schweizer Gesellschaft für Personalfragen 1982; Wunderer 1989

satz ergaben sich zwar etwas höhere Einschätzungen, aber kein grundlegend anderes Ergebnis. In den letzten Jahren mussten alle dazulernen und sich den neuen Gegebenheiten gründlich anpassen. Schlagworte dazu lauten: Globalisierung, Fusionen, Kooperationen, umfassende und schnelle Restrukturierungen, permanenter Personalabbau, Standortwettbewerb im gleichen Unternehmen mit Lohnkostenunterschieden im Verhältnis von 1:10, kürzere (Teil-)Arbeitszeiten, geringeres Arbeitsethos und höhere Ansprüche an eine sinnvolle, ja spaßmachende Arbeit, Flexibilisierung, Frühverrentung, Teilzeitarbeit in »atmenden Unternehmen«[486], Mutationen, Rotationen, Abbau von Rang- und Statushierarchien und Leistungsverdichtung.

Fordert also diese Realität im Human Ressourcen Management zwingend unerschütterliche Optimisten? Und wie steht es, wenn man für die Zukunft den Rollenschwerpunkt auf »Change Management« und auf »strategische Beratung der Geschäftsleitung« legen will? Oder stehen solche Forderungen im Gegensatz zu Entwicklungen des letzten Jahrzehnts, in dem viele strategische Entscheide und Aufgaben auf die Unternehmensleitung verlagert oder auf Personalberater outgesourct wurden, in dem man auch wieder rezentralisierte und in dem Personalverantwortliche von einschneidenden Strategiewechseln oft erst im Nachhinein oder aus der Presse erfuhren. Kann die qualitative Personalarbeit im Vordergrund stehen, wenn die obersten Chefs für Logistik, Finanzen oder Controlling zuständig sind bzw. im Hauptamt eine Sparte oder Division führen, die sie schon übermäßig in Anspruch nimmt?[487]

Personalmanagement – »Was willst Du?«

Zunächst fordern die Personalverantwortlichen von sich selbst mit höchster Priorität, dass sie zukünftig unternehmerisch denken und handeln müssen.

Dabei stehen für sie die weichen Faktoren der günstigen Rahmengestaltung im Vordergrund: die Förderung unternehmerischer Werte im eigenen Bereich und beim Personal durch systematische und planmäßige Auswahl und Entwicklung, vermehrtes Controlling von Soft Factors sowie durch Führung und günstige Umfeldgestaltung.

---

486 Hartz 1996

487 Dass übrigens in den letzten Jahren ein Personaldirektor im Rahmen einer Karriereentscheidung in die Geschäftsleitung berufen wurde, war wohl der Ausnahmefall, im Finanz- und Controllingbereich dagegen die Regel.

Im organisatorischen Bereich wird das Konzept eines unternehmerisch geführten Wertschöpfungs-Centers weiterhin erheblich an Bedeutung und Verbreitung gewinnen. Neben der Service-Dimension werden aber v. a. der Ausbau der ökonomisch orientierten Business-Dimension sowie der unternehmenssichernden Leistungsgestaltung über die Management-Dimension des Wertschöpfungs-Centers in den Vordergrund rücken. Und in der strategischen Gestaltungsebene stehen Veränderungsmanagement und Beratung der Geschäftsleitung im Mittelpunkt.

Diese drei strukturellen Gestaltungsaufgaben fordern ein »**Unternehmertum in eigener Sache**«. Ihre größten Wertschöpfungschancen sehen die Experten in folgenden Funktionen: Personalentwicklung, Wissens- und Change Management, Beratung der Führungskräfte und Unternehmensleitung, Personalgewinnung, Kulturgestaltung und strategische Personalplanung. Wenn diese dem Outsourcing überlassen werden, setzen sich die Personalverantwortlichen damit selbst auf die Kandidatenliste für das nächste Outplacement.

Der Wertewandel bewegte sich in Richtung neuer »Arbeitstugenden« (Sinn in und Spaß an der Arbeit, Herausforderung, Abwechslung, Anerkennung und leistungsorientierte Vergütung). Die traditionellen Tugenden (Fleiß, Verantwortung, Treue, Loyalität, Gewissenhaftigkeit) verlieren nicht an Bedeutung. Da aber deren Träger zunehmend frühzeitiger aus dem Erwerbsleben ausscheiden und die neue Wertegeneration verstärkt nachrückt, verändert sich das Werteprofil der Mitarbeiter insgesamt erheblich.

Doch Wertewandel heißt noch nicht Verhaltensänderung. Das gilt für Individuen wie für Organisationen. Zwischen Anspruch und Wirklichkeit zeigt sich meist ein Timelag von vielen Jahren. Begründet das auch die eingangs diskutierte Verhaltensstabilität der Personalverantwortlichen?

Personalmanagement – »Wann handelst Du?«

Dauer und Intensität von Veränderungen hängen insb. davon ab, inwieweit und wie intensiv sich die Verantwortlichen an die **Umsetzung** ihrer Visionen, Missionen, Strategien, Ziele und Aufgaben machen. Es genügt nicht, auf Vorbilder zu warten, die Wünsche in die weitere Zukunft zu verschieben oder gar andere für Verzögerungen verantwortlich zu machen.

Das Implementierungs- bzw. Umsetzungsproblem ist also (auch!) im Personalwesen die wohl wichtigste Ursache für noch nicht genügende

Anpassungsleistungen, besonders durch Übernahme von Vordenker-rollen im strategischen, kulturellen und organisatorischen Bereich. Das Vorstandsmitglied eines bekannten Konzerns, auch Autor in Personal-fragen, hat die eigene Zunft einmal so charakterisiert: »Wir sind Wis-sensriesen, aber Realisierungszwerge.«[488] Auch unsere Personalexperten haben als eigenes Defizit gerade die Anforderung genannt, an die sie den größten Veränderungsbedarf stellten: **unternehmerisches Denken und Handeln**.

Damit ist das Erfolgsrezept schon geschrieben, wenn auch noch nicht befolgt: gezielt nach Führungskräften und Mitarbeitern mit Umset-zungskompetenz für das Personalmanagement suchen und diese un-ternehmerische Schlüsselqualifikation insb. bei Auswahl- und Karrie-reentscheidungen berücksichtigen. Dazu gehören nach umfangreichen Untersuchungen v. a.: Hartnäckigkeit, Zielstrebigkeit, Leistungs- und Er-folgsorientierung sowie eine positiv-konstruktive, ja optimistische Grundhaltung.[489] Letztere hat die Zunft der Personalverantwortlichen bewiesen. Machen wir uns also an die Arbeit, vielleicht nach dem Mot-to des Marketingkollegen *P. Kotler:*

»There are three types of companies:
those who make things happen,
those who watch things happen and
those who wonder what happened!«

Oder nach der reflektierten Devise:[490] »Im Anfang war die Tat«

---

488 Sattelberger 1996
489 Vgl. Wunderer/Bruch 2000
490 J.W. Goethe, Faust I, Vers 1237

Literaturverzeichnis

Barlett, C./Ghoshal, S. (1986): Tap your subsidiaries für global reach. In: Harvard Business Review, 64, (6), S. 87–94.

Bartscher, T. R./Fritsch, S. (1992): Personalmarketing. In: *Gaugler, E./Weber, W.* (Hrsg.): Handwörterbuch des Personalwesens. 2. Aufl., Stuttgart, Sp. 1747–1757.

Bass, B.M. (1985): Leadership and performance beyond expectations. New York et. al.

Bass, B.M./Riggio, R.E. (2005): Transformational leadership. Mahwah (USA).

Bass, B.M./Steyrer, J. (1995): Transaktionale und transformationale Führung. In: *Kieser, A./Reber, G./Wunderer, R.* (Hrsg.): Handwörterbuch der Führung. 2. Aufl., Stuttgart, Sp. 2053–2062.

Beck, U. (1998a): Was ist Globalisierung? 4. Aufl., Frankfurt a. M.

Beck, U. (1998b): Wie wird Demokratie im Zeitalter der Globalisierung möglich? – Eine Einleitung. In: *Beck, U.* (Hrsg.): Politik der Globalisierung. Frankfurt a. M.

Becker, M. (2005): Personalentwicklung. 4. Aufl., Stuttgart.

Bergemann, N./Sourisseaux, A.L.J. (1996): Internationale Personalauswahl. In: *Bergemann, N./Sourisseaux, A.L.J.* (Hrsg.): Interkulturelles Management. 2. Aufl., Heidelberg, S. 141–171.

Berthel, J. (1995): Personalmanagement. 4. Aufl., Stuttgart.

Berthel, J./Becker, F. (2003): Personalmanagement, 7. Aufl., Stuttgart.

Bittner, A. (1996): Psychologische Aspekte der Vorbereitung und des Trainings von Fach- und Führungskräften auf einen Auslandseinsatz. In: *Thomas, A.* (Hrsg.): Psychologie interkulturellen Handelns. Göttingen et al., S. 317–339.

Bleicher, K. (1999): Das Konzept Integriertes Management. 5. Aufl., Frankfurt a. M./New York.

Bretz, E./Hertel, G./Moser, K. (1998): Kooperation und Organizational Citizenship Behavior. In: *Spieß, E./Nerdinger, F.W.* (Hrsg.): Kooperation in Unternehmen. München/Mering, S. 79–97.

Bühner, R. (1994): Personalmanagement. Landsberg a.L.

Bundesamt für Statistik (Hrsg.) (1999): Statistisches Jahrbuch der Schweiz 2000. Zürich.

Bundesamt für Statistik (Hrsg.) (2007): Statistisches Jahrbuch der Schweiz. Zürich.

Calhoon, R. (1964): Managing personnel. New York.

Cerny, P.C. (1998): Globalisierung und die neue Logik kollektiven Handelns. In: *Beck, U.* (Hrsg.): Politik der Globalisierung. Frankfurt a. M., S. 263–298.

Christliche Gewerkschaft für Industrie, Handel und Gewerbe (1996): Aufgaben, Rechte und Stellung der Arbeitnehmer/innen-Vertretung. Winterthur.

Darby, R. (1995): Developing the euromanager: Managing in a multicultural environment. In: European Business Review, 45, (1), S. 13–15.

DemoSCOPE (1999): Die Geschichte der PKS. In: DemoSCOPE. Research and Marketing. Spezial-Bulletin, (April), S. 3–5.

DemoSCOPE (2001, 2006): Umfragen 2001 und 2006

Dick, P. (1995): Frauenförderung als Ansatzpunkt zur unternehmerischen Gestaltung der Personalarbeit – Darstellung aus Sicht der Wissenschaft. In: *Wunderer, R./Kuhn, T.* (Hrsg.): Innovatives Personalmanagement. Neuwied et al., S. 333–351.

Dincher, R./Ehreiser, H.-J./Nick, F. (1989): Die Bedeutung des Arbeitsmarktes für die betriebliche Personalpolitik. In: *Weber, W./Weinmann, J.* (Hrsg.): Strategisches Personalmanagement. Stuttgart, S. 65–96.

Dinkel, R. (1989): Demographie. 1. Band. München.

Domsch, M.E./Gerpott, T.J. (1992): Organisation des Personalwesens. In: *Frese, E.* (Hrsg.): Handwörterbuch der Organisation, 3. Aufl., Stuttgart, Sp. 1934–1949.

Domsch, M.E./Krüger-Basener, M. (1999): Personalplanung und -entwicklung für Dual Career Couples (DCC): In: *Rosenstiel, v.L./Regnet, E./Domsch, M.E.* (Hrsg.): Führung von Mitarbeitern. 4. Aufl., Stuttgart, S. 547–558.

Domsch, M.E./Lichtenberger, B. (1999): Der internationale Personaleinsatz. In: *Rosenstiel v. L./Regnet, E./Domsch, M.E.* (Hrsg.): Führung von Mitarbeitern. 4. Aufl., Stuttgart, S. 503–512.

Drucker, P. (1998): Die Zukunft bewältigen. 3. Aufl., Düsseldorf/München.

Drumm, H.J. (1989a): Transferpreise. In: *Macharzina, K./Welge, M.K.* (Hrsg.): Handwörterbuch Export und Internationale Unternehmung. Stuttgart, Sp. 2077–2087.

Drumm, H.J. (1989b): Verrechnungspreise. In: *Szyperski, N.* (Hrsg.): Handwörterbuch der Planung. Stuttgart, Sp. 2168–2177.

Drumm, H.J. (2000): Personalwirtschaftslehre. 4. Aufl., Berlin.

Dyllick, T. (1989): Die Sicherung der gesellschaftlichen Akzeptanz als Aufgabe der unternehmerischen Zukunftssicherung. In: Wisu, 5, S. 276–277.

Epinay, Ch. (1991): Die Schweizer und ihre Arbeit. Zürich.

Fluder, R./Ruf, H./Schöni, W./Wicki, M. (1991): Gewerkschaften und Angestelltenverbände in der schweizerischen Privatwirtschaft. Zürich.

Fröhlich, W./Gieffers, F. (1989): Arbeitsmarktforschung. In: *Strutz, H.* (Hrsg.): Handwörterbuch Personalmarketing. Wiesbaden, S. 17–29.

Gaugler, E. (1999): Mitarbeiter als Mitunternehmer – Die historischen Wurzeln eines Führungskonzepts und seine Gestaltungsperspektiven in der Gegenwart. In: *Wunderer, R.* (Hrsg.): Mitarbeiter als Mitunternehmer. Neuwied/Kriftel, S. 3–21.

Giddens, A. (1997): Jenseits von Links und Rechts. Frankfurt a. M.

Gomez, P./Rüegg-Stürm, J. (1997): Teamfähigkeit aus systemischer Sicht – zur Bedeutung und den organisatorischen Herausforderungen der Teamarbeit. In: *Klimecki, R./Remer, A.* (Hrsg.): Personal als Strategie. Neuwied et al., S. 136–157.

Gross, P. (1994): Die Multioptionsgesellschaft. Frankfurt a. M.

Groter, G./Staffelbach, B. (2006): Schweizer HR-Barometer. Zürich.

Habermas, J. (1998): Jenseits des Nationalstaats? Bemerkungen zu Folgeproblemen der wirtschaftlichen Globalisierung. In: *Beck, U.* (Hrsg.): Politik der Globalisierung. Frankfurt a. M., S. 67–84.

Handy, Ch. (1995): The age of paradox. London.

Harris, P. R./Moran, R.T. (1996): European leadership in globalization. In: European Business Review, 96, (2), S. 32–41.

Hartz, P. (1996): Das atmende Unternehmen. Frankfurt a. M./New York.

Heidrick & Struggles International Inc. (1990): Der Vorstand/Geschäftsführer Personal. Kompetenzen und Verantwortung für Unternehmens- und Personalpolitik in den 90er Jahren. München.

Hilb, M. (2000): Transnationales Management der Human-Ressourcen. Neuwied/Kriftel.

Hilb, M. (2007): Integriertes Personal-Management. 16. Aufl., Köln.

Hilb, M./Lombriser R. (1999): Vorstellung der Ergebnisse der Euro-Personal-Umfrage 1999: Ist-Situation des Personalmanagements in der Schweiz im europäischen Vergleich. Vortragsunterlage zum Management-Seminar »Neue Trends in Führung und Personalmanagement«. 30. November 1999. Zürich.

Hinterhuber, H.H. (2004): Strategische Unternehmungsführung. Strategisches Handeln. 7. Aufl., Berlin/New York.

Hirst, P./Thompson, G. (1998): Globalisierung? Internationale Wirtschaftsbeziehungen, Nationalökonomien und die Formierung von Handelsblöcken. In: *Beck, U.* (Hrsg.): Politik der Globalisierung. Frankfurt a. M., S. 85–133.

Hollstein, W. (1989): Der Schweizer Mann – eine empirische Untersuchung. Zürich.

Horsch, J. (1995): Auslandseinsatz von Stammhausmitarbeitern – Eine Analyse ausgewählter personalwirtschaftlicher Problemfelder multinationaler Unternehmen mit Stammsitz in der Bundesrepublik Deutschland. Frankfurt a. M. et al.

Horsch, J. (1997): Die Internationalisierung als Herausforderung für die Personalarbeit unter besonderer Berücksichtigung von Auslandseinsätzen. In: *Maess, K./Maess, T.* (Hrsg.): Das Personaljahrbuch 97. Neuwied et al., S. 7–20.

Horx, M. (2000): Die acht Sphären der Zukunft. Wien/Hamburg.

Hotz-Hart, B./Mäder, St./Vock, P. (1995): Volkswirtschaft der Schweiz. Zürich.

Ilg, W.C. (1999): Kommentar über das Bundesgesetz über die Information der Arbeitnehmer in den Betrieben. Zürich.

Im Hof, U. (1991): Mythos Schweiz. Zürich.

Inglehart, R. (1989): Kultureller Umbruch – Wertewandel in der westlichen Welt, Frankfurt a. M.

Inglehart, R. (1998): Modernisierung und Postmodernisierung. Frankfurt a. M. / New York.

Jacobi, J.M. (1991): Die Führungskraft 2000. In: *Feix, W.E.* (Hrsg.): Personal 2000. Wiesbaden, S. 485–506.

Jamieson, D./O' Mara, J. (2000) Managing workforce 2000. Oxford.

Kaufmann, F.X./Kerber, W./Zulehner,P. (1986): Ethos und Religion bei Führungskräften. München.

Keller, v. E. (1995): Kulturabhängigkeit der Führung. In: *Kieser, A./Reber, G./Wunderer, R.* (Hrsg.): Handwörterbuch der Führung. 2. Aufl., Sp. 1397–1406.

Klages, H. (1985): Wertorientierungen im Wandel. 2. Aufl., Frankfurt a. M.

Klages, H. (2002): Der blockierte Mensch. Frankfurt a. M.

Klages, H./Hippler, H.J./Herbert, W. (1992): Werte und Wandel. Frankfurt a. M.

Klimecki, R.G./Gmür, M. (2006): Personalmanagement. §. Aufl., Stuttgart.

Kreikebaum, H./Herbert, K.J. (1988): Humanisierung der Arbeit. Wiesbaden.

Kreuter, A. (1997): Verrechnungspreise in Profit-Center-Organisationen. München / Mering.

Kromrey, H. (1998): Empirische Sozialforschung. 8. Aufl., Opladen (4. Aufl. 1990).

Kuhn, T. (1995): Flexibilisierung und Individualisierung als Ansatzpunkte zur unternehmerischen Gestaltung der Personalarbeit – Darstellung aus Sicht der Wissenschaft. In: *Wunderer, R./Kuhn, T.* (Hrsg.): Innovatives Personalmanagement. Neuwied et al., S. 233–243.

Lamnek, S. (1993): Qualitative Sozialforschung. Bd. 2. 2. Aufl., Weinheim.

Lombriser, R./Abplanalp, R.A. (1997): Strategisches Management. Zürich.

Losey, M.R./Meisinger, S./Ulrich D.U. (Hrsg.) (2005): The future of human resource management. New Jersey.

Lutz, Ch. (1995): Leben und Arbeiten in der Zukunft. München.

Macharzina, K. (1995): Entsendung von Führungskräften ins Ausland. In: *Kieser, A./Reber, G./Wunderer, R.* (Hrsg.): Handwörterbuch der Führung. 2. Aufl., Stuttgart, Sp. 352–360.

Marr, R. (1989): Überlegungen zu einem Konzept einer »Differentiellen Personalwirtschaft«. In: *Drumm, J.* (Hrsg.): Individualisierung der Personalwirtschaft. Bern/Stuttgart.

Marr, R. (1994): Personalfreistellung. München.

Mayrhofer, W. (1987): Der gegenwärtige Stand der Outplacement-Diskussion. In: Zeitschrift für Personalforschung, 1, S. 147–180.

Mayring, P. (1990): Einführung in die qualitative Sozialforschung. München.

Melich, A. (Hrsg.) (1991): Die Werte der Schweizer. Bern et al.

Menges, U. (2000): Ältere Mitarbeiter als betriebliches Erfolgspotential. Köln.

Miles, R.E./Snow, C.C. (1986): Unternehmensstrategien. Hamburg.

Montgomery, C.A./Porter, M.E. (Hrsg.) (1996): Strategie. Wien.

Müller, G.F./Bierhoff, H.W. (1994): Arbeitsengagement aus freien Stücken – psychologische Aspekte eines sensiblen Phänomens. In: Zeitschrift für Personalforschung, 8, (4), S. 367–379.

Müller, S. (1996): Auslandsorientierung als Zielsetzung der Personalentwicklung. In: *Thomas, A.* (Hrsg.): Psychologie interkulturellen Handelns. Göttingen et al., S. 341–364.

Müller-Stewens, G./Lechner, Ch. (2005): Strategisches Management. 3. Aufl., Stuttgart.

Müller-Stewens, G./Scholl, H. (1997): Dezentralität und Wandel. In: *Klimecki, R./Remer, A.* (Hrsg.): Personal als Strategie. Neuwied et al., S. 121–135.

Münch, J. (1995): Personalentwicklung als Mittel und Aufgabe moderner Unternehmensführung. Bielefeld.

Nerdinger, F.W. (1998a): Extra-Rollenverhalten in Organisationen. In: Arbeit, 7, (1), S. 21–38.

Nerdinger, F.W. (1998b): Extra-Rollenverhalten und Kooperation in Organisationen. In: *Spieß, E.* (Hrsg.): Formen der Kooperation. Göttingen, S. 265–278.

Nerdinger, F.W. (2003): Grundlagen des Verhaltens in Organisationen. Stuttgart.

Neuberger, O. (1990): Der Mensch ist Mittelpunkt. Der Mensch ist Mittel. Punkt. 8 Thesen zum Personalwesen. In: Personalführung, (1), S. 3–10.

Neuberger, O. (1994): Personalentwicklung. 2. Aufl., Stuttgart.

Neuberger, O. (2000): Das 360°-Feedback. Alle fragen? Alles sehen? Alles sagen? München/Mering.

Neuberger, O. (2002): Führen und führen lassen. 6. Aufl., Stuttgart.

Noelle-Neumann, E./Köcher, R. (1997): Allensbacher Jahrbuch der Demoskopie 1993-1997. Bd. 10. München.

Oertig, M./Stoll, M. (1997): Laufbahnen mit Brüchen und Pausen. In: Personalwirtschaft, 24, (4), S. 8–11.

Opaschowski, H. (1997): Deutschland 2010. Hamburg.

Opaschowski, H. (2004): Deutschland 2020. Wiesbaden.

Organ, D.W. (1988): Organizational citizenship behavior. Lexington.

Pappmehl, A./Wollert, A. (Hrsg.) (1995): Wird Arbeit zum Luxus? Heidelberg.

Paschen, K. (1988): Formen der Personalorganisation. In: Zeitschrift für Organisation, (4), S. 237–241.

Perraton, J./Goldblatt, D./Held, D./McGrew, S. (1998): Die Globalisierung der Wirtschaft. In: *Beck, U.* (Hrsg.): Politik der Globalisierung. Frankfurt a. M., S. 134–168.

Porter, M.E. (1992): Wettbewerbsstrategie. 7. Aufl., Frankfurt a. M./New York.

Porter, M.E. (1999): Wettbewerbsvorteile. Frankfurt a. M./New York.

Preiser, S. (1978): Sozialisationsbedingungen sozialen und politischen Handelns. In: Landeszentrale für politische Bildung (Hrsg.): Selbstverwirklichung und Verantwortung in einer demokratischen Gesellschaft. 2. Aufl., Mainz, S. 126–135.

Preisig, U./Ulmi, M. (1997): Frauenförderung im Spannungsfeld von zentraler Vorgabe und dezentraler Umsetzung in der Schweizerischen Bundesverwaltung. In: *Wunderer, R./Dick, P.* (Hrsg.): Frauen im Management. Neuwied et al., S. 370–386.

Remer, A. (1978): Personalmanagement. Berlin/New York.

Remer, A. (1997): Personal und Management im Wandel der Strategien. In: *Klimecki, R./Remer, A.* (Hrsg.): Personal als Strategie, Neuwied et al., S. 399–417.

Remer, A. (2002): Management, Bayreuth

Remer, A./Wunderer, R. (1979): Personalarbeit und Personalleiter in Groß-unternehmen. Berlin.

Rosenstiel, v.L. (1995): Wertewandel. In: *Kieser, A./Reber, G./Wunderer, R.* (Hrsg.): Handwörterbuch der Führung. 2. Aufl., Stuttgart, Sp. 2175–2189.

Rosenstiel, v.L. (1998): Wertewandel und Kooperation. In: *Spieß, E.* (Hrsg.): Formen der Kooperation. Göttingen, S. 279–294.

Rosenstiel, v.L./Nerdinger, F.W./Spieß, E. (1991): Was morgen alles läuft. Düsseldorf.

Roth, E. (1995): Sozialwissenschaftliche Methoden. 4. Aufl., München/ Wien.

Schein, E.H. (1990): Career anchors. New York.

Scherm, E. (1990): Unternehmerische Arbeitsmarktforschung. München.

Schettgen, P. (1996): Arbeit, Leistung, Lohn. Stuttgart.

Schmalenbach, E. (1947/48): Pretiale Wirtschaftslenkung. Bremen-Horn.

Schmid, H./Dosky, v. D. (1991): Oekonomik des Arbeitsmarktes. Bern/Stuttgart.

Scholz, C. (2000): Personalmanagement. 5. Aufl., München (4. Auflage 1994).

Schumpeter, J.A. (1912): Theorie der wirtschaftlichen Entwicklung. Leip-zig.

Schweizer Gesellschaft für Personalfragen (Hrsg.) (1982): Der Personalchef von heute. Zürich.

Sennett, R. (1998): Der flexible Mensch. Berlin.

Staffelbach, B. (1986): Personal-Marketing. In: *Rühli, E./Wehrli, H.P.* (Hrsg.): Strategisches Management und Marketing. Bern/Stuttgart, S. 124–143.

Strümpel, B./Scholz-Ligma, J. (1992): Werte und Wertewandel. In: *Gaugler, E./Weber, W.* (Hrsg.): Handwörterbuch des Personalwesens. 2. Aufl., Stuttgart, Sp. 2338–2349.

Strutz, H. (1989): Einleitung. In: *Strutz, H.* (Hrsg.): Handbuch Personalmarketing. Wiesbaden, S. 1–14.

Tannenbaum, R./Schmidt, W. H. (1958): How to choose a leadership pattern. In: Harvard Buisness Review, (2), S. 95–101.

Thom, N./Zaugg, R. J.: (1999): Trends zur Personalorganisation. In: Personarama, 23, (3), S. 12–19.

Thom, N./Zaugg, R.J. (2007): Moderne Personalentwicklung. Wiesbaden.

Thomas, A. (1999): Mitarbeiterführung in interkulturellen Arbeitsgruppen. In: *Rosenstiel, v.L./Regnet, E./Domsch, M.E.* (Hrsg.): Führung von Mitarbeitern. 4. Aufl., Stuttgart, S. 513–532.

Ulich, E. (1992): Arbeitsstrukturierungsmodelle. In: *Gaugler, E./Weber, W.* (Hrsg.): Handwörterbuch des Personalwesens. 2. Aufl., Stuttgart, Sp. 374–387.

Ulich, E. (1994): Arbeitspsychologie. 3. Aufl., Zürich/Stuttgart.

Ulrich, D. (1996): Human resource champions. Boston.

Ulrich, D. (1998): A new mandate for human resources. In: *Ulrich, D.* (Hrsg.): Delivering results. Boston, S. 29–44.

Ulrich, H. (1990): Unternehmungspolitik. 3. Aufl., Bern/Stuttgart.

Ulrich, P. (1998): Führungsethik. 2. Aufl., Beiträge und Berichte des IWE-HSG Nr. 68, St. Gallen.

Ulrich, P./Fluri, E. (1995): Management. 7. Aufl., Bern et al.

Ulrich, P./Thielemann, U. (2002): Ethik und Erfolg. Bern.

Voss, G.G./Pongratz, H.J. (1998): Der Arbeitskraftunternehmer. Eine neue Grundform der Ware Arbeitskraft? In: Kölner Zeitschrift für Soziologie und Sozialpsychologie, 50, (1), S. 131–158.

Wächter, H. (1987): Professionalisierung im Personalbereich. In: Die Betriebswirtschaft, (2), S. 141–150.

Walter-Busch, E. (1996): Organisationstheorien von Weber bis Weick. - Amsterdam.

Weibler, J. (1997): Vertrauen und Führung. In: *Klimecki, R./Remer, A.* (Hrsg.): Personal und Strategie. Neuwied et al., S. 185–214.

Weibler, J. (1999): Bedeutung der Landeskultur für die Förderung des Mitunternehmertums – Theoretische und empirische Befunde. In: *Wunderer, R.* (Hrsg.): Mitarbeiter als Mitunternehmer. Neuwied / Kriftel, S. 107–121.

Weibler, J./Wunderer, R. (1997): Zur Führungskultur der Schweiz. In: Die Unternehmung, 51, (4), S. 234–272.

Weibler, J./Wunderer, R. (2007): Leadership and social culture in switzerland – Theoretical and empirical findings. In: *Chhokar, J.S./Brodbeck, F.C.*: Culture and leadership across the world. Mahwah (USA).

Wright, N.S./Kirkwood Hart, D. (1998): Global economic competition, Adam Smith, and the no-harm provisio. In: Journal of Management History, 4, (4), S. 318–333.

Wunderer, R. (1962): Das Friedensabkommen der Schweizer Metallindustrie. In: AGP-Mitteilungen, 12, (7), S. 1–2 und S. 7.

Wunderer, R. (1989): Personalmanagement und Personalchef der neunziger Jahre. Thesen zu einem Szenario. In: *Lattmann, C./Krulis-Randa, J.* (Hrsg.): Die Aufgabe der Personalabteilung in einer sich wandelnden Umwelt. Heidelberg, S. 227–239.

Wunderer, R. (1992a): Von der Personaladministration zum Wertschöpfungs-Center. In: Die Betriebswirtschaft, 52, (2), S. 201–217.

Wunderer, R. (1992b): Das Personalwesen auf dem Weg zu einem Wertschöpfungs-Center. In: Personal, 44, (4), S. 148–154.

Wunderer, R. (1993): Personalmanagement 2000 – Auf dem Weg zu einer unternehmerischen Funktion. In: Personalführung, 26, (7), S. 560–569.

Wunderer, R. (1994): Der Beitrag der Mitarbeiterführung für unternehmerischen Wandel. In: *Gomez, P./Hahn, D./Müller-Stewens, G./Wunderer, R.* (Hrsg.): Unternehmerischer Wandel. Wiesbaden, S. 229–271.

Wunderer, R. (1997): Internationales Personalmanagement – ausgewählte Problemfelder und Lösungsansätze. In: *Clermont, A./Schmeißer, W.* (Hrsg.): Internationales Personalmanagement. München, S. 255–271.

Wunderer, R. (1999a): Mitarbeiter als Mitunternehmer – ein Transformationskonzept. In: *Wunderer, R.* (Hrsg.): Mitarbeiter als Mitunternehmer. Neuwied/Kriftel, S. 22–58.

Wunderer, R. (1999b): Personalmarketing. Die Kunst, attraktive und effiziente Arbeitsbedingungen zu analysieren, zu gestalten und zu kommunizieren. In: *Bruhn, M.* (Hrsg.): Internes Marketing. 2. Aufl., Wiesbaden, S. 115–132.

Wunderer, R. (2007): Führung und Zusammenarbeit. 7. Aufl., Köln.

Wunderer, R. / Arx, v. S. (1998a): Das Wertschöpfungs-Center. In: Personorama, 22, (2), S. 53–57.

Wunderer, R./Arx, v. S. (1998b): Reorganisation des Personalbereichs zum Wertschöpfungs-Center. In: Personalwirtschaft, (5), S. 34–42.

Wunderer, R./Arx, v. S. (2002): Personalmanagement als Wertschöpfungs-Center. 3. Aufl., Wiesbaden.

Wunderer, R./Arx, v. S./Jaritz, A. (1998a): Unternehmerische Ausrichtung der Personalarbeit. In: Personal, 50, (6), S. 278–283.

Wunderer, R./Arx, v. S./Jaritz, A. (1998b): Der Beitrag des Personalmanagement zur Wertschöpfung im Unternehmen. In: Personal, 50, (7), S. 346–350.

Wunderer, R. / Bruch, H. (2000): Unternehmerische Umsetzungskompetenz. München.

Wunderer, R./Dick, P. (1997): Frauen im Management. Besonderheiten und personalpolitische Folgerungen – eine empirische Studie. In: *Wunderer, R./Dick, P.* (Hrsg.): Frauen im Management. Neuwied et al., S. 5–205.

Wunderer, R./Jaritz, A. (2007): Unternehmerisches Personalcontrolling. 4. Aufl., Köln.

Wunderer, R./Kuhn, T. (1992): Zukunftstrends in der Personalarbeit. Bern et al.

Wunderer, R./Kuhn, T. (1993): Unternehmerisches Personalmanagement. Frankfurt a. M./New York.

Wunderer, R./Kuhn, T. (1995): Unternehmerisches Personalmanagement – zentraler Ansatzpunkt zur Förderung unternehmerischen Verhaltens. In: *Wunderer, R./Kuhn, T.* (Hrsg.): Innovatives Personalmanagement. Neuwied et al., S. 3–20.

Wunderer, R./Mittmann, J. (1995): Identifikationspolitik. Stuttgart.

Wyss, W. (1999): Der Weg der Schweiz. Zusammenfassende Analyse des Wandels der Schweiz. Vortragsunterlage zur Jubiläumstagung »25 Jahre PKS« vom 29./30. April 1999. Interlaken.

Zaugg, R.J. (2007): Nachhaltiges Personalmanagement. Wiesbaden

Stichwortverzeichnis

Erfolgsfaktor
Personalmanagement!

BEREITS
IN DER
3. AUFLAGE!

Globalisierung, Wettbewerbsdruck und Mitarbeiterorientierung fordern vom Personalmanagement
entscheidende Beiträge zur Wertschöpfung.
Lesen Sie in diesem Standardwerk, wie die Wertschöpfung im Personalmanagement qualitativ und
quantitativ gemessen werden kann. Mit zahlreichen
Praxisbeispielen, über 230 Schaubildern und Check-
listen sowie einem umfassenden Register.

Wunderer / Jaritz
Unternehmerisches **Personalcontrolling**
3., aktualisierte Auflage 2006, 514 Seiten
49,00 EUR, ISBN 978-3-472-06338-4

Kostenlose Leseprobe: www.personal-buecher.de

Das führt zum Erfolg.

Personalwirtschaft **Buch**